KB069638

기독(목회)상담학 2판

• 영역 및 증상별 접근 •

| 유영권 저 |

CHRISTIAN COUNSELING
PSYCHOLOGY

학지사

2판 머리말

　『기독(목회)상담학: 증상 및 영역별 접근』 2판을 출판하면서 필자는 감사한 마음으로 가득하다. 한국에 기독(목회)상담학이 소개되어 지금까지 괄목한 만한 성장을 이루었고 한국사회와 신앙공동체에 중요한 영향력을 펼치는 것을 보고 자부심과 함께 놀라움도 함께 느낀다. 여러 곳에 상담센터가 설립되고 많은 사람이 기독(목회)상담학을 연구하려 하고, 각 대학마다 기독(목회)상담학 전공을 개설하고 있다. 한국기독(목회)상담학의 성장 과정에 필자의 저술이 한 역할을 담당한 것에 우선 감사하다. 그리고 무엇보다 이 책 1판을 지금까지 읽고 기독(목회)상담학의 영역을 학습하고 새 꿈을 펼친 독자들에게 감사를 드리고 싶다. 독자들이 필자의 기독(목회)상담학에 대한 열정을 공유하고 저서에 있는 내용에서 아이디어를 받아 상담과 돌봄의 현장에서 실천하는 모습을 보고 또한 피드백을 듣는 것은 커다란 기쁨이었다.

　"교수님, 제 내담자가 경계선 인격장애자인데 상담 진행하는 데 교수님 책 읽고 실질적인 도움 많이 받았어요." "이단에 빠진 제 동생에 대해 교수님 책을 통해 많이 이해할 수가 있었어요." 등의 피드백을 받으면 책임감도 더 들고 큰 보람이 되었다.

그동안 이 저서가 절판이 되어 빨리 2판을 출간하라는 요청이 많았지만 손을 못 대고 있다가 연구년을 맞아 수정과 증보 작업을 거쳐 2판을 출간하게 되었다. 이번 2판에는 각 장마다 내용을 읽고 난 뒤 더 깊은 생각을 하여 상담 현장에 적용할 수 있도록 '토론할 이슈'를 첨가하였다. 이 토론할 이슈는 집단으로 토의를 해도 되고, 그렇지 않은 경우 독자 스스로 생각을 하여서 읽은 장의 내용을 자기 것으로 만드는 데 도움이 될 것이다. 그리고 한국 기독(목회)상담학 역사에 대한 비판적 시각과 전망을 가질 수 있도록 '제1장 한국 기독(목회)상담학의 역사와 전망'을 추가하였다. 또한 제8장의 '이단·사이비 종교 교주와 신도들의 심리'는 이론적인 측면에 집중하였기 때문에 제9장에 '이단·사이비 종교에 빠진 내담자를 위한 구체적인 상담 단계 및 전략'을 추가하여 제시하였다.

1판 머리말에서도 밝혔듯이 한국기독(목회)상담학은 구체적인 영역에 집중하여 구체적인 상담적 대안과 모델을 제시하는 작업을 꾸준히 할 필요가 있다. 재난현장에 대한 상담과 돌봄, 다문화 가족에 대한 상담과 돌봄, 상담정책에 대한 비판과 도전, 사회적 책임의식 등과 같이 앞으로 더 많은 연구와 관심을 기울일 분야들이 기다리고 있다. 이 저서가 이러한 새롭고 구체적인 영역을 연구하고 상담적 모델을 제시하는 촉진제가 되기를 바란다.

2판을 준비할 수 있도록 옆에서 항상 격려해 주신 학지사의 김

진환 사장님께 감사를 드린다. 또한 1판의 편집과 교정 작업을 해
주시고 2판에도 꼼꼼하게 전문적 편집 및 교정을 맡아 주신 이하
나 선생님에게도 감사를 드린다. 마지막으로 지금까지 이 책을 통
해 도움을 받고 현장에서 돌봄과 상담의 귀한 역할을 담당하는 독
자들에게 마음을 다해 감사를 드린다.

2014년 2월
연세대학교 신학관에서
유영권

1판 머리말

현대 한국사회는 OECD 국가 중에 자살률 1위를 차지하고 각 계층 간에 위화감과 경계심이 가득 차 있으며, 우울증을 호소하는 사람들이 증가하고 있다. 또한 지나가던 사람을 이유 없이 살해하고 사회가 그냥 싫어서 사람을 죽이는 '묻지마 살인'이 신문의 지면을 자주 차지한다. 사람의 생명을 경시하고 다른 사람들을 배려하지 못하는 모습들 속에서 필자는 한국인의 내면에 잠재된 분노와 절망을 보게 된다. 한국교회는 이러한 한국사회의 현상을 그대로 반영하고 있으며 한국교회의 교인들도 이러한 한국사회의 증상을 동일하게 지니고 있다. 한국사회, 한국교회, 한국가정에서 일어나는 여러 가지 문제들이 한국교회 교인들의 가정에도 나타나며 우울증을 호소하는 교인들이 많이 늘어나는가 하면 심지어 자살에 대한 생각을 호소하는 교인들도 증가하고 있다. 이혼을 고려하며 목회자나 상담자에게 상담을 구하여 적극적인 해결책을 찾으려는 교인들도 찾아보기 어렵지 않다.

아이러니컬하게도 기독(목회)상담에 대한 수요는 이러한 한국 사회가 가진 문제들의 증가와 동반하여 커졌다고 볼 수 있다. 이 분야는 최근 10여 년 동안 괄목할 만한 성장을 이루어 왔다. 각 교회마다 상담세미나가 열려 교인들이 자신과 가정의 문제점들을 볼 수 있도록 해 주고 대안을 제시하는 역할을 하고 있다. 이런 세미나들은 문제를 진단하고 그 문제에 효과적으로 대처할 수 있는 방안들을 제시하는 데 공헌해 왔다. 실제로 교회에서의 상담세미나를 통해 상담센터를 찾게 되는 경우가 많다. 더 나아가 교회에서 상담소를 열거나 지역의 몇몇 교회가 공동으로 상담센터를 설립하는 등의 상담시설 확충도 한국의 기독(목회)상담 영역을 넓히는 데 이바지하였다.

예전만 해도 상담받는 것을 수치스럽게 생각하고 기피하는 경향이 많았다. 과거 기독상담 혹은 목회상담이라는 단어는 생소하게 들렸고 별로 알지 못하는 영역이었지만 현재 이 영역은 일반 교인들에게도 많이 소개되었다. 무슨 문제가 있으면 어떤 상담센터를 찾아야 할지 문의 전화도 많이 하고 상담센터를 소개받으면 상담을 성실히 받고 상태가 호전되어 상담의 효능성을 체험하는 사람들이 증가하였다. 이렇게 한국교회에서 상담에 대한 시각은 개방적으로 변하였고, 교회 성장을 위한 질적인 요소로 상담이라는 영역을 중요하게 생각하게 되었다.

그동안 기독(목회)상담 영역에서는 다양한 학회의 창립과 발전으로 인하여 서로의 영역에서 발전하려는 노력을 기울여 왔고, 여러 분야에서 기독(목회)상담의 정체성과 아울러 다양한 주제들에 대하여 연구가 이루어졌다. 기독교대학이나 신학대학에서는 기독

(목회)상담학과가 신설되어 운영되고 있는데 다른 전공에 비해서 입학경쟁률이 상당히 높다고 한다. 또한 각 학교마다 기독(목회)상담 영역의 커리큘럼이 다양하게 개발되고 있으며 다양한 교재들이 출간되고 있다. 이러한 노력들에 더해 필자는 전반적인 기독(목회)상담의 영역을 연구하는 차원에서 한 단계 더 심층적으로 나아가서 한국의 상황에 맞는 상담의 이론적인 기초(대상관계 이론, 가족치료, 집단상담)를 제시하고 필자가 한국교회 현장에서 상담과 연구를 통해 접하게 된 영역(이단·사이비 종교인, 탈북자 적응)과 증상별(경계선 인격장애, 자기애성 인격장애 등)로 분류하여 각 영역에 대한 구체적 이해를 바탕으로 그 영역의 대상자들을 위한 효과적인 기독(목회)상담적 제언을 하고자 한다.

이 책은 3부로 구성되어 있다. 제1부에서는 한국 기독(목회)상담의 현황에 대하여 알아보고자 역사와 전망을 살펴보고 한국 기독(목회)상담의 흐름을 조명하고, 현재 기독(목회)상담의 실천과 교육에 대한 분석과 평가를 시도한다. 그리고 제2부에서는 기독(목회)상담학의 이론적 기초로서 필자의 상담과 교육 경험을 바탕으로 교회 현장에 필요한 상담의 이론적 기초 세 가지를 제시한다. 먼저 제3장에서 개인상담에 대한 이론적 기초로 대상관계 이론을 소개하여 개인상담에서 주시해야 할 요소들(특히 투사적 동일시)에 대한 조명을 통해 상담의 깊이를 더하고자 한다. 제4장에서는 가정의 중요성을 인식하여 가족 문제를 효과적으로 다룰 수 있는 가족치료 이론을 소개하고 각 학파들이 제시하는 가족치료 기법을 제시한다. 제5장에서는 한국인의 심리적 구조의 중심인 관계적인 측면을 강조하여 관계 차원의 치료를 이끄는 집단상담에 대한 이해와 기법들을 제시한다. 제3부에서는 증상과 영역별로 나누어 각 증상에 대한 이해를 바탕으로 그 대상을 효과적으로 상담치료를 하기 위해서 어떤 점을 고려해야 할지 적절한 방법을 제안하고자 한다. 먼저 제6장에서 증상별로 경계선 인격장애자들에 대한 이해와 상담방법을 제시하고 제7장에서는 나르시시즘과 기독(목회)상담이라는 제목으로 자기애성 인격장애자들에 대한 이해와 상담방법을 제시하였다. 제8장에서는 요즈음 사회에서 많은 문제를 일으키고 있는 이단·사이비 종교 교주와 신도들의 심리 이해를 제시한다. 제9장에서는 이단·사이비 종교에 빠진 내담자들에 대한 구체적 상담 전략을 제안한다. 제10장에서는 미래 지향적인 측면에서 접근하여 한국교회가 돌보아야 할 대상들(이혼가족, 재혼가족, 사별가족, 외상후 스트레스 장애를 겪는 사람들, 행려자들 등) 중 한 예로 탈북자들의 적응스트레스에 대하여 교회가 기독(목회)상담적으로 도울 수 있는 일을 제시한다.

이 책은 지금까지 필자가 발표한 논문들 중에 이 책의 주제와 관련된 논문인 "한국 기독(목회)상담학의 역사와 전망(『신학논단』. 2012. 6.)" "한국목회상담의 실천과 교육에 관한 분석(『신학논단』. 1999. 2.)" "대상 관계 심리학과 목회 상담(『기독교사상』. 1996. 9. 10.)" "가족치료의 이론과 역사(『현대와 신학』. 2000. 6.)" "집단상담 이해와 목회상담(1999. 6.)" "경계선 인격장애에 대한 목회상담적 이해(『현대와 신학』. 2002. 6.)" "경계선 인격장애자를 위한 목회상담적 전략(『신학논단』. 2002. 10.)" "한국교회와 나르시시즘(『목회와 상담』. 2005. 3.)" "사이비·이단 교주와 신도들의 심리이해: 목회상담적 제언(『신학과 실천』. 2007. 9.)" "신흥종교에 빠진 내담자를 위한 상담 전략(『한국기독교상담학회지』. 2012. 5.)" "탈북자들의 적응 스트레스와 목회상담적 대처방안(『한국기독교상담학회지』. 2005. 5.)"을 일부 수정보완하여 교과서로 활용하기 위해 편집한 것이다. 필자가 연세대학교에서 1996년 봄 학기부터 기독(목회)상담을 가르치면서 필자의 논문을 복사하여 학생들에게 읽히고 토론하게 하였는데, 학생들로부터 논문을 주제별로 모으면 공부하기에 더 편리하겠다는 이야기를 많이 들었다. 이런 요청을 받고도 계속 미루어 오다가 이제야 한곳에 모아 놓는 기회를 가지게 되어 개인적으로 무척 기쁘게 생각한다. 이렇게 책으로 모아진 필자의 생각과 고민들이 한국교회 기독(목회)상담 분야에 고민과 제언을 제시하는 새로운 창구를 여는 계기가 되기를 바란다.

이 책이 나오기까지 임상적 자료와 경험을 제공한 나의 모든 내담자들에게 감사한 마음을 표시하고 싶고, 그동안 강단에서 펼쳐진 강의를 잘 수강하여 훌륭한 상담자와 학자로 성장하고 있는 나의 모든 제자들에게 감사한 마음을 표하고 싶다. 그들이 아니었다면 이 글들이 책으로 나오지 못했을 것이다. 그리고 이 글을 책으로 펴내 주신 학지사의 김진환 사장님과 교정하느라 수고하신 이하나 선생님에게도 감사를 드린다. 마지막으로 항상 나의 곁에서 든든하게 버텨 주는 가족들에게도 감사를 전한다.

2008년 9월 가을의 시작에
연세대학교 신학관에서

13

제2부 기독(목회)상담학의 이론적 기초

제3부 영역 및 증상별 상담방법

제1부

Christian Counseling Psychology

한국 기독(목회)상담학의
현황

Christian Counseling Psychology

제1장

한국 기독(목회)상담학의 역사와 전망

한 국의 기독(목회)상담학은 1990년대를 정점으로 괄목할 만한 성장을 경험하였고 2000년부터는 각 신학대학에서 기독(목회)상담학이 가장 높은 입학경쟁률을 보이는 전공으로 부상하였다. 기독(목회)상담과 관련된 많은 학회들이 창립되어 활동하고 있으며 여러 종류의 상담기관들이 설립되어 상담서비스를 제공하고 있다. 각 교회에서 기독(목회)상담학에 관한 특강들이 개설되고 평신도들도 상담에 대한 관심을 높여 가고 있는 상황이다. 이러한 상황에서 기독(목회)상담학의 현 주소를 점검하는 것은 현재의 흐름을 진단하고 앞으로 어떤 면들을 보완해야 되는지를 알려 줄 수 있는 의미 있는 작업이 될 것이다. 한국 기독(목회)상담학의 역사를 돌아보는 목적은 현재의 상태를 점검하고 미래를 예측하여 올바른 길을 갈 수 있는 지침을 제공하는 것이다. 이 장을 통해 한국에서의 기독(목회)상담학의 역사를 분류하고 기독(목회)상담학이 성장하게 된 사회문화적 배경, 현재 진행되고 있는 기독(목회)상담학 연구, 상담기관들에 대한 조사를 실시하여 앞으로 기독(목회)상담학의 과제와 전망을 제시하고자 한다.

1. 한국 기독(목회)상담학 역사의 단계별 구분

1) 태동기(1950-1979): 소개와 번역(Introduction and Translation)

한국의 기독(목회)상담학의 기간을 구분한다면 세 단계로 나누어 볼 수 있다. 첫 번째 단계는 한국 기독(목회)상담학의 태동기로서, 이 기간은 외국의 기독(목회)상담학을 번역하여 소개하는 '소개와 번역'의 시기로 특징지어진다. 이 기간에 기독(목회)상담학이 한국에서 최초로 가르쳐지고 미국의 목회상담에 관한 책들이 소개되어 번역되는 작업들이 주로 이루어졌다. 1951년 이환신이 연세대 신과대학에서 문의학이라는 명칭으로 기독(목회)상담학을 최초로 가르쳤고 1968년 힐트너(Seward Hiltner)의 『목회신학원론(Preface to Pastoral Theology)』[1]이 번역되었고, 1974년 웨인 오츠

---

1) S. Hiltner / 민경배 역, 『목회신학원론』 (서울: 대한기독교서회, 1968).

(Wayne Oates)의 『기독교 목회학』2) 1976년에 힐트너(Seward Hiltner)의 『목회카운셀링(Pastoral Counseling)』3)이 번역되었다. 번역서들이 소개되는 과정에서 한국상황을 고려하여 저술한 책으로 황의영(1970)의 『목회상담원론』4)과 반피득(1978)의 『목회상담학개론』5)이 있다.

1968년에는 반피득(Peter van Lierop) 박사가 연세대 학생상담소를 개설하여 임상적인 환경을 조성하였다. 이는 한국에서 대학교 내에 상담센터를 개설하여 임상적인 장을 개척하였다는 의미에서 중요한 역사적 사실이다. 또한 1974년에 반피득 박사는 연세대학교에서 최초로 임상목회교육(Clinical Pastoral Education)과정을 개설하여 병상에서 목회적 돌봄을 실천할 수 있는 장을 마련하였다. 태동기에는 미국과 독일의 목회적 돌봄과 상담에 관한 책들이 소개되어 이론적인 틀을 마련하는 초석을 다져 놓는 작업이 되었고 반피득 박사의 상담센터 개설 그리고 임상목회교육의 실시는 기독(목회)상담학 분야에서 이론적인 틀만 소개된 것이 아니라 이론적 틀과 임상을 통한 실천적인 면들이 통합되는 건강한 기반을 마련해 주었다.

---

2) W. Oates / 김득용 역, 『기독교 목회학』 (서울: 생명의 말씀사, 1974).
3) S. Hiltner / 마경일 역, 『목회카운셀링』 (서울: 대한기독교서회, 1976).
4) 황의영, 『목회상담 원론』 (서울: 생명의 말씀사, 1970).
5) 반피득, 『목회상담학 개론』 (서울: 대한기독교서회, 1978).

2) 성장기(1980-1999): 기독(목회)상담학의 전문화 기간 (Specialization of Pastoral Counseling from Pastoral Theology)

이 기간에는 목회신학이라는 광의적인 차원의 한 분야로 자리 잡고 있던 기독(목회)상담학 영역이 나름대로의 기독(목회)상담적 인 영역으로 전문화 및 세분화 작업이 추진되었다. 이러한 전문화 와 세분화를 촉진하는 중요한 변수는 기독(목회)상담학과 관련된 다양한 학회들의 창립을 들 수 있다.

1982년에 한국목회상담협회가 조직되어 한국의 목회상담의 기 반을 다져 놓았다. 초창기의 활동은 그렇게 왕성하지 않았지만 1997년 아시아 태평양 목회상담대회(Asia Pacific Congress on Pastoral Care and Counseling)를 서울에서 개최하면서 더욱 활성화되었다. 이 대회에 세계의 기독(목회)상담학자들이 참여하였고 컨퍼런스 마지막 날 아리랑 곡조와 장구에 맞추어 온 참여자들이 어울리며 하나가 되었다. 이 대회를 계기로 세계에 한국의 기독(목회)상담학 이 소개되었고 국내적으로는 다양한 기독(목회)상담학자들 그리고 상담센터에서 종사하는 전문인들이 모여서 서로 자신들의 활동을 알리고 인정받는 시간이 되었다.

1997년에는 한국목회상담학회(The Korean Society for Pastoral Care and Counseling)가 조직되었고 『목회와 상담』이라는 학회지를 꾸준하게 출간하고 있다. 1999년에는 한국기독상담심리치료학회 가 창립되어 기독정신을 가지고 상담영역에 종사하는 학자들과 상담자들이 모인 포괄적인 학회로 발전되었다. 이 학회에서 발간된 『한국기독교상담학회지(Journal of Korean Christian Counseling & Psychotherapy)』는 한국의 기독(목회)상담학을 학문적으로 체계화하고 기독(목회)상담학자들의 학술적 연구들을 소개하고 토론의 장으로 이끄는 역할을 하였다. 2001년6)에는 한국임상목회교육협회(Korean Association of Clinical Pastoral Education)가 조직되어 병원과 특수기관에서 목회적 돌봄에 대한 관심을 가지게 되었다. 이 협회를 통해 연세대 세브란스병원, 고려대 병원, 충남대학 병원 등이 공식 인증을 받고 임상목회교육(Clinical Pastoral Education)을 실시하고 있다. 초창기에는 천주교와 같이 시작하였으나 천주교가 독립하여 또 다른 임상목회교육협회를 창설하여 활동하고 있다.

이 기간 동안 여러 학회가 창립되어 혼란과 갈등이 있었지만 오히려 전국에 걸쳐 각 분야마다 기독(목회)상담학의 영역이 적극적으로 소개되고 각자 나름대로의 활동을 통해서 전문적인 영역으로 발전하는 초석들을 다지는 데 큰 공헌들을 하였다고 평가할 수 있다.

3) 정체성 확립기(2000-현재): 경쟁과 자율성(Competition and Autonomy)

이 기간에는 여러 상담센터(학교에 기반을 둔 프로그램, 독립 프로그램, 교회 관련 프로그램)들이 생겨나고 각 신학대학마다 기독(목

---

6) 기간적으로 성장기에는 맞지 않지만 성장기의 학회창립과 발족의 특성을 띠었기 때문에 한국임상목회교육협회의 창립을 이 기간에 삽입하였다.

회)상담학 과목들이 다양하게 개설되어 적극적으로 운영되기 시작하였다. 각 신학대학마다 상담센터를 운영하면서 이론적인 것뿐만 아니라 임상적인 영역에 관심을 두기 시작하여 더욱 전문화된 영역을 구축해 나가기 시작하였다. 두 번째 기간에는 여러 학회들이 자신들의 영역을 점검하고 소개하는 초석을 다지는 기간이었다면 이 기간은 여러 학회나 협회들이 기독(목회)상담학의 정체성을 모색하는 활동을 하여 한국 기독(목회)상담학이 자립하는데 큰 공헌을 하였다.

각 학회들 간의 경쟁은 학술지가 왕성하게 출간되는 원동력을 제공하였고 각 학회들의 학술대회를 통해 한국 상황을 고려하고 배려하는 그리고 한국의 임상적 자료들에 대한 관심을 가진 주제들에 시간과 열정을 쏟기 시작하였다. 일반 상담과 기독(목회)상담학의 차별성이 무엇인지 정체성을 가지려는 노력이 돋보이고 기독(목회)상담학의 영역과 정체성을 확립하려는 시도와 노력이 돋보이는 시기다. 2009년에는 한국기독교상담심리치료학회에서 국제대회를 개최하여 세계의 기독(목회)상담학의 학자들이 초청되어 한국의 발전된 기독(목회)상담학의 영역을 소개하는 전환점이 되었다.

이 시기에 돋보이는 것은 각 신학대학마다 기독(목회)상담 전공들을 개설하거나 강화하여 기독(목회)상담학의 비중이 신학대학 교육 프로그램에 중요한 한 부분을 차지하게 되었다는 사실이다. 연세대학교 연합신학대학원은 세브란스병원에서 임상목회교육(CPE)을 수료하면 6학점으로 인정해 주는 등 각 신학대학마다 목회적 돌봄, 기독상담학, 목회상담학의 영역에 대해 관심을 가지고 집중하는 현상들이 일어났다. 기독(목회)상담학 분야에 학생들이 지원을 많이 해서 입학경쟁률이 점점 더 높아지는 것을 볼 수 있다. 또한 학문과 이론 중심의 기독(목회)상담학에서 임상 현장을 적극적으로 반영하여 가르치고 연구하는 추세가 강해졌다. 그래서 기독(목회)상담학 전공이 있는 각 신학대학에서는 기독(목회)상담학을 전공으로 하는 학생들이 상담을 실습할 수 있는 상담센터를 설립하기 시작하였다. 이는 임상 현장과의 괴리를 좁히는 역할을 하고 있다. 하지만 이러한 발전과 성장에도 불구하고 기독(목회)상담학이 지나치게 상업화되어 간다는 비판도 많이 있다. 기독(목회)상담센터들이 우후죽순 격으로 발생하여 서로 지나친 경쟁 구도에 들어가게 되고 자격을 갖추지 않은 사람들이 상담센터를 개설하여 비전문적으로 상담센터를 운영하여 불만을 호소하는 사례도 증가되기 시작하였다.

2. 한국 기독(목회)상담학의 성장 배경

한국기독(목회)상담학의 성장은 한국의 경제 성장과 맞물려서 발전하여 왔다. 한국의 신속한 경제성장과 지나친 경쟁 속에서 다른 사람에게 나의 부족한 부분을 보여 주기 싫어하는 분위기 때문에 안전한 곳을 찾아 자신의 문제를 이야기하고 그 이야기를 들어 줄 안식처가 필요하였다. 또한 경제성장으로 인하여 전통적인 가족체계가 무너지면서 확대가족에서 담당해 왔던 상담적인 기능들이 없어지면서 상담에 대한 수요가 늘어난 것이다. 즉, 지금까지 담당하던 상담적 지지 체계가 붕괴되면서 상담에 대한 필요와 욕구가 늘어나게 되었다. 또한 1997년도에 IMF 위기를 경험하면서 겪는 정서적 · 심리적 · 영적 공황상태를 경험하는 한국 기독교인들에게 한국 기독(목회)상담은 그 필요와 요구에 부응하여 성장하고 발전하여 왔다.

또 다른 성장 요인으로 한국교회의 성장을 지적하고 싶다. 한국 기독(목회)상담은 한국교회가 양적으로 팽창하는 과정에서 결핍된 질적인 성장에 대한 욕구에 응답하면서 성장하였다. 양적인 성장이 더 이상 이루어지지 않는 정체기간에 교인들에 대한 질적인 돌봄에 관심을 가지고 교회 성장의 다른 방법을 찾는 도구로 질적인 돌봄의 양태인 기독(목회)상담이 도입되어 발전하여 왔다. 질적인 성장을 위해 상담세미나, 부부세미나, 어머니학교, 아버지학교, 자녀교육 등에 대한 관심과 교육들을 통해 성도들에게 자신들의 관계와 상태를 돌아볼 수 있는 기회를 제공하여 주었다. 또한 제도적 측면에서도 한국교회의 성장은 상담센터들에 대한 경제적인 지원을 할 수 있는 든든한 받침대가 되어 주었다. 교회의 한 공간을 상담실로 개조하여 전문적인 상담부속기관으로 성장하게 하는 역할도 하였다.

또한 다른 성장 요인으로 한국사회의 문화적 갈등을 들고 싶다. 한국사회의 전통적인 자아는 공동체의 관계성 속에서 평안함을 느끼는 심리적 구조를 가지고 있지만 산업화로 인하여 공동체적 자아는 개별적이고 독립적인 자아를 요구하는 서양의 문화 속에서 갈등을 일으켜 왔다. 이 현상을 '문화적 정신분열(cultural schizo-phrenia)'이라고 명칭할 수 있다. 원래의 뿌리는 공동체(가족 공동체,

신앙 공동체) 내에서 치유를 받아 왔지만 그 치료적 도구를 잃어버린 상태에 놓이게 된 한국기독교인들은 혼란스러운 가치관과 혼돈된 실제 생활을 경험하는 분열적 상황에 놓이게 된다. 기독(목회)상담학은 이렇게 분열된 문화 심리적 구조에서 갈등하고 있는 한국 기독인들에게 자신의 혼돈된 정체성을 있는 그대로 인정받을 수 있는 안아 주는 환경을 제공해 준 것이다.

3. 한국기독(목회)상담학 연구 동향

한국의 기독(목회)상담학은 태동기를 거쳐 정체성 확립기에 이르기까지 이론적 측면에 많은 강조를 두었다. 하지만 이론적 배경들을 번역하여 소개하는 단계까지는 열심히 하였지만 현장과 관련된 학술논문의 출판은 상대적으로 부족하였음을 알 수 있다. 다음의 도표는 기독(목회)상담 관련 학술지의 논문을 분석한 것이다. 대상은 한국기독교상담심리치료학회의 『한국기독교상담심리치료학회지』 177편과 한국목회상담학회의 『목회와 상담』 68편, 총 245편의 논문을 분석한 것이다.[7) 각 구의 분류 주제로는 연구논문들이 다루는 주제별로 기법, 문제 및 현상, 영성, 이론고찰, 상담에의 적용, 기독(목회)상담학의 정체성, 제언, 프로그램 개발, 한국적 상담의 모색 등의 주제별로 나누어 보았다.

---

7) 논문을 따로 선별하여 분류하지는 않았고 한국기독교상담심리치료학회의 학술지와 한국목회상담학회 학술지에 게재된 모든 논문을 창간호부터 검토하여 분류하였다.

〈표 1-1〉 한국 기독(목회)상담학 학술논문 내용 분석

구분	편 수	비율
기법	21	8.6%
문제 및 현상	27	11.0%
영성	14	5.7%
이론 고찰	82	33.4%
적용	71	29.0%
정체성	6	2.4%
제언	9	3.7%
개발(프로그램, 척도)	8	3.3%
한국적 상담	7	2.9%
합 계	245	100%

이 내용을 알기 쉽게 그래프로 나타내면 [그림 1-1]과 같다.

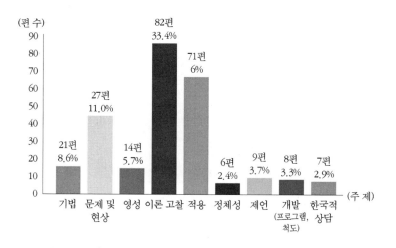

[그림 1-1] 한국 기독(목회)상담학 학술논문 내용 분석 그래프

이 그래프에서 알 수 있듯이 두 학술지에 게재된 논문들의 대부분은 이론적 고찰과 적용에 관한 주제 영역에 치우쳐 있다. 한국과 한국기독교의 맥락과 상황을 배려하는 데 관심이 부족했던 것이다. 한국적 상담과 정체성에 대한 관심을 가지고 이론적인 면들이 어떻게 한국의 교회 상황과 기독(목회)상담 상황에 접목될 수 있는지에 대한 고민이 필요하다. 문제 및 현상에 대해서도 관심은 가지고 있으나 더 구체적으로 각 문제별로, 예를 들어 귀신 들린 내담자, 사이비 종교에 빠진 사람들, 섭식장애, 도박 중독, 성 중독 등 구체적인 사례에 대한 기독(목회)상담적 접근은 무엇인가를 탐색하는 주제들이 연구될 필요가 있다. 또한 임상 면에서도 기독(목회)상담의 여러 형태 중에 어떤 접근 방법이 더 효율적인지, 그리고 그 상담서비스를 받은 내담자들로부터의 평가를 바탕으로 한 효과성 검증, 기독(목회)상담자를 찾는 내담자들의 욕구는 무엇인가 등에 관련된 주제들처럼 현장을 점검하고 그 결과가 다시 현장에서 상담하는 과정에 도움이 될 수 있는 연구들이 되면 균형이 맞춰질 수 있을 것이다.

다음으로 기독(목회)상담학과 관련된 단행본에 대한 분석을 다음과 같이 시도하였다. 대상은 한국학술연구정보서비스(www.koreanstudies.net)에 등재된 단행본으로 총 438편이다.[8] 단행본 구별 기준으로는 크게 형식 면에서 번역서와 사전으로 나누고 주제별로 실제와 기법, 상담 현장에 관한 연구, 이론 및 이론 소개, 임상에의 적용이라는 주제로 나누어 보았다.

---

8) 이외의 다른 단행본들이 있을 것이나 이 논문에서는 한국학술연구정보서비스에 등재된 단행본으로 제한하였다.

⟨표 1-2⟩ 한국 기독(목회)상담학 단행본 분석

구분	편 수	비율
번역서	201	45%
사전 및 백과	35	8%
실제 및 기법	38	9%
연구	33	8%
이론	61	13%
이론 소개	12	3%
적용	51	12%
기타	7	2%
합계	438	100%

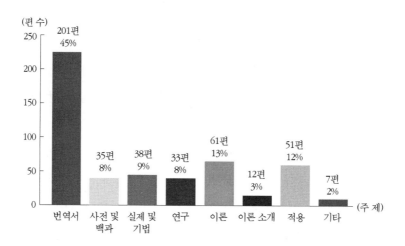

[그림 1-2] 한국 기독(목회)상담학 단행본 분석 그래프

⟨표 1-2⟩와 [그림 1-2]에서 볼 수 있듯이 한국 기독(목회)상담
학 분야의 단행본들은 아직도 번역서에 치우쳐 있는 것을 볼 수

있다. 그리고 학술논문 내용 분석에서와 마찬가지로 이론과 적용에 관한 비율이 상대적으로 높았다. 하지만 실제 기법에 관하여 다루거나 사례를 소개하여 실제 치료 과정에 어떻게 적용되는지를 알려 주는 단행본 그리고 현장에서 나오는 자료를 가지고 연구하는 연구서들이 부족한 현황을 파악할 수 있었다.

학술논문과 단행본을 분석한 결과 더 세분화된 연구 활동이 이루어져야 할 필요성이 대두되고 현장과 관련된 자료들을 활용하여 영역별 및 문제별로 어떻게 기독(목회)상담학이 실현되고 있는지 검증하고 더 효과적인 방법과 전문적인 기독(목회)상담학의 방법론을 찾아가는 작업이 실행될 필요가 있다는 결론을 얻었다. 정체성 확립기에 상담기관의 무분별한 설립과 운영으로 인한 윤리적인 문제가 대두되고 있는데 이러한 시점에 적절하게 기독(목회)상담학의 전문성과 윤리에 관한 주제를 다루는 학술논문과 단행본이 출간될 필요도 있다.

4. 한국 기독(목회)상담 기관 및 단체 동향

기독(목회)상담학과 관련된 협회 및 학회는 한국 성경적 상담협회(Korean Association of Biblical Counseling, 1995), 한국기독교상담심리치료학회(Korean Association of Christian Counseling and Psychotherapy, 1999), 한국 복음주의 기독교상담학회(Korea Evangelical Theological Society, 2000), 한국 영성 및 심리치료협회(Korea Association of Spirituality & Psychotherapy, 2000)[9] 등이다. 이

들은 나름대로 각자 활동을 열심히 하고 있고 각자의 학회 정체성
을 만들어 가는 데 집중하여 왔다. 하지만 학회들 간의 상호 교류
와 협동 체제는 부족한 실정에 있다. 동일한 주제에 대해서 각 학
회들이 어떻게 접근하는지 서로 이해하고 다양한 접근 방법들을
접할 수 있는 학회와 협회들 간의 상호대화와 협력적인 관계가 절
실히 필요하다. 지금까지는 각자 영역에서 따로 각자의 영역을 확
립하는 데 노력을 하였지만 앞으로 학회와 협회들 간의 교류와 통
일된 체제를 구축하는 과정을 통해 기독(목회)상담학의 생명력이
계속 지속될 수 있을 것이다.

한국의 기독(목회)상담과 관련된 상담센터 및 기관은 다음과 같
이 학교에 기반을 둔 프로그램, 독립 프로그램, 교회 관련 프로그
램으로 분류해 보고자 한다.10) 첫째로 학교에 기반을 둔 프로그램
(Academy Based Program)은 감리교 신학교의 영성심리치료센터,
연세대 연합신학대학원의 연세대학교 상담·코칭지원센터, 백석
대학교 상담센터, 장로회신학대학교의 학생생활상담소, 아세아연
합신학대학원의 기독상담센터, 횃불트리니티신학대학원 상담센
터 등이다. 둘째로 어느 학교나 기관에 부속되지 않고 자율적으로
활동하는 독립 프로그램으로 김영애가족치료연구소, 한국영성치
유연구소, 한국정신치료연구원, 서울대상관계정신분석연구소, 아
리랑풀이연구소: 한의 분출, 크리스찬치유상담연구원, 기독교여

---

9) 이곳에 기록한 학회 및 협회 외에도 많은 학회와 협회가 활동하고 있고 창립되어지
   고 있으나 대표적으로 활동하는 학회와 협회만 기록하였다.
10) 세 가지 범주에 해당되는 몇몇 기관들을 이 논문에 기록하지만 이외에도 많은 상담
    센터와 기관들이 있다.

성상담소, 기독교집단상담센터, 행복한가정연구소, 한국상담선교
연구원, 한사랑기독상담실을 들 수 있다. 셋째로 교회에 기반을
둔 상담센터로 1984년에 세워진 영락교회 상담센터, 예심장로교
회의 예심상담센터, 한밀교회 다세움교육원, 남서울은혜교회 뉴
라이프상담실, 사랑의 교회 상담실, 온누리교회 상담실, 소망교회
상담실, 명성교회 상담실, 새중앙교회 상담센터 등이다.

　현재의 상담센터 기관들을 홈페이지와 안내책자들을 모아서 상
담센터의 기능 중 교육, 상담, 연구의 범주로 분류하여 비교 분석
한 결과는 〈표 1-3〉과 같다.

〈표 1-3〉 한국 기독(목회)상담 관련 상담센터 비교 분석

순번	구분	비율			상담			연구	자격증
		일반	상담자	수퍼바이저	전화	인터넷	면접		
1	기독교여성상담소	○	○			○		○	
2	기독교집단상담센터	○			○		○		○
3	기독상담센터	○				○	○		
4	김영애가족치료연구소	○	○		○	○	○	○	○
5	내적치유사역연구원	○	○			○	○	○	
6	뉴라이프상담실	○				○	○		
7	(사)한국기독교상담연구원	○			○		○		
8	서울대상관계정신분석연구소	○	○				○	○	○
9	아리랑풀이연구소	○	○	○			○	○	
10	연세기독상담센터	○	○	○	○	○	○	○	○

11	영성심리치료센터	O	O	O	O		O	O	O
12	크리스찬치유상담연구원	O	O					O	
13	하이패밀리: 사랑의가정연구소	O				O		O	
14	한국가족상담센터	O	O	O	O	O	O		O
15	한국상담선교연구원	O	O			O		O	
16	한국웃음치료복지연구소	O	O						
17	한국정신치료연구원	O	O	O	O	O	O		O
18	한국치유상담연구소	O	O		O	O			
19	한사랑기독상담실	O			O	O	O		
20	햇살청소년신앙상담소				O	O			
21	행복한가정연구소	O	O			O		O	

이 표에서 볼 수 있듯이 상담센터의 세 가지 기능(상담, 교육, 연구) 중에 현재 한국 기독(목회)상담 기관들은 비교적 교육에 중점을 두고 있는 것을 볼 수 있다. 임상적 상담에 비교적 에너지를 덜 쏟고 교육에 더 중점을 두고 있다. 연구기능에 있어서는 많은 기관들이 관심을 두지 못하는 실정이다. 이는 상담센터의 운영 및 유지를 위해서 연구와 임상보다는 교육에 초점을 두는 결과를 만들었다. 앞으로 각 상담기관마다 상담 기능을 더욱 강화하고 임상과 관련된 연구의 기능을 더 활성화해야 균형감을 가진 상담기관으로서 발전할 수 있을 것이다.

5. 한국 기독(목회)상담학의 미래를 위한 제안

현재 한국 기독(목회)상담학은 전성기를 맞이하여 계속 성장하고 있지만 앞으로 계속적인 발전을 위하여 앞의 연구 결과들을 바탕으로 문제를 제기하고 다음 단계로 성장하고 정진할 수 있는 몇 가지 제안 점들을 제시하고자 한다.

1) 기독(목회)상담 협회 및 학회들의 협조 및 통합

한국 기독(목회)상담 기관과 학술논문 그리고 단행본 분석을 통해 명확히 알 수 있는 것은 연구 방향이나 주제들이 너무 분산되어 있고 큰 흐름에 대한 맥을 가지고 연구가 진행되고 있지 못하다는 것이다. 앞으로 한국 기독(목회)상담학의 발전을 위해서는 한국 기독(목회)상담학과 관련된 여러 학회와 협회들 간의 협조가 절실히 필요하다는 것을 알 수 있다. 각자 각 장소에서 열심히 정진하고 활동하고 있는 에너지를 서로 모아 하나의 모학회 아래 각 지학회로서 활동을 한다면 연구의 주제들도 조화를 가지고 기획된 연구과제들을 수행할 수 있고 서로의 능력과 힘이 합쳐져 좋은 결과를 가져올 것이다.

2) 국제교류 증진

한국 내에서의 활동은 괄목할 만하게 성장하였지만 한국 내에

서의 학술적 · 임상적 활동에 대해 국제적으로 알리고 홍보할 필
요가 있다. 앞에서 분석한 논문들과 단행본 목록에서 볼 수 있듯이
한국 기독(목회)상담학 연구들을 소개하거나 외국에 한국의 기독
(목회)상담학을 알리려는 논문과 단행본들이 별로 없다는 것을 알
수 있다. 한국의 기독(목회)상담에 관련된 연구논문, 단행본들이
전 세계 무대에 널리 알려져야 하고, 학회와 협회들 간의 국제적
교류 증진이 확대되어 현재 한국에서의 활동들이 저술과 해외 논
문 발표 그리고 다양한 방법으로 국제 무대에 소개될 필요가 있다.

3) 상담윤리와 전문성에 대한 민감성

앞에서 한국의 기독(목회)상담학의 역사를 분류할 때 제3기의 특
징으로 경쟁성을 지목하였다. 다양한 상담기관과 학회와 협회들 간
의 경쟁관계에 들어가면서 기독(목회)상담학의 대중화에 성공하고
많은 상담기관과 상담자를 양산했지만 질적인 관리 면에서 보다 더
전문적인 상담기관과 상담자를 양성하는 측면이 부족하였다. 한국
기독(목회)상담학은 이론과 교육을 중심으로 머리만 과대하게 성장
된 경향이 있다. 그 결과 임상에 대한 전문적 능력을 갖추지 못하고
상담센터를 운영하거나 상담자 역할을 함으로써 전문적이지 않은
행동을 하고 내담자와 부적절한 관계를 맺는 경우가 있다. 자격증
을 주기 위한 철저한 검정 시스템을 갖추고 여러 학회 간의 통합된
자격요건을 갖추어 나가서 통합되고 일관된 자격증을 부여하는 것
이 필요하다. 그리고 자격증을 받은 상담자에게는 재교육과 연장교
육이 실시되어 전문성을 유지할 수 있도록 관리가 되어야 한다. 상

담영역이 세분화 되면서 각 분야와 문제별로 세심하게 주의를 기울여서 다루어야 할 이슈들이 있다. 비밀보장의 한계, 담임목회자와 상담자와의 관계 설정, 이중 및 다중 관계, 상담센터 운영에 있어서 전문성 등에 대한 주의와 관심을 기울일 필요가 있다.

기독(목회)상담학의 전문성을 위해서 현재 기독(목회)상담사 자격증을 받으면 모든 종류의 상담을 할 수 있는 것처럼 생각하고 활동하는데 자격증을 보완하여 자신이 전문영역이 드러나는 세분화된 자격증이 필요하다. 이와 아울러 상담센터들도 모든 종류의 상담을 할 수 있는 백화점식의 상담센터의 성격보다 특성화되고 전문화된 영역을 개발하여서 상담센터마다 저마다의 성격과 특성을 가져서 서로 리퍼럴을 해 주고 내담자가 최선의 선택을 할 수 있도록 하며 최고의 상담서비스를 받도록 해야 할 것이다.

4) 교회를 기반으로 한 상담센터의 활성화

미국목회상담학이 그 열기가 식어 간 요인 중에는 점점 교회로부터 분리되어 세속화되어 가서 교회로부터도 외면받고 사회에서도 자격증을 인정받지 못한 것에도 원인이 있다. 한국에서도 기독(목회)상담학이 점점 더 전문화되고 세분화되면서 교회와 연관하지 않고 독립적으로 활동하려는 경향을 띠는 경우를 볼 수 있다. 기독(목회)상담학은 뿌리를 교회에 두고 그 자리를 항상 점검해 나가면서 성장할 필요가 있다. 교회라는 기관과 연관이 없다 하더라도 기독정신을 유지시킬 수 있도록 상담센터 운영진이나 이사진에 교회와 관련된 사람이 있어야 하고 제도적으로 기독정신을 잃지 않도록 노력할 필요가 있다. 한 교회에서 독립적으로 상담센터를 운영할 형편이 안될 경우 그 지역의 여러 교회가 합력하여서 각 교회 담임목사가 이사가 되어 재정적으로 같이 협력하면서 자신들의 교회 교인들을 상담센터에 의뢰하면 비밀보장도 되고 전문성이 유지된 상담서비스를 받을 수 있는 기회를 제공해 줄 수 있다.

5) 수퍼비전 기회 확대

한국 기독(목회)상담 영역에서 이론적인 면들은 많이 소개되었고 발전되어 왔다. 그러나 임상과 관련해서는 훈련할 기관도 많지 않고 훈련을 제대로 받을 수 있는 곳도 드문 편이다. 상담훈련 중 상담자로서 성장할 수 있는 도구는 수퍼비전이라는 기회이고, 이를 통해서 상담자로서 거듭나는데, 수퍼비전을 받기 위해서는 재정적, 시간적으로 커다란 노력이 요구된다. 그리고 수퍼비전에 대한 이론적 · 실천적 경험이 없는 상태에서 상담전문가만 되면 수퍼비전을 할 수 있게 되어 있는데 이것은 유능한 상담자를 양성하는 데 걸림돌이 되고, 또 위험한 결과를 초래할 수 있는 요인이라 생각한다. 현재 한국에서 기독(목회)상담학이 개설되는 학교의 커리큘럼을 조사한 결과 수퍼비전에 관한 과목이 개설되어 있는 학교가 많지 않다는 것을 알 수 있었다.

기독(목회)상담 전문가가 되고 이후로 5년 동안 수퍼비전에 대한 훈련을 받고 수퍼비전을 실시한 것에 대한 수퍼비전을 받으면서 철저하게 교육과 훈련을 마친 후 수퍼비전을 실시하도록 제안한다. 전문적이지 못한 수퍼바이저에게 수퍼비전을 받으면서 언어적 · 정신적 학대를 겪은 상담훈련생을 많이 볼 수 있는데 이런 일이 벌어지지 않도록 전문적인 수퍼바이저 양성을 통해 상담훈련생들이 보다 더 전문적인 수퍼비전을 받을 기회가 많아져야 한다. 수퍼비전을 제공하는 양식에서도 다양한 방식을 채택할 필요가 있다. 개인수퍼비전, 집단 수퍼비전, 공동 수퍼비전, 라이브 수퍼비전 등의 다양한 수퍼비전 기회가 제공되어야 한다. 전통적인 방식에만 머물지 말고 인터넷 혹은 첨단 장비를 사용하여 수퍼비전의 기회를 제공한다면 그 지역에 전문 수퍼바이저가 없는 곳에서도 전문수퍼비전을 받을 수 있는 기회가 제공될 수 있을 것이다.

6) 초점화된 연구

학술지 논문과 단행본 분석에서도 볼 수 있었듯이 한국 기독(목회)상담학의 연구는 이론적인 면을 중점으로 하는 연구논문과 이론을 소개하는 번역서에 치중을 해 왔다. 앞으로는 현장에서 나오는 자료들을 가지고 효과성을 검증하고 임상에 적용될 수 있는 결과들을 산출할 수 있는 연구가 진행되기를 바란다. 그리고 총론에만 계속 머물러 있는 것이 아니라 문제별, 영역별로 어떻게 기독(목회)상담적으로 치료할 수 있는가를 제시해 주는 논문과 저서들이 계속 간행될 필요가 있다.

7) 진단도구 개발

정신의학 분야에서는 『정신장애의 진단 및 통계편람 제4판

(DSM-IV)』등 다양하게 정신장애를 진단할 수 있는 도구들이 마련되어 있고 이 도구에 맞추어 진단을 내릴 수 있다. 하지만 기독(목회)상담 영역에서 영성에 대한 진단 기준이 설정되어 있지 않기때문에 건강한 영성, 종교성을 분별하여 진단 내리기가 쉽지 않다. 한국의 기독(목회)상담학 분야에서 이슈가 되는 현상이나 문제들에 대해 표준화된 진단 기준이 있으면 상담을 실시하는 데 큰도움이 될 것이다. 이와 아울러 종교성숙도 척도, 기독부부관계만족 척도, 건강한 영성 척도 등 한국적 기독(목회)상담 영역에서구체적으로 사용될 수 있는 척도 개발이 필요하다.

8) 상담의 초점화

앞에서도 지적하였듯이 총론적으로 모든 대상을 위한 전반적이고 당위적인 저술과 연구보다는 특별한 문제와 영역에 맞게 세분화된 상담적 접근을 보여 주는 안내서, 연구, 저서가 필요하다. 앞으로 고령화되어 가는 사회 속에서 고령층에 대한 상담적 접근, 사이비 · 이단에 빠진 자들, 동성애자, 행려자들에 대한 상담적 접근들에 대해 구체적인 치료적 안내를 제시해 줄 필요가 있다.

9) 한국적 기독(목회)상담학 개발

한국 기독(목회)상담학은 미국의 목회상담학의 조류를 많이 따라 왔다. 하지만 이제는 한국 기독(목회)상담학의 목소리를 내야할 때다. 한국 기독교인 내담자들의 특성은 무엇이고 상담에서 서양의 상담과 다른 면들은 무엇이 있는지, 상담자와 내담자 간의 치료적 동맹을 맺는 데 무엇이 독특한 요소로 작용을 하는지 연구할 필요가 있다. 또한 한국 전통문화 속에 숨어 있는 상담적 요소들을 찾아서 이론화하는 작업도 필요하다.

10) 일반 상담 영역과의 교류와 연결망

한국 기독(목회)상담학은 교회에 기반을 두어야 한다. 하지만 교회에 기반을 둔다고 해서 협소하게 우물안 개구리처럼 자신들의 생각만 고집하고 머무르는 실수를 범하면 안 된다. 세상에 나가 복음을 전할 선교적 사명이 있는 것처럼, 일반 상담과도 연결하고 활동하여 기독(목회)상담학의 전문성과 우수성도 알려 주어야 할 필요가 있다. 일반 상담자들과의 관계도 잘 유지한다면 그들에게 찾아오는 잠재적인 기독(목회)상담의 대상자들이 적절하게 기독(목회)상담자에게 의뢰될 수 있는 기회를 넓혀 갈 수 있을 것이다.

11) 기독(목회)상담학 전공 후 고용기회 확대

기독(목회)상담자들이 석사를 졸업하고 나갈 수 있는 영역이 극히 제한되어 있다. 안수를 받은 남성목회자의 경우 교회에서 상담사역을 하면 되지만 안수받지 않은 남성, 여성의 경우 일반 상담기관에 취직하는 것도 어렵고 교회에 고용되기도 어려운 상황이다. 이들이 좋은 교육을 받고 나서 소신 있고 신나게 일할 수 있는 일자리가 마련되지 않는다면 지금의 기독(목회)상담학의 열정은 점점 식어 갈 것이다.

12) 기독(목회)상담학 교육과정 개발 및 표준화

한국에는 기독(목회)상담학에 관련된 학회가 너무 다양하여 각 학회의 자격증을 획득하려면 각 학회의 기준을 알기 위해 따로 공부해야 하는 상황이다. 앞으로 각 학회마다 규정들을 통합하여 표준화된 자격기준을 가지고 이론과 임상을 통합할 수 있는 교육 커리큘럼도 제시되어야 한다. 각 신학대학 기독(목회)상담 관련 전공에서 필수적으로 배우는 과목들은 공통적으로 표준화하여 기독(목회)상담학의 수준을 정비하고 전반적인 수준을 높일 필요가 있다.

6. 맺는말

이 장을 통하여 현재 한국 기독(목회)상담학의 현재를 점검하고 앞으로 개선해야 될 부분들에 대하여 몇 가지 제안을 하였다. 한국의 기독(목회)상담학은 짧은 기간에 괄목할 만한 성장을 이루어 왔고 그 성장 뒤에는 많은 기독(목회)상담 학자들과 상담자들의 노력과 헌신이 있음을 알 수 있다. 이러한 성장이 지속되려면 좀 더 전문화되고 효과적인 기독(목회)상담 서비스가 제공이 되어야 하고 이를 위한 연구와 전문적인 훈련 체계가 갖추어질 필요가 있음을 절실히 느낀다. 한때의 인기나 바람으로 그치는 한국(기독)목회상담학의 흐름이 아니라 한국 기독교인들의 아픔과 고통과 같이

하여 한국교회의 질적 성장에 깊은 영향력을 주는 도구가 되기를
바란다. 이 장에서 필자는 한국 기독(목회)상담학의 현재를 점검하
려고 하는 시도를 하였다. 좀 더 많은 자료를 가지고 분석하였으
면 하는 아쉬움도 남아 있다. 상담기관에 대한 객관적인 평가를
통해 한국의 상담기관들에 대한 평가지표를 마련하고 그 지표에
맞추어 평가하는 연구 그리고 각 신학대학에서 진행되는 기독(목
회)상담 학위과정의 커리큘럼에 대한 평가와 분석, 그리고 한국
기독(목회)상담학의 흐름 속에 들어 있는 신학적 성향에 대한 연구
도 진행될 필요가 있다.

토론할 이슈

1. 저자가 분류한 한국 기독(목회)상담학의 시대 분류에 따라 각 시대의 기
   독(목회)상담학의 특성을 살펴보고 각 기간에 대한 비판을 해 보시오.
2. 한국 기독(목회)상담학 분야에서 집중적으로 연구해야 할 주제는 무엇
   이라고 생각하는가?
3. 필자가 한국 기독(목회)상담학 분야의 발전을 위해 제안하는 이슈들
   외에 다른 이슈들을 생각해 보시오.
4. 한국 기독(목회)상담 영역에서 개발해야 할 척도와 진단 영역(예를 들
   어 영적 진단, 영성 척도 등)은 무엇이 있는가?

참고문헌

강기원. 『현대목회상담의 모형제시』. 서울: 쿰란출판사. 2010.

권영욱. 『개성화의 기독교상담학』. 서울:예영커뮤니케이션. 2008.

기독교 사상 편집부. 『한국 교회를 위한 목회상담학』. 서울: 대한기독교서회. 1997.

박근원. "한국목회상담의 역사개요: 한국 목회상담협회를 중심으로," 『신학사상』, 97(1997). 28-35.

반피득. 『목회상담학 개론』. 서울: 대한기독교서회. 1978.

안석모, 권수영, 김필진, 박노권, 박민수, 신명숙, 이관직, 이정기. 『목회상담 이론 입문』. 서울: 학지사. 2009.

이상억, 권명수, 김진영, 반신환, 심수영, 양유성, 유재성, 이해리, 정희성, 최의헌. 『목회상담 실천 입문』. 서울: 학지사. 2009.

이에스더. 『상한 심령을 품어 주는 교회: 효과적인 목회상담의 실제』. 서울: 예영커뮤니케이션. 2008.

전용복. 『기독교 상담의 이론과 실제』. 서울: 도서출판 미드웨스트. 1999.

황의영. 『목회상담 원론』. 서울: 생명의말씀사. 1970.

한국학술연구정보서비스. www.koreanstudies.net.

Dieterich, M. / 홍종관 역. 『심리학과 목회상담』. 서울: 학지사. 2010.

Hiltner, S. / 민경배 역. 『목회신학원론』. 서울: 대한기독교서회. 1968.

Hiltner, S. / 마경일 역. 『목회카운셀링』. 서울: 대한기독교서회. 1976.

McHolland, J. Ed. *The future of Pastoral Counseling: Whom, How and For What Do We Train*. Fairfax: American Association of Pastoral Counseling. 1993.

Miller, W. R., & Jackson, K. A. / 제석봉, 천성문, 박충선 역.『목회자를 위한 상담심리학』. 서울: 학지사. 2009.

Oates, W. / 김득용 역.『기독교 목회학』. 서울: 생명의말씀사. 1974.

Wise, C. A. / 이기춘 역.『목회학:페스토랄 캐어의 의미』. 서울: 대한 기독교 출판사. 1984.

제2장

한국 기독(목회)상담학의 실천과 교육

한 국교회는 지금까지 양적 성장과 교세 확장에 중점을 두어 왔다. 그러나 1990년도 후반기에 이르러 양적인 팽창은 점점 쇠퇴하는 추세에 접어들고 있는 것이 사실이다. 한국 개신교 조사 보고서인 「한국개신교의 교회활동 및 신앙의식 보고서」에 의하면 기독교의 경우 1980년 이후 증가율이 1.5%밖에 되지 않는다. 그리고 비종교인들의 향후 종교 소유 의향은 32.9%인데 이 중 40.3%가 불교, 37.4%가 천주교, 그리고 22.3%가 기독교로 나타나 향후 기독교가 타종교에 비해 증가율이 가장 낮을 것으로 추정되었다.[1]

---

1) 기독신문(2001. 7. 18.).

이러한 흐름 속에서 요즈음 상담에 대한 요구와 필요가 점점 더해지는 것은 그동안 채워지지 못했던 요구에 대한 당연한 반응인 것이다. 이 시점에서 한국교회는 다시 한 번 한국교회 성도들의 필요와 요구가 무엇인지 연구할 필요가 있고, 상담이라는 목회의 한 형태를 제공하는 데 있어서 보다 더 효과적인 상담의 진행을 위한 훈련과 교육을 제시할 필요가 있다. 이 장에서는 한국의 기독(목회)상담 실천 분석을 위하여 특히 미국의 기독(목회)상담의 흐름을 역사적으로 검토하고 그 흐름의 어느 부분이 한국 기독(목회)상담학의 실천에 영향을 주었는가 밝혀서 한국 기독(목회)상담 실천의 훈련에 대한 현주소를 진단하고자 한다. 이를 위해 실제 목회자들의 상담사례를 제시하고 진행 과정에서의 문제점을 지적하여 상담훈련 과정에 대한 몇 가지 제안을 할 것이다.

1. 한국 기독(목회)상담 실천 동향

한국의 기독(목회)상담 실천에는 미국의 기독(목회)상담 실천의 흐름에 상당한 영향을 받았다. 이러한 흐름이 한국 기독(목회)상담학 실천에 어떤 영향을 주었는지 밝혀 보고자 한다.

1) 미국의 기독(목회)상담 실천의 흐름

기독(목회)상담학에 대한 역사를 정리한 브룩스 홀리필드(Brooks Holifield)는 그의 저서 『A History of Pastoral Care in America』[2])에

서 기독(목회)상담학의 역사를 문화와 연결하여 각 문화 속에서 자기(self)를 어떻게 이해하는지 그 성격에 따라 분류를 하였다. 즉, 그는 기독(목회)상담학의 역사 분석을 '자기'라는 틀을 가지고 분류한 것이다. 홀리필드에 의하면 17세기 전에는 구원을 위하여 자기를 부정(self-denial)하는 것이 문화적 분위기였기 때문에 자기를 부정하는 죄사함, 고백이 목회적 돌봄과 기독(목회)상담학의 중요한 기능으로 자리를 차지하였다고 한다. 그리고 18세기와 19세기에는 찰스 다윈(Charles Darwin)의 『종의 기원』과 지그문트 프로이트(Sigmund Freud)의 인간 무의식에 대한 연구로 인간에 대한 무한한 가능성을 제공해 주는 인본주의적 문화를 창출되었다. 이 문화는 자기를 사랑(self-love)하고, 배양(self-culture)하여 자기를 극복(self-mastery)할 수 있는 단계로 진전하는 것을 의미하는데, 이것을 목회적 돌봄의 목표로 삼았다고 지적한다.[3] 20세기에 이르러서 자기실현의 문화 속에서 기독(목회)상담학은 심리학의 도움을 받아 꽃을 피우는데, 이 시대의 목회적 돌봄의 목표는 자기실현(self-realization)이었다고 밝힌다.[4] 홀리필드는 '자기'에 초점을 두면서, 문화적 환경이 어떻게 기독(목회)상담의 성격과 목표를 결정하게 했는지를 잘 지적하고 있지만 구체적으로 각 시기, 특히 20세기 기독(목회)상담의 성격이 어떤지는 언급하지 않았다. 20세기의 기독(목회)상담 실천 대한 흐름을 살펴보겠다.

---

2) B. Holifield, *A History of Pastoral Care in America: From Salvation to Self-Realization* (Nashville: Abingdon Press, 1983).

3) Ibid., pp. 11-20.

4) Ibid., p. 348.

구체적인 흐름들을 간략하게 살펴보면, 20세기 기독(목회)상담
의 흐름은 첫째로 임마누엘 운동(emmanuel movement)5)부터 시작
한다. 이 운동은 신약성경에 나오는 예수님의 치료를 본받아 육체
와 정신의 치료 증진을 위해 의학과 종교 분야에 종사하는 사람들
이 함께 모여 시작하였다. 이 운동의 모토는 첫째, 사람은 신체와
정신의 복합체라는 것, 둘째로 종교가 의학적 치료의 효율성을 인
정해야 한다는 것이었다. 또 셋째로 유기적 기능장애가 영적인 치
유 영역 안에 있다는 것을 인정하였고 넷째로 인간의 복지와 건강
에 끼친 의학의 공헌을 과소평가하지 말 것을 주장했다.6) 인간의
정신, 영혼, 육체의 복합적인 면을 인정하는 전인적 접근을 기본
으로 하고 심리학의 이론들을 교회에 소개한 임마누엘 운동을 시
작으로 본격적인 임상목회 교육 운동(clinical pastoral education
movement)이 1925년을 기점으로 활성화되기 시작하였다. 주창자
는 안톤 보이즌(Anton Boisen)이며 리처드 캐봇(Richard Cabot)에게
서 배운 임상연구 방법과 러셀 딕스(Russel Dicks)의 축어록
(verbatim)을 적용한 첫 번째 임상목회 교육(CPE)을 우스터 주립병
원(Worcester State Hospital)에서 실시하였다. 보이즌은 이후 1930년
에 캐봇과 Council for the Clinical Training of Theological
Students를 만들어 활동하였다. 이 그룹은 후에 캐봇과 딕스가 주

---

5) 이 운동은 1904년 보스턴의 성공회 교회에서 E. Worcester가 주창하였는데, 뉴잉글
랜드 지역의 유능한 의사들과 함께 영적인 치유를 위한 클리닉을 설립함으로써 시
작되었다. 더 자세한 내용을 보기 위해서는 C. J. Sherzer, "The Emmanuel
Movement," *Pastoral Psychology* (1951), pp. 27-33을 참조하시오.
6) O. Strunk, "Emmanuel Movement," In R. Hunter (Ed.), *Dictionary of Pastoral Care
and Counseling* (Nashville: Abingdon Press, 1990), pp. 350-351.

축이 되어 합리성과 자기에 대해 비교적 낙관적인 시각을 가졌던 보스턴의 Institute of Pastoral Care를 기반으로 활동하는 단체와, 자기를 갈등적이고 비이성적인 존재로 본 보이즌이 주축이 된 뉴욕의 Council for the Clinical Training그룹으로 나누어지게 되었다.

이어서 1953년 CPE 기준을 만들고 1967년에는 American Associations of Clinical Pastoral Education이 형성되었으며 1963년에는 AAPC 운동(American Association of Pastoral Counselors Movement)이 일어났다. 이 운동은 기독(목회)상담을 국제적으로 소개하였으며 그 당시 문화적인 대류인 인간잠재력 운동(human potential movement)으로부터 많은 영향을 받았다. 이 운동은 인간의 무한한 잠재성과 가능성을 바탕으로 한 성장 중심의 상담적 이론을 형성하는 배경이 되었다.

1960년대 후반에 기독(목회)상담은 전성기를 맞이하고 1970년대에 이르러 기독(목회)상담의 학문적 체계가 잡히기 시작한다. 그 중에 찰스 걸킨(Charles Gerkin)은 해석학적인 방법론을 적극적으로 사용하여 살아 있는 문헌(living human documents)에 대한 상담자의 해석자(interpreter) 기능을 강조하였다. 걸킨의 해석학적 접근은 섭리, 즉 '개인이 위기에 처할 때 개인의 이야기 속에서 하나님이 어떻게 활동하고 계시는가(God's activity in the life event),'[7]를 질문하며 상황을 해석하는 과정을 중요시하고, 사건을 꿰뚫을 수

---

7) C. Gerkin, *Crisis Experience in Modern Life: Theory and Theology for Pastoral Care* (Nashville: Abingdon Press, 1979), pp. 23-28.

있는 의미 있는 체계가 있을 때 한 개인이 회복할 수 있는 힘을 가지게 된다는 것을 강조한다. 목회적 돌봄은 인간의 위기 경험을 궁극적 의미 또는 가치와 연결시키며 다른 차원으로 이끄는 것이라고 하였다.8) 그 의미 체계(meaning system)를 찾아 주는 것이 상담자의 임무다. 이러한 그의 접근 방법은 인간의 경험으로부터 시작하는 귀납적인 상담방법의 범주에 넣을 수 있다.

이에 비해 돈 브라우닝(Don Browning)은 기독(목회)상담의 장을 도덕적 대화(moral discourse)의 장이라고 하여 기독(목회)상담자의 윤리적 안내 역할에 강조점을 둔다. 그는 도덕적 사고의 다섯 단계에 대해 다음과 같이 분류한다. 즉, 우리는 어떤 세계에 살고 있고 궁극적인 배경은 무엇인가를 묻는 비유적 단계(metaphorical level)와 우리가 어떤 의무를 갖고 있는가를 묻는 의무론적 단계(obligational level), 도덕적으로 만족할 만한 기본적인 필요와 경향성은 무엇인가를 묻는 경향론적 단계(tendency level), 이론가의 배경을 묻는 환경 단계(contextual-predictive level), 도덕적 목적을 위해 어떤 구체적인 역할과 대화, 과정, 행동을 취하는가를 묻는 규칙-역할 단계(rule-role level)다. 그는 이 다섯 단계를 통해서 한 이론을 점검하고 수정하여야 한다고 말하고 있다.9)

걸킨이 인간의 경험을 중요시하는 귀납적인 방법론을 취하는 것에 비해 브라우닝은 도덕적 대화의 장으로서 상담의 연역적 방

---

8) C. Gerkin, *The Living Human Documents: Revisioning Pastoral Counseling in a Hermeneutical Mode* (Nashville: Abingdon Press, 1979), p. 14.

9) D. Browning, *Religious Ethics and Pastoral Care* (Philadelphia: Fortress Press, 1983), pp. 53-71.

법론을 제시한다. 둘의 공통점은 방법론에 있어 걸킨과 브라우닝 둘 다 기독(목회)상담의 고유한 신학적 기능을 재정립하고 기독(목회)상담의 신학적 정체성을 찾으려고 시도를 했다는 점이다.

2) 미국 기독(목회)상담 실천 흐름에 대한 비판

최근 몇 년 전 미국목회상담협회(American Association of Pastoral Counselors)에 참석하였을 때, 목회상담자를 목회심리치료사로 변경하여 호칭하려는 의견이 있음을 보았다. 이는 목회상담자로서의 정체성에 세속화된 모습을 반영하려는 시도라고 생각한다. 앞서 지적한 대로 미국의 기독(목회)상담은 교회와 관련 없이 세속적인 한 기관으로서 기능을 하려는 경향성을 띠어 왔었지만 현재는 기독(목회)상담의 고유한 신학적 정체성을 찾으려고 노력하고 있다. 이 흐름에 대해 한국은 미국의 기독(목회)상담의 흐름 중 세속적 흐름의 극치에 있었던 기간의 이론과 성향을 검증 없이 수용하여 지금까지 내려오고 있다.

미국에서도 목회상담학의 세속적인 흐름에 반하여 목회상담의 정체성을 드러내려는 시도가 이루어지고 있다. 그중 1970년대의 토머스 오덴(Thomas Oden)은 목회상담의 뿌리가 교회의 교부들로부터 유래되었음을 지적한다. 그는 목회상담의 정체성에 관해 질문하면서 고전적 교부들의 목회 형태를 통해 목회적 돌봄의 신학적 전통을 세우려 하였다.[10] 그는 현대 목회상담학이 심리학에 과

---

10) T. Oden, *Care of Souls in the Classic Tradition* (Philadelphia: Fortress Press, 1984), pp. 26–42.

도한 관심을 두고 있음을 비판하며 목회상담의 뿌리를 교회 교부, 특히 그레고리 주교[11]로부터 찾는다. 그는 1970년대 이전에 신학과 심리학이 각각 독립되면서 신학이 심리학에 종속되어 목회상담학이 발전되어 왔다고 비판하였다. 한국의 기독(목회)상담 실천은 어떠한가?

외부의 이론을 수용하는 과정에서, 이론적으로는 새뮤얼 사다드(Samuel Southard)[12]가 비판한 대로 미국의 1960년대 기독(목회)상담학은 그 공백을 보충하기 위해 자기실현의 낙관적인 확신에서 나온 인본주의를 받아들여 예배와 거룩함의 인식, 영적인 자료에 무관심한 기독(목회)상담학의 변질된 모습을 무비판적으로 수용하였다. 이와 같은 양태로 인하여 초기의 한국 기독(목회)상담은 이론의 공백을 보충하기 위해 칼 로저스(Carl Rogers)의 이론을 무비판적으로 수용한 것으로 생각된다. 또한 1970년대와 1980년대 기독(목회)상담 실천은 로저스의 이론에 기반한 낙관적이면서 개인적인 인간관을 바탕으로 한 이론과 실천을 유입하였다.

로저스는 상담이란 내담자로 하여금 자기 자신을 이해하고 새로운 방향으로 적극적으로 걸어갈 수 있게 해 주는 것이라고 지적한다.[13] 그의 자기개념은 기독교적 인간이해를 비판함으로 시작

---

11) 그레고리 주교는 『목회지침서』에서 사제의 권위는 겸손과 함께 실행되어야 한다는 것을 강조하고 개인의 사례를 들어 다른 유형의 문제에 어떻게 다르게 충고 · 지도해야 하는가를 잘 설명하였다.

12) S. Southard, "The Current Need for Theological Counsel," *Pastoral Psychology*, Vol. 32(2), Spring (1984), p. 89.

13) C. Rogers, *Counseling and Psychotherapy* (Boston: Houghton Mifflin, 1942), p. 18.

한다. 그는 『On Becoming a Person』이라는 책에서, "기독교의 전
통적인 인간 이해는 인간을 근본적으로 타락한 존재로 보고, 기적
으로 가능한 그 무엇에 의해서만 죄의 근성이 소멸될 수 있다는
사상으로 우리 사회를 채우고 있다."14)라고 말한다. 이 비판적 사
고는 인간 자기에 대해 낙관적이고, 이상적인 태도를 취하게끔 유
도한다. 로저스에게 있어서 개인은 자율성, 통합, 긍정적인 존중
등을 통해 자기를 실현하려는 경향성을 내재적으로 가지고 있는
존재다. 인간은 독립적으로 자신의 잠재성을 실현하고 성장할 수
있는 존재로 태어난 것이다. 그는 이것을 유기체적 과정(organismic
process)15)이라고 한다. 폴 틸리히(Paul Tillich)와의 논쟁에서 로저
스는 "인간은 유기체이기 때문에 방향성이 있다. 인간은 자기를
실현하려는 방향으로 나가고 있다. 그리고 만일 그 사람이 자유를
맘껏 누릴 수 있는 환경이 조성된다면, 그 사람은 자기실현을 향
해 전진할 것이다."16)라고 말함으로써 자기에 대한 신경건주의
(neo-pietism) 입장을 보여 준다.17)

　이 이론은 시카고대학교 상담소에 찾아오는 중상류 계층의 내
담자들을 통해서 나온 경험과 연구 결과를 토대로 한 것이다. 이
연구 대상들은 사회적 억압, 구조적인 악의 피해를 상대적으로 덜
받은 계층이다. 자기표현과 언어구사 능력도 뛰어나다. 이들은 적

14) C. Rogers, *On Becoming a Person* (Boston: Houghton Mifflin Company, 1961),
　　p. 91.
15) R. C. Roberts, "Carl Rogers and the Christian Virtues," *Journal of Psychology, Vol.
　　13* (1985), p. 267.
16) Ibid.
17) Young Gweon You, "Critical Review of Carl Rogers' Concept of Self: Its Mala-
　　daptation to Korean Pastoral Counseling," 『신학논단』, Vol. 24 (1996), pp. 251-275.

당한 조건만 조성된다면 자기를 실현시킬 수 있는 가능성을 충분히 가진 계층들이었다. 하지만 이런 제한된 연구 대상을 바탕으로 한 이론이 다른 문화권이나 계층의 사람들에게 무비판적으로 적용되는 것은 무리가 있다고 본다.

이와 같은 제한된 이론은 힐트너에게 영향을 주게 되고 힐트너는 로저스의 이론을 목회자들에게 소개한다. 힐트너는 목회상담을 내담자 스스로가 문제를 해결하도록 돕는 과정으로, 충고 혹은 명령으로 내담자로 하여금 수동적 행동을 취하게 하는 것이 아니라 능동적으로 내담자 자신이 행동하고 자기 문제를 능동적으로 해결할 수 있는 능력을 가지도록 용기와 통찰력을 북돋워 주는 과정으로 이해했다.[18] 이런 관점의 비지시적 상담과 자기의 무한한 가능성에 관심을 둔 내적 심리 지향 상담(intrapersonal counseling approach)은 제도적·구조적 입장에서의 개인 문제와 변화를 도외시하였다. 다시 말해 한 개인의 문제를 다루는 데 사회와의 관계를 배제한 채 부분적인 접근 방식으로 치료한다. 한 개인이 처한 위기를 객관적으로 극복할 수 있으며 자기실현을 할 수 있는 자율적인 인간상을 목표로 하여 왔다. 이런 이론적 배경을 가진 상담적 접근 방식은 인간의 자율성을 전제하며 비현실적으로 낙관적인 인간관을 지닌다. 그러나 공동체를 중심으로 엮여 있는 사회에 살고 있는 한국인에게 있어서 개인성과 자율성을 강조하는 상담 접근 방식은 한계가 있고 그러한 방법론으로 상담의 효과를 충분히 거두기가 어렵다고 본다.

---

18) S. Hiltner / 마경일 역, 『목회카운셀링』 (서울: 대한기독교서회, 1976), p. 65.

2. 한국 기독(목회)상담 실천에 관한 분석

1) 기독(목회)상담학 교육 및 실천 현황에 관한 평가

현재 한국인들은 인터넷 대중화로 인한 인간관계 단절과 개인
주의의 팽창, 정치 혼란과 경제적 위기에서 축적된 분노와 실망을
가지고 살고 있기 때문에 인간소외의 사회현상과 부적응 행동, 정
서장애에 대한 상담치료 수요가 증가하고 있다. 하지만 이러한 문
제를 담당하고 치료할 수 있는 시설이 충분하지 않을 뿐 아니라
전문성도 떨어진다.

많은 사람들이 정신적인 문제로 병원의 신경정신과를 방문하지
만 병원에서는 의료보험 정책과 병원의 경영 사정 때문에 상담치
료를 등한시하고 단지 약물만 처방해 주고 있는 실정이다. 경제성
과 생산성의 논리 때문에 상담서비스는 요구에 충분히 부응하지
못하고 있다. 또한 일반 상담기관에서도 양질의 심층적인 상담이
이루어지지 않고 검사와 전화상담의 피상적인 상담이 이루어지고
있다. 이러한 상황에서 앞으로 기독(목회)상담과 관련된 질적으로
향상된 상담서비스가 제공된다면 큰 도움이 되리라 생각한다.

현재 한국에서 기독교(목회)적 상담을 교육하며 상담서비스를
제공하는 곳은 서울대상관계정신분석연구소, 행복한가정연구소,
영성심리치료센터, 김영애가족치료연구소, 뉴라이프상담실, 한국
상담선교연구원, 기독상담센터, 아리랑풀이연구소, 하이패밀리:
사랑의가정연구소, 기독교여성상담소, 두란노가정상담연구원, 기

독교집단상담센터, 한국회복사역연구소, 한국정신치료연구원, 크리스찬치유상담연구원, 연세대학교 상담·코칭지원센터, 한국치유상담연구소 등을 들 수 있다. 이외에 상담과 관련된 단체는 국제금주학교, 한국여성의전화, 생명의전화, 사랑의전화, 또래의전화, 청소년대화의광장, 가정선교교육원 등이 있다. 이렇게 많은 상담소와 상담훈련 기관이 개설되어 있지만 양질의 서비스와 상담내용에 대한 수퍼비전이 이루어지면서 상담이 제공되고 사례가 철저하게 관리되는 곳은 그리 많지 않다.

현재 수준을 알 수 없는 시설이나 각 교회 단위의 기독(목회)상담소가 증가하는 추세다. 이러한 상담소의 설립에 일정한 기준을 제시하며 통제할 수 있는 기관이 있어야 한다. 기독(목회)상담 자격증을 부여하는 기관이나 단체가 상담소 설립과 운영에 관한 기준을 마련하고 관리하는 역할을 담당해야 한다.

각 교회[19])에서도 상담훈련과 상담서비스를 제공하고 있지만 교육 내용이 피상적이며 이론적인 면이 많다. 각 교회에서 실시되는 상담교육을 받고 또 그 상담원들을 통제하며 수퍼비전을 할 수 있는 구조가 없는 것이 가장 큰 문제점으로 대두된다.

다시 말하면 현재 한국에서는 연세대학교, 이화여자대학교, 서

---

19) 영락교회는 1984년부터 전화상담 위주의 상담서비스를 제공하고 있다. 또한 평신도 상담원을 교육하여 적극적으로 활용하고 있다. 여기서 제공되는 상담서비스는 법률상담, 생활상담 등 여러 가지 분야로 분산되어 있다. 전화상담보다는 면접상담을 중심으로 전문화된 상담서비스의 확충이 되어야 할 것이다. 소망교회는 1983년부터 상담서비스를 제공하고 있다. 이곳에서는 평신도 훈련 프로그램이 없고 평신도를 상담에 활용하지 않는다. 목회자 중심의 상담이 진행되고, 성경공부와 상담을 접목시켜 말씀을 통해 치유를 하는 방향을 선택하고 있다. 이외에도 상담이 활성화되어 있는 교회는 온누리교회, 주님의교회, 명성교회, 정동교회 등을 들 수 있다.

강대학교, 계명대학교, 전남대학교, 부산대학교, 동아대학교, 감리교신학대학교, 총신대학교, 침례신학대학교, 성공회대학교, 한신대학교, 서울신학대학교, 장로회신학대학교, 서울여자대학교, 협성대학교, 나사렛신학대학교, 한세대학교, 호남신학대학교, 한일장신대학교, 계명대학교, 백석대학교 등에 기독(목회)상담학에 관한 강의가 개설되어 있다. M. Div.와 Th. M. 과정에서 기독(목회)상담과 관련된 과목을 가르치고 있는 실정이지만 많은 과목이 이론에 중점을 두고 있고 교과가 단계별로 개설되어 있지 않다. 실습과 이론을 겸하는 교육이 이루어져야 하는데 실습을 위한 시설, 시청각 시설, 일방경 등을 갖추고 수퍼비전이 실시되는 상담교육은 부족한 실정이다. 이러한 교육 커리큘럼을 바탕으로 한 상담교육을 받은 학생들의 문제점은 현장 경험이 없기 때문에 졸업 후에 현장에 직접 들어가지 못하거나 임상에 임한다 하더라도 자신감 없이 상담에 임하게 되어 상담 현장에서 상당한 불안감을 표시한다. 이 점을 보완하기 위하여 필자는 학교 안에 상담소를 설치하여 기독(목회)상담 전공 학생들이 그 상담소에서 상담 임상실습을 하는, 수퍼비전과 실습이 강조되는 커리큘럼이 구성되어야 한다고 생각한다. 또한 테크닉 중심의 상담교육을 지양하고 상담자의 인격과 자질을 향상시킬 수 있는 집단 수퍼비전과 대인관계 훈련 세미나(interpersonal relation group)를 실시하고 자기분석을 받는 시간을 커리큘럼에 추가할 필요가 있다.

또한 교회와 신학대학 간의 긴밀한 협조체계를 갖춘 상담기관이 없다는 것이 지적되어야 한다. 상담소에 적절한 리퍼럴(referral)을 해 주는 주요 기관이 교회가 되어야 하는데 그런 긴밀한 관계가 없는 상태다. 좀 더 긴밀한 협조가 이루어져서 교회가 고통을 겪고 있어 치료받아야 할 교인을 전문상담기관에 보내어 치료받게 하는 치료적 연결망(therapeutic network)을 갖추어야 한다.

2) 상담과정에 대한 분석과 제안

이론에 대한 이해와 치료적인 틀(therapeutic framework)이 없이 상담이 진행될 때 내담자에게 많은 시간 낭비와 심지어 문제가 악화되도록 하는 결과를 초래하게 할 수 있다. 다음에서 목회자들의 일반적인 상담을 통해 그들이 겪는 가장 공통된 형태의 상담경험과 개선의 여지가 있는 사례들을 제시하고자 한다.

우선 첫째로 기독(목회)상담 상황에서 흔히 경험하는 것은 상담자가 설교조로 일방적인 상담을 진행하는 형태다. 이러한 경향은 다음의 사례 1과 사례 2에서 드러난다.

> **내담자는 41세 여성으로 집사이고 남편도 집사다. 남편의 외도 문제 때문에 무척 괴로워하고 있으며, 가정생활과 교회생활에 대한 갈등을 호소한다.** `사례 1`
>
> 내담자(이하 '내'): 목사님 말씀대로 그렇게 해야 되는데 막상 생각하면 분노가 치밀어 오르고 미운 생각이 나서 너무 힘들어요. 제 신앙에도 문제가 생긴 것 같아요. 기도도 뜨겁게 안 되고 인간적인 생각만 들고 인간적인 방법만 앞세우게 돼요.
>
> 상담자(이하 '상'): 그래요, 그 상황에 처하게 되면 누구라도 그럴 거예요. 하지만 그럴수록 하나님 말씀을 보시고 예수님을 생각해 보세요. 우리 예수님은 무슨 죄가 있어서 십자가를 지셨나요? 무슨 허물이 있었나요? 다

우리의 죄와 허물 때문에 그 엄청난 고통을 당하시고 부끄러움과 수치도 개의치 않으셨잖아요……. 그분을 바라보면 우리에게 무슨 죄 지은 사람인들 용서하지 못하며 누구인들 사랑하지 못하겠습니까. 십자가 위에서 흘리신 보혈로 우리를 끝까지 사랑하시고 죄를 용서해 주신 주님의 그 사랑을 집사님께서도 이번에 한번 실천해 보시기 바랍니다. (그리고 로마서 14장 1절 말씀으로 설교를 계속한다.)

내담자는 37세 여성으로 직분은 집사다.

사례
2

내: 나중에 남편에게 들어서 안 얘기지만 시아버지가 조금 지혜가 모자라시거든요. 그런데 옛날에 물려받은 땅이 많았대요. 그런데 친구 꼬임에 노름을 해서 엄청나게 많은 땅을 날렸대요. 그래서 그것 때문에 죄를 지어서 중풍에 쓰러진 것이라고 하면서 아버지를 원망하고 지금까지 그 사람이 아버지 방에 한 번도 들어가 본 적이 없어요. 그 땅 때문에 남편이 저러고 있고, 또 시동생이 서른다섯 살인데 좀 모자라고 그렇다 보니까 맨날 술로 저렇게 살고 있어요.

상: 그러셨군요. 어려움이 많으시겠지만 하나님께서 그 가정으로 보내신 것은 하나님의 깊으신 뜻이 있다고 봅니다. 예수님이 우리를 위하여 십자가를 지시기까지 참으셨는데 어렵고 힘들어도 참고 견디시기 바랍니다. 집사님이 가정의 십자가를 지셔야 합니다. 그것이 나에게 주어진 십자가라면 회피하려고 하면 안 됩니다. 그러다 보면 더 어려움이 생겨요. 무겁고 힘들어도 믿음의 주요 온전케 하시는 예수님을 바라보시면서 도움을 청하시기 바랍니다. 기도하세요. 어려움 당할 때에 주님을 바라보고 도움을 청하는 것이 성도의 도리이지 신앙까지 팔아먹는다면 가룻 유다나 사울처럼 구제받을 길이 없습니다. 그러니까 참고 인내하세요.

사례 1 같은 경우, 상담자는 내담자가 감추고 있는 분노를 분출할 수 있도록 기회를 제공해 주었어야 했다.

둘째로 너무 많은 질문을 한꺼번에 하는 경우가 있다.

내담자는 45세 여성으로 남편의 외도 문제로 이혼을 원하고 있다.

사례 3

내: 남편이 오랜 동안 다른 여자와 만나고 있어요. 내가 알고 있어요. 밖에 나가서 그년과 밥도 먹고 함께 자다가 늦게 들어온다고요.

상: 정확한 근거가 있습니까? 현장을 보았습니까?

내: 아니요. 그렇지만 나는 못 속여요. 행동하는 것만 보아도 알아요. 너무 분해요. 나는요, 남편과 아이들밖에 모르고 살았어요. 별 고생 다하면서 먹을 것 못 먹고 입을 것 안 입고, 쓸 것 못 쓰면서 저를 위해 살아 왔는데 이제는 나 혼자예요. 정말 이혼해야겠어요. 남편도 이혼해 달래요. 혼자 사는 것이 편하겠어요.

상: 왜 혼자 삽니까? 예수님도 함께하시고, 하나님도 집사님을 사랑하시잖아요? 남편의 문제는 주님께 기도로 맡깁시다. 사람의 힘으로 할 수 없는 것도 기도로 주님께 맡기면 해결받을 수 있어요. 내가 볼 때 집사님은 혼자서도 충분히 살 수 있어요. 능력도 있고. 그런데 자녀들은 어떻게 하겠습니까? 자녀들 문제는 생각해 보셨습니까? 자녀들의 장래 문제는 어떻게 하시겠습니까?

셋째로 상담자의 과거 경험이나 감정으로 내담자의 경험을 미리 판단하고 규정(encapsulation)하는 것이다.

내담자는 37세의 이혼한 여성으로 전남편과의 재결합을 생각하고 있다. 남편은 폭력을 행사하였고 다른 여자와 바람을 피웠다.

내: 그런데 저 남편한테 가고 싶어요.

상: 네? (놀라는 표정을 지으며) 남편이 싫다고 그랬잖아요. 성격도 안 맞고 말도 없고 재미 없다고 했잖아요? 이혼도 하셨고.

내: 지금 생각하니까 남편은 너무 훌륭해요. 온유하고 이해심이 많아요.

상: 그래도 그건 어려울 것 같아요. 여기가 서구 사회도 아니고 한국인데 어느 남자가 부정한 아내를 다시 맞겠어요.

내: 아니오. 저희 남편은 안 그래요. 제가 집 나오고 3개월 됐을 때도 계속 기다린다고 했어요. 널 사랑하기 때문에 장가도 안 간다고 했는데요. 제가 집 나올 때 쌀통도 챙겨 줬어요. 밥은 꼭 해 먹으라며.

상: 너무 이기적이고 제멋대로란 생각 안 드세요. 어떻게 그게 가능해요. 설마 하니 받아들인다 해도 그건 둘이 다 불행해요.

내: 아니에요, 제 남편은 안 그래요.

상: 남편이라고 하지 마세요. 이혼했잖아요(일부러 악센트를 넣어서).

사례 4의 경우에는 여성인 상담자가 남성에 대한 자신의 분노를 내담자를 통해 분출하고 있다. 이 사례에서는 우선 내담자 감정의 흐름을 파악한 후 이혼과 관련된 죄책감, 불안정감, 배신감을 반영하면 더욱 좋은 사례가 되었을 것이다.

넷째로 불안한 내담자의 심정을 반영해 주어야 하는데 오히려 상담자가 해결책을 제시해 주려고 하거나 상담자 자신의 계획을 강요하는 경우다.

> 내담자는 26세 여성으로 두려움과 공포증을 호소한다. 자신의 피가 절반은 하나님 피고 절반은 귀신의 피라고 한다. 무당이 되면 큰돈을 번다고 했다 한다.
>
> **사례 5**
> ----
>
> 내: 제가 꿈자리가 어지럽고 마음에 안정도 평안도 없고 불안해서 어떤 때는 자다가 기가 눌리고 무서워요.
>
> 상: 으음…….
>
> 내: 그래서 며칠 전에 무당에게 점 보러 갔어요. 갔더니 무당이 말하기를 네게는 조상신 무당신 하나님신이 있는데 너는 무당 될 팔자다. 네가 내 제자가 되어 배우면 무당으로 이름나고 큰돈도 번다고 했어요. 그러나 나는 무당 제자 되어 무당 따르기는 죽어도 싫다고 하였어요. 어찌해야 할지 모르겠어요. (눈물을 흘린다.)
>
> 상: 지금 교회 잘 나옵니까?

사례 5의 상담자는 현재 일어나고 있는 감정의 변화와 현상에 대해 반응하지 못하고 도리어 어떤 해결책을 제시하려고 교회 나오느냐는 질문을 하면서 내담자의 고통과 감정을 희석시킨다. 오히려 상담자가 내담자가 흘리는 눈물에 대해 언급하며 '지금 눈물을 흘리시는데 그 의미는 무엇입니까?'라는 반응을 하였으면 더 좋은 상담적 반응이 되었을 것이라 생각한다.

다섯째로 상담자가 사실 중심으로 연대, 시간, 사건의 흐름 과정에만 관심을 치중하는 검사형의 질문을 하는 경우다.

내담자는 57세 남성으로 교수다. 아들과의 관계가 좋지 않고 우울증 증세가 있다.

사례 6

상: 요사이 컨디션은 어떠십니까?

내: 어쩐지 아주 좋다고는 말씀드릴 수가 없는데요.

상: 자녀가 있습니까?

내: 네, 딸 하나 아들 하나입니다.

상: 부인과는 사이가 좋으십니까?

내: 그냥 법으로 삽니다.

상: 결혼한 지 몇 년이나 되셨습니까?

내: 27년 되었습니다.

상: 신앙이 있습니까?

내: 예, 장로입니다.

여섯째로 비언어적 행동을 감지하였으면 적극적으로 활용해야 하는데 그렇지 못한 사례다.

내담자는 27세 여성으로 미혼이다. 결혼 상대자가 생겼는데 불안하고 자신감도 없어서 고민하고 있다. 결혼 상대자가 자신을 버릴 것 같다는 불안감을 호소한다.

사례 7

내: (수줍은 듯 미소를 머금는다.) 사실은 사귀는 사람이 있어요.

상: 그래요.

내: 그런데…….

상: 결혼을 약속했어요?

내: 네……. (불안해하며 자꾸 손을 만지작거린다.)

상: 축하해요. 어떤 사람인데요?

상담자는 불안해하며 손을 자꾸 만지고 있는 이 여성에게 불안해하고 있는 모습을 지적하여 "결혼하면 기뻐야 할 텐데 내가 느끼기에 왜 불안해하는 것처럼 보이죠?"라고 비언어적 행동을 통해 전해지는 메시지를 반영해 주었어야 한다.

일곱째로는 내담자와 삼각관계에 빠지는 사례다.

내담자는 31세 여성으로 남편이 외도를 하고 있다고 생각한다.

사례
8

내: 어저께는 우연히 그 사람이 쓴 메모지를 발견했는데 그 종이에 전화 내용과 언제 만났는지를 다 적어 놨어요. 그 사람이 깊이 빠져 있지 않고 그 여자를 생각하지 않았으면 어떻게 그럴 수가 있겠어요.

상: J 집사님이 설마 그 여자를 사랑했겠어요? 어쩌다 보니까 실수한 것이겠지요.

내: 어쨌든 남편을 믿어 왔고 나는 지금까지 내 남편이 그럴 것이라곤 생각해 본 적도 없어요. 도저히 이해가 안 가요. (얼굴에 점점 흥분기가 오른다.)

상: 집사님, J 집사님이 속이려고 하고 계획적으로 하려고 했다면 메모지에 기록을 하면서 그것을 아무렇게나 놓아두었겠어요? 어쩌다 실수한 거예요.

내: 남편이 내게 준 고통만큼 저도 남편에게 고통을 줄 거예요. 저 요즘 술 마셔요. 그래서 교회에 나갈 수 없어요. 마음 좀 잡으면 나갈게요.

상: 지금 봄 대심방이란 거 알고 계시죠? 집사님 가정도 심방 날짜를 정하시죠.

내: 나중에 말씀드릴게요.

상: 그러지 마시고 날짜를 정하시지요. 어려울수록 기도해야지요.

내: 이런 상태로는 예배드릴 수 없어요.

사례 8에서 상담자는 "설마 그 여자를 사랑했겠어요. 어쩌다 보니까 실수한 것이겠지요."라고 하며 남편과의 강력한 연대감을 보여 줌으로써 삼각관계를 형성하였다. 이런 사례일 경우 상담자는 현재 내담자가 전해 주는 감정에만 초점을 두고 반응해야 한다.

3. 한국 기독(목회)상담 실천의 과제

이 장의 처음 부분에 언급한 것처럼 한국 기독(목회)상담은 로저스와 그의 영향을 받은 이론을 무비판적으로 수용하여 개인 중심주의 방법론을 받아들였고 개인의 내적인 문제에만 치중하는 내적 심리 지향 상담방법론(intrapersonal counseling approach)을 발달시켰다. 이러한 개인 중심적 상담에서 더 나아가 문제가 발생된 상황의 구조를 재구성하며 깨어진 관계성을 회복하는 방향으로 새로운 상담목표가 설정되어야 한다. 이를 위해 기독(목회)상담 유형 중에 집단상담과 가족치료에 대한 관심과 연구가 더 심도 있게 다루어져야 한다.[20]

가족에 대한 이해를 심화하고 결혼을 준비하고 있는 예비부부들을 위한 프로그램이 개발되어야 한다. 그리스도인의 결혼의 의미와 배우자 선택, 경제적 · 교육적 배경과 도덕적 · 종교적 기준의 차이 등을 광범위하게 고찰할 수 있도록 하기 위해 결혼 전 순

---

20) 체계 이론과 가족치료에 대해서는 Young Gweon You, "Multisystems Model: Implications for Pastoral Care and Counseling in the Korean Context," *Yonsei Journal of Theology*, Vol. 1 (1996), pp. 173-187을 참조하시오.

결, 혼전 성관계 등에 대한 기독교 윤리 차원의 지도가 필요하다. 아울러 결혼한 부부의 적응 문제 및 결혼 준비 프로그램도 필요하다.[21]

기독(목회)상담자 훈련과 교육 프로그램에 있어서 실습과 관련된 과목의 운영과 개인 수퍼비전이나 집단 수퍼비전을 통한 교육이 더 심화되어야 한다. 현재 여러 곳으로 분산된 기독(목회)상담소를 서로 연결하는 네트워킹 작업을 해야 할 필요가 있다. 각 상담소의 특성을 살리고 전문화해서 상담소 간 리퍼럴이 활성화되고 훈련 프로그램도 함께 공유하는 작업이 필요하다.

한국 기독(목회)상담은 개인에 대한 이해뿐만 아니라 집단의 역동과 흐름을 알아야 한다. 한 개인이 집단 안에서 보이는 역동을 파악하고 문제가 드러난 상황에서 상담이 진행된다면 근본적인 치료가 가능할 것이다. 그리고 사후에 치료하는 상담 프로그램의 개발도 중요하지만 교회나 신앙 공동체가 예방교육을 실시하여 사전에 문제가 생기지 않도록 하는 체계가 절실히 필요하다. 예를 들어 결혼 예비교육반이나 사별집단, 암 환자 가족모임 등 소집단을 활성화하여 서로 도움을 주고 예방할 수 있는 집단이 필요하다. 교회 공동체를 만들어서 한 교회 내에만 머무는 것이 아니라 교회 간에 공동 프로그램을 마련하여 서로 공유하며 개방하는 예비치료 집단의 활성화가 필요하다.

필자는 한국인들의 경우에 근본적인 문제는 공동체와 관련된 구조에서 이해되고, 해결책이 제시되어야 한다고 생각한다. 참된

---

21) 김득렬, 『결혼과 가족관계』(서울: 대한기독교서회, 1967), pp. 152-156.

자기를 찾는 것은 혼자만의 개인적인 노력에 의해 되는 것이 아니고 그가 속한 공동체와의 건전한 관계에서 자신을 발견하고 그 공동체와 조화로운 연결을 맺음으로써 가능하다. 개인을 공동체와 연결시켜 주는 치료적인 구조의 틀이 치료적 공동체를 형성하는 제의(ritual)다. 기독(목회)상담은 사무실에서만 이루어지는 것은 아니다. 치유적인 요소가 풍부한 예배, 설교에는 상담적인 속성이 내포되어 있다. 그러므로 상담적인 시각으로 구성된 예배와 상담적 요소가 들어간 설교를 위한 연구도 병행되어야 한다. 또한 필자는 한국교회 성장의 둔화요인 중 하나로 청소년에게 관심을 두는, 호소력이 있는 프로그램의 부재를 지적하고 싶다. 청소년들을 위한 동료상담자 훈련이나 그들의 아픔을 다루어 줄 수 있는 집단 상담 프로그램이 개발되어야 한다.

오덴도 지적하였듯이 기독(목회)상담은 끊임없이 자신의 정체성을 질문하면서 상담의 영역을 넓혀야 한다. 기독(목회)상담은 신학과 결별되어 심리학과 정신의학에 종속되는 것이 아니라 문제에 대한 신학적 해석을 통해 의미를 탐구하고 교회를 기반으로 활동의 범위를 넓혀 가야 한다. 정체성을 잃지 말고 성경말씀의 활용을 적극적으로 연구하며 전통적 종교적 자원들을 발굴하여 활용해야 한다. 이와 아울러 내담자의 심리적 상태를 진단할 수 있는 방법론[22]처럼 내담자의 영성과 종교성을 진단할 수 있는 진단

---

22) 미국정신의학회(APA)에서 발간하는 『정신장애의 진단 및 통계편람 제4판』은 정신병리의 정도를 측정하여 진단을 내릴 수 있는 방법과 기준을 제시하여 준다.

23) P. Pruyser는 그의 책 *Minister as a Diagnostician*에서 거룩함의 인식, 섭리, 신앙, 은혜, 회계, 합일, 소명감을 영적 진단의 범주로 제시한다. P. Pruyser / 이은규 역, 『생의 진단자로서 목회자』(서울: 나침반사, 1994).

방법론23)이 정립될 필요가 있다.

초대교회는 성령운동으로 구원의 체험을 강조하였고 근대의 교회는 민족적 에너지와 결합하여 구국운동과 사회운동에 영향력을 미쳤다. 현대 한국교회는 교인들의 정신적 증상에 대한 예민함으로 현대인의 허무함과 외로움을 달래 주고자 하는 적극적 태도를 취해야 한다. 한국교회의 질적인 성장을 위해서는 상담적인 설교를 통한 치유 소망이 주요 메시지가 되어야 하고, 함께 나눔으로 자신의 문제를 재조명하고 문제 해결을 받는 집단상담적 요소가 첨가된 상담 형태가 개발되어야 할 것이다. 현재 한국 기독교인들의 아픔과 요구가 잘 파악되어 질적으로 영적으로 성숙하게 하는 상담 프로그램이 절실히 요구된다. 이와 같은 과제를 수행하기 위해 한국 기독(목회)상담학 분야에서 더 깊이 연구되고 기독(목회)상담자들에게 더 노출되어 상담을 수행하는 데 도움이 될 수 있는 몇 가지 이론적 입장을 제2부에서 소개하고자 한다.

토론할 이슈

1. 미국의 기독(목회)상담학의 흐름과 한국의 기독(목회)상담학의 흐름을 비교해 보았을 때 어떤 면들이 공통점인가? 그리고 미국 기독(목회)상담학의 흐름에서부터 배울 수 있는 점은 무엇이고 본받지 말아야 할 것은 어떤 점들인가?

2. 한국 기독(목회)상담학의 정체성은 무엇인가? 그리고 그 정체성을 찾기 위해 우리는 어떤 작업과 노력을 해야 하는가?

3. 한국 기독(목회)상담학의 실천에 관하여 설명하였는데, 문제점은 무엇이며 그 문제점들을 개선하기 위해서 어떤 것들이 보완되어야 하는가?

4. 한국인의 자기개념과 서양의 자기개념은 어떻게 다른가? 상담진행 과정 중에 이렇게 서양과 다른 자기개념을 염두에 두고 주의해야할 점들은 무엇인가?

5. 필자는 기독(목회)상담학의 새로운 패러다임으로 공동체와의 조화로운 연결을 모색하는 치료적 구조와 틀이 필요하다고 주장한다. 한국 기독(목회)상담 영역에서 공동체를 모색하는 치료적 틀을 어떻게 만들 수 있는가?

6. 한국사회와 교회에 맞는 새로운 기독(목회)상담학의 패러다임을 제시한다면 어떻게 제시하겠는가?

7. 기독(목회)상담 실천 과정 중에 혹시 윤리적으로 문제시될 이슈들을 생각해 보고 윤리적 민감성을 증진시키기 어떤 작업을 해야 하는지 제시해 보시오.

참고문헌

김득렬. 『결혼과 가족관계』. 서울: 대한기독교서회. 1967.

박근원. "한국 목회상담의 역사개요," 『신학사상』, 제97권 여름, 1997. pp. 28-35.

기독신문. 2001. 7. 18.

Browning, D. *Religious Ethics and Pastoral Care*. Philadelphia: Fortress Press. 1983.

Gerkin, C. *Crisis Experience in Modern Life: Theory and Theology for Pastoral Care*. Nashville: Abingdon Press. 1979.

Gerkin, C. *The Living Human Documents: Revisioning Pastoral Counseling in a Hermeneutical Mode*. Nashville: Abingdon Press. 1979.

Hiltner, S. / 마경일 역. 『목회카운셀링』. 서울: 대한기독교서회. 1976.

Holifield, B. A. *History of Pastoral Care in America: From Salvation to Self-Realization*. Nashville: Abingdon Press. 1983.

Oden, T. *Care of Souls in the Classic Tradition*. Philadelphia: Fortress Press. 1984.

Roberts, R. C. "Carl Rogers and the Christian Virtues," *Journal of Psychology, Vol. 13*. 1985.

Rogers, C. *Counseling and Psychotherapy*. Boston: Houghton Mifflin Company. 1942.

Rogers, C. *On Becoming a Person*. Boston: Houghton Mifflin Company. 1961.

Sherzer, C. "The Emmanuel Movement," *Pastoral Psychology*. 1951. pp. 27-33.

Southard, S. "The Current Need for Theological Counsel," *Pastoral Psychology, Vol. 32*(2) Spring, 1984. p. 89.

Strunk, O. "Emmanuel Movement," In R. Hunter (Ed.), *Dictionary of Pastoral Care and Counseling*. Nashville: Abingdon Press. 1990. pp. 350-351.

You, Young Gweon. "Critical Review of Carl Rogers' Concept of Self: Its Maladaptation to Korean Pastoral Counseling," 『신학논단』, Vol. 24. 1996. pp. 251-275.

제2부

Christian Counseling Psychology

기독(목회)상담학의
이론적 기초

Christian Counseling Psychology

제3장

대상관계 이론과 기독(목회)상담학

서구 사회의 문화 배경에서 기독(목회)상담학의 이론과 실제 임상 경험들을 접하면서 필자가 항상 느끼는 갈등은 과연 서구 사회에서 태동된 치료 방법론과 치료 목적들이 동양 문화에, 특히 한국 문화에 그대로 적용될 수 있는가 하는 것이다. 현재 서구에서는 개인의 독립성과 자율성을 강조함으로써 자신의 자기성찰의 통찰을 추구하는 방향으로 상담과 치료가 진행된다. 대부분의 상담 이론들과 심지어는 내담자 중심의 상담 이론도 이 방향에서 벗어나지 않는다고 평가할 수 있다.

여러 이론 중에서 그래도 한국인의 문화 배경과 인성에 적합한 이론이 이 장에서 소개하고자 하는 대상관계 이론(object relations theory)이다. 이 이론은 '관계'를 중요하게 여기기 때문에 관계성 속에서 자아의 위치와 의미를 찾아가는 우리의 전통적 자아관에 적합하게 적용될 수 있다고 본다.[1] 이 이론을 소개하는 것은 기독 (목회)상담과정 중 '관계'의 차원이 치료 과정에 중요한 개념으로 부각되고, 상담과정 중 자주 다루어야 하는 내담자의 하나님과의 관계에 대한 이해의 폭을 넓히는 데 도움이 되기 때문이다. 한국 기독(목회)상담자들이 대상관계 이론에 대한 총괄적인 지식을 습득하여 목회상담 현장에 임상적으로 적용 · 활용하기를 바란다.

필자는 먼저 대상관계 이론의 역사적인 흐름과 그 주요 개념들을 설명하고 그다음에 대상관계 이론의 종교에 대한 이해를 소개하고자 한다. 이 이해를 바탕으로 기독(목회)상담과정에, 특히 내담자가 하나님을 건강하게 이해할 수 있도록 돕는 기독(목회)상담자의 '충분히 좋은 엄마(good enough mother)'로서의 역할과 '품어 주는 공간(holding environment)'으로서의 상담 환경 조성 기능을 강조하고자 한다.

1. 역사적 개관

대상관계 이론과 그 치료법에 대해 대략적으로 요약하자면 다음과 같다. 대상관계 이론은 외부 실제 세계의 영역과 대상관계

---

1) 필자는 서양의 자아에 대한 이해가 한국의 자아관과 어떻게 다른지 설명하고, 공동체 중심으로 관계성을 찾아가는 작업이 우리 상황에서 상담의 목표가 되어야 한다고 『신학사상』 1996년 여름호에서 지적한 바 있다. 유영권, "목회상담학의 새 모델," 『신학사상』, 93 여름 (1996), pp. 223-247.

영역의 현상에 관심을 갖는다. 대상관계 이론은 '관계'에 기초를
두어 해리 건트립(Harry Guntrip)은 "모든 인간들은 그들에게 혜택
을 주는 환경들과 전적으로 개인적인 관계를 맺으려 하는 절대적
필요성을 가지고 있다."2)라고 하였다. 자아 형성 발달 과정에 있
어 어릴 때 대상3)과의 관계(특히 엄마와의 관계)를 어떻게 내재화하
는가의 연구에서부터 대상관계 이론은 시작된다. 이 이론은 어린
시절 어머니와 관계된 내재화된(internalized) 표상(representation)
방식이 성인이 되어서도 반복된다고 주장한다. 이 이론을 기초로
한 상담과 치료요법들은 이런 어린 시절의 대상관계를 치료 공간
에서 재연(reenactment)하고 인식(해석과 직면을 통해)시켜서 새롭게
통합된 대상관계를 형성하도록 도와준다.

　이 이론의 역사적 배경은 프로이트로부터 시작된다. 종교계에
서는 프로이트의 이론을 비판하지만 필자는 부정적이든 긍정적이
든 종교계가 건전하고 건강한 신앙과 종교는 무엇인가를 성찰할
수 있도록 기회를 마련해 주었다는 점에서 공헌하였다고 본다. 또
한 프로이트는 대상관계 이론의 태동 과정에서 새로운 이론의 창
출에 동기를 부여해 주었다.

　프로이트는 유아의 첫해를 능동적인 충동과 환상이 아닌 어두
운 신비로 간주한다.4) 프로이트에게는 전오이디푸스기가 어두운

---

2) H. Guntrip, *Personality Structure and Human Interaction* (London: Hogarth Press, 1961), p. 328.

3) 여기서 대상(object)의 의미는 S. Freud에게 있어서는 리비도(libido) 에너지가 지향하는 목표이지만, 대상관계 이론에서 의미하는 대상(object)은 '사람'이다.

4) E. Jones, *The Life and Work of Sigmund Freud: Vol. 1 1856-1900 (The Formative Years and the Great Discoveries)* (New York: Basic Books, 1953), p. 323.

신비의 세계로 보였다. 그는 오이디푸스기에 오이디푸스(oedipus) 갈등 해소 작업에서 자아를 아버지와 동일시하여 내재화함으로써 초자아(super-ego)가 생성된다고 보았다. 그런데 자아 형성 과정 중에 오이디푸스 갈등이 생기는 것은 3~4세 전인데, 이 이전에 일어나는 자아 갈등에 대한 설명이 충분치 않다. 이것이 그의 이론의 약점이라 할 수 있다. 따라서 이 오이디푸스 콤플렉스기 이전의 갈등에 대한 설명의 필요에서 대상관계 이론이 출발하였다.

　프로이트의 물질환원주의적(reductionism) 인간 이해는 인간이 가지는 관계성에 대해서 관심을 두지 않았다. 이에 한계를 느낀 여러 학자들에 의해 대상관계 이론이 발전되었는데, 몇몇 대표적인 학자들의 이론을 소개하고자 한다.

2. 대표적 이론가들

1) 멜라니 클라인

　멜라니 클라인(Melanie Klein)은 프로이트의 영향을 많이 받았고, 산도르 페렌치(Sandor Ferenczi)의 제자로서 어린아이를 대상으로 연구하였다. 어린아이의 심리역동을 연구하는 프로이트의 사례연구는 어린아이의 부모를 통한 내용을 분석한 것이지 그가 직접 어린아이와 인터뷰한 것은 아니었다. 이에 반해 클라인은 아이들과 함께 놀이도 하고 직접 실험하며 발견한 것이 있는데, 그것은 아이들이 리비도5) 충동을 억제하는 것보다는 중요한 사람과 어떻게 인간관계를 맺느냐에 따라 성격이 형성된다는 사실이다. 즉, 성적인 충동을 억제하는 것보다는 중요한 사람을 향한 감정을 조정하면서 아이들의 성격이나 행동이 결정된다는 것이다. 프로이트의 이론에서 오이디푸스 갈등 해소 과정을 통해 인간의 성격이 형성된다고 보는 것에 비해, 클라인은 1세 전에(전오이디푸스 단계) 생성되고 내재화된 대상관계를 통해 어린아이의 성격이 3세 전에 형성된다고 보았다.

프로이트가 성적 에너지(libido)에 치중한 데 반해 클라인은 죽음의 본능(thanatos)이 아이들에게서 어떻게 표현되는지에 관심을 두었다.[6] 삶과 죽음(creation and destruction)의 내적인 갈등이 바깥 세상에 투사되고, 사랑과 증오의 갈등이나 내적인 파괴의 본능을 처리하는 과정에서 증오의 감정을 계속 바깥으로 투사(project)하고 안으로 내사(introject)하면서 성격이 형성된다고 보았다.

우리가 흔히 정신적인 아픔들에 대하여 병명을 정해 분류를 하지만, 인간은 그 정도에 차이가 있을 뿐 어느 정도 정신적인 아픔과 이상들을 가지고 태어난다.[7] 신학적으로 원죄설과 관련해서는, 인간의 실존 상태는 본질로부터 벗어나 있기 때문에 그 본질을 계속 추구하려고 노력하는데, 이 실존적인 차이를 느끼는 인간

---

5) S. Freud의 개념으로 생의 에너지 중에서 성의 에너지다. 흔히 성에 국한하여 이해하는데, 본래는 기쁨을 찾고 삶을 살아가려는 에너지라는 의미다.
6) M. Klein은 아직 본능(죽음의 본능)에 치중하였기 때문에 충동 이론에 머물고 있다.
7) 살아 있는 인간 문헌을 신학 연구 자료로 사용하여 임상목회 교육의 방법론을 세운 A. Boisen은 인간이 정신병을 앓는 것은 우리 몸의 열과 같다고 하였다. 열이 현상적으로 나타나는 것은 몸에 들어온 병균과 싸우고 있다는 표시인 것처럼, 정신병도 인간이 궁극적인 의미를 추구하려고 싸우는 과정을 표시하는 것이라고 이해한다.

그 자체가 병적인 상태로 이해될 수 있다. 이런 정신병에 대한 광의적 개념과 관련해서 클라인은 증상으로 분류하지 않고 위상(position)이라는 개념으로 발달 단계를 두 가지로 나눈다.

첫 번째는 편집증적 위상(paranoid position)이다. 이 위상에서 아이는(대개 3~4개월) 자기 자신만이 아닌 다른 바깥세상과의 접촉을 경험한다. 이 기간 동안에 아기는 지금까지 생명을 유지해 주고 다른 세계와 일치감을 제공해 주던 탯줄이 끊긴 것에 대해 고통과 압박감을 느낀다.

이 시기의 첫 번째 대상(object)은 엄마의 젖이다. 엄마의 젖과의 접촉을 통해서 아기는 바깥세상을 경험하게 된다. 발달 과정상 이 편집증적 위상에 머무르면 아기는 젖가슴(breast)과 자기를 분리하지 못한 상태에 머무른다. 만일 아기가 울 때 적당한 시기에 젖이 안 나오면 아기는 불쾌한 감정, 즉 공격의 감정을 표출하는데, 이 때 아기는 흡혈귀처럼 젖을 빨거나(sucking like vampire), 어머니의 젖가슴을 숟갈로 푸듯이 퍼내려고(scooping out of the breast)한다. 이와 같이 아기는 공격적 본능으로 젖을 물고 뜯는데, 그 아기는 이러한 공격을 당한 젖가슴이 자기가 공격한 것처럼 자신을 똑같이 공격할 것이라는 가해적 공포(persecutory anxiety)를 갖게 된다. 자신의 가학적인 성향을 엄마에게 투사한 뒤 아기는 똑같은 공격이 자신에게 향할 것이라 생각하는 것이다. 그래서 "엄마의 몸은 여러 가지 공포를 일으키는 위험물로 가득 차 있다"[8]고 여기고 나

---

8) M. Klein (rev. Ed.), trans. by A. Stracheys rev. by H. A. Thorner in collaboration with A. Strachey, *The Psycho-Analysis of Children* (New York: Delacorte Press, 1975), p. 242. (Oringinal German edition, 1932)

뻔 대상이 자기 자신을 공격하리라는 편집증적인 상태 때문에 이런 경험을 분리(splitting)하려 한다. 모든 인간의 본능이 자신의 몸 안에 있는 불쾌한 것들을 내 몸 밖으로 배출하려고 하는 것처럼, 아기는 이런 증오와 공포의 감정들을 내뱉거나, 배뇨에 섞거나, 토해서 내보내려고 한다.

두 번째 위상은 우울증적 위상(depressive position)이다. 주로 1세 후반부터 2세까지 나타나며 이 시기에는 어머니가 젖가슴으로만 감지되는 부분대상(part-object)이 아니라 전체적으로 느껴지는 전체대상(whole-object)이 된다. 이때는 가슴에서 젖이 잘 나올 때 갖는 양가적(긍정적) 감정과 젖이 안 나올 때 가지는 음가적(부정적) 감정을 둘 다 인정한다. 지금까지는 좋은 것 혹은 나쁜 것이어서 부분적이며 편집증적인 면이 있었지만 이제는 좋고 나쁜 것 둘 다 공존한다. 이때 아기는 환상에서 엄마를 해쳤다는 죄책감 때문에 우울증적 불안(depressive anxiety)을 경험하게 된다. 이 두 위상은 어른이 되어도 계속 재현되는데, 바깥세상을 박해하려는 감정보다 안전한 감정이 성숙되어 공감할 수 있는 능력이 발전되어야 건전한 성인이 된다.

이 두 위상의 과정을 통해 인간은 죄책감을 생성하게 되는데 이 죄책감을 경감시키기 위해 자아와 타자, 즉 자신과 대상의 초월을 시도한다. 이것에서 인간이 궁극적인 종교의 본성을 띠고 있다고 볼 수 있다.

2) 로널드 페어번

클라인이 개인의 병리나 고통을 인간의 본능, 즉 죽음의 공포에서 파생된 공격성에서 찾았다면 로널드 페어번(Ronald D. Fairbairn)은 엄마를 빼앗긴 데서 오는 공격성에서 찾는다. 이 공격성은 외부 대상과 만족할 만한 관계를 맺는 데 실패할 때 생긴다.[9]

그는 인간의 궁극적 목적을 충동(drive)의 만족이 아니라 의미 있는 인간관계를 형성하는 것으로 본다. 인간의 분열적 상태는 아기가 음가(부정적)의 대상관계를 내재화할 때 형성된다고 분석한다. 아기가 어릴 때 중요한 역할을 하는 사람(아버지, 어머니)으로부터 버림을 받았거나, 학대를 받았다면 그 음가 대상(bad object)을 내재화하고 그 내재화된 나쁜 대상(bad object)을 없애기 위해서 다시 바깥세상으로 투사한다.

그는 인간의 발달 단계 중 분화되지 않고 어머니에게 매여 있는 상태를 초기 유아기적 의존 상태라고 지칭하고, 개체로서의 건전한 독립을 위한 과도기를 거쳐, 상호성과 교환성을 인정하여 주는 성숙된 의존 관계로 들어간다고 설명한다.

신경증은 유아기의 의존 결속(infantile dependency bond)을 벗어나지 못함으로 발생한다. 해리(splitting)는 어린아이가 일관적이지 못한 엄마가 제공해 주는 환경에 처해 있을 때 생긴다. 페어번은 억압, 방어, 왜곡된 상태로 있는 내재화된 대상들을 파악하는 것이 치료자의 중요한 임무라 보고 있다.

---

9) D. M. Wulff, *Psychology of Religion: Classic and Contemporary Views* (New York: John Wiley & Sons, 1991), p. 333.

3) 마거릿 말러

마거릿 말러(Margaret Mahler)는 발달 과정을 공생의 의존으로부터 안정된 자율적 정체성(stable autonomous identity)으로 진행되는 과정이라고 본다. 첫째 단계는 자폐적인 단계로서 바깥세상과의 분리가 없다. 단지 자아가 가지고 있는 긴장들을 해소하려는 것에만 관심이 있다. 두 번째 단계는 공생의 단계(symbiotic phase)로서 아기에게 엄마는 아직 전대상(pre-object)으로 인식된다. 이 시기부터 아기는 해리를 경험하게 된다. 세 번째 단계는 분리와 개체화 단계(separation-individuation phase)로서 낯선 사람에 대한 공포가 생기며, 어머니로부터의 분리(감정적)를 육체적으로 실험하려는 부속 단계를 거친다. 이 단계를 말러는 부화 단계(hatching phase)라고 칭하였다. 이 시기에 아이는 언어 발달이 빠르며 자신이 독립할 수 있다는 희열을 느끼고, 아울러 아직은 의존해야 한다는 사실을 부정하려는 위기를 겪는다.

4) 도널드 위니컷

도널드 위니컷(Donald W. Winnicott)은 영국의 소아과 의사로서 클라인의 영향을 많이 받았다. 그는 아이들과 그들의 어머니들과 함께 임상 경험을 하였기 때문에 그의 이론은 임상 경험으로부터 직접 나온 것이다. 그의 위대함은 아이가 타자와 분리해서 한 사람으로서의 자기인식을 가능하게 하는 환경들을 명확하게 설명한 것에 있다.

그는 자아의 발달 3단계 과정을 설명한다. 첫 번째는 절대적 의존(absolute dependence) 단계로, 아기는 엄마가 있는지 없는지를 인지하지 못하고 단지 엄마의 부재로 인한 불쾌함과 엄마와 함께 있을 때의 기쁨만 안다. 두 번째는 상대적 의존(relative dependence)의 단계로, 이때 아기는 엄마의 부재를 느끼며 분리를 경험하게 된다. 세 번째는 독립성의 단계로, 과거 사랑받았던 기억을 되살려서 부모의 부재중에도 안정감을 느낄 수 있다.

배가 고플 때 금방 젖을 먹을 것이라는 상상으로 기쁨에 젖어 있는 아기에게 그 요구를 충족해 주는 대상(젖)을 제공해 줄 때 아기는 환상의 순간을 경험한다. 즉, 자기가 환상하던 대상을 실제의 세계로 느끼고 경험하게 된다. 이때 아기는 그 대상을 자신이 창조하였다고 생각한다. 이 전지전능의 경험[10]은 아이가 성장함에 따라 건전한 자신감과 권력에 대한 개념을 갖게 하는 데 중요한 역할을 한다. 즉, 그는 엄마가 아기의 요구를 재빨리 감지하여 적당한 때 젖을 주는 등의 욕구들을 충족시켜 주는 시간의 적절함을 중요시하였다.[11]

시간이 지남에 따라 아기는 세상이 자기 뜻대로 되는 것만은 아니라는 경험을 하게 된다. 이 과정 중에 엄마는 항상 아기 곁에 있을 수 없기 때문에 아이의 요구에 점차적으로 반응하지 못할 때가 많아진다. 아기는 천천히 외부 대상의 실재를 파악하게 되고 다른 행동이나 표현을 동원해서 의사소통하는 능력을 키우게 된다.[12]

---

10) S. Freud는 이것을 일차적 자기애적 성향(primary narcissism)이라 한다.

11) D. M. Wulff, Op. Cit., p. 337.

12) J. R. Greenberg, & S. A. Mitchell, *Object Relations in Psychoanalytic Theory*

이 시기에 아이와 엄마를 서로 연결시키고 교류할 수 있게 해 주는 것을 중간 대상(transitional object)이라 하는데, 이는 내재화되고 환상화된 대상 표상(object representation)들이 외부 실제와 연결되는 과정을 말한다. 그는 중간 현상(transitional phenomena)에 대해 다음과 같이 말한다. "중간 대상과 중간 현상은 경험 시작의 기반인 환상의 영역에 속한다. 이 발달 초기 단계는 어머니가 아이의 요구에 적절한 적응을 하여, 그 아이가 창조한 것들이 실제로 존재한다는 환상을 가능하게 하는 특별한 능력에 의해 구현될 수 있다."[13] 어렸을 때 엄마의 부재 시 엄마와 같은 안전한 감정을 일으키게 하는 담요, 베개, 인형이 중간 대상물이라 할 수 있다. 아기들이 이 중간 대상물을 소유함으로 인해 대상항상성(object constancy)을 유지할 수 있다. 즉, 한 대상이 안 보인다 하더라도, 그 대상을 대치할 수 있도록 다른 대상이 없어진 대상을 대치한다.

성장 과정 중 가장 중요한 것은 헌신적인 엄마의 역할이다. 이 어머니의 역할은 아이에게 '품어 주는 공간'을 제공함으로써 유아의 분리된 세계의 경험이 통합되도록 도와준다. 엄마는 아기의 내적, 외적 세계의 실제들을 연결하는 가교 역할을 한다. 그런데 이 역할을 하는 것은 아이와 항상 같이 있어서 아기의 모든 욕구를 감지하여 항상 실망을 느끼지 않도록 하는 '완전한 엄마(perfect mother)'가 아니라, 점진적으로 엄마의 부재를 알려서 엄마가 가까이 있음을 느낄 수 있도록 충분히 좋은 양육의 기회를 제공해

(Cambridge, Mass.: Harvard University Press, 1983), pp. 193-194.

13) D. W. Winnicott, "Transitional Objects and Transitional Phenomena," *International Journal of Psycho-Analysis, Vol. 34* (1953), p. 14.

주는 '충분히 좋은 엄마(good enough mother)'다.

위니컷의 독창성은 그의 두 자아 개념에서 찾아 볼 수 있다. 내적인 감정과 연결된 참자아(true self)와 바깥세상과 단절된 거짓자아(false self)를 구분하여 인간의 양분화된 실존을 말해 준다. 이두 자아 사이에서 인간은 참자아를 찾으려고 끊임없이 노력한다. 이 참자아를 느끼고 발견할 수 있는 방법이 바로 창조적인 놀이다. 이러한 창조적 놀이의 공간이 바로 종교, 예술이라고 할 수있다.

3. 주요 개념

대상관계 이론과 종교에 대한 이해를 다루기 전에 먼저 주요 개념을 살펴보고자 한다.

1) 발달 단계

대상관계 이론이 공통적으로 보는 인간의 발달 단계는 셋으로 나누어진다. 첫 단계는 자아와 바깥세상이 분리되지 않은 공생 상태(symbiosis)다. 두 번째 단계는 말러가 자아의 부화로 표현한 분리(separation)의 단계로, 이때 아기는 대상이 없어질까 봐 걱정하며 불안을 가지고 있다. 이 개념은 틸리히가 말한 존재론적 불안(ontological anxiety)으로, 인간이 하나님으로부터 떨어져서 소외·분리된 상태에서 느끼는 불안의 개념과 비슷하다. 세 번째 단

계는 인간이 개체화되어 건전하게 자아와 외부 세계가 분리된 상
태다.

2) 분리

대상관계 이론에서 분리(splitting)는 여러 단계를 거친다. 첫 번
째 단계는 어머니에 대한 경험에 의한 분리(maternal splitting)로서
어머니와의 경험이 부분적인 대상에 대한 경험으로밖에 인식되지
않는다. 다시 말해, 아기가 배가 고플 때 젖이 나오느냐의 여부에
따라 어머니는 좋은 어머니, 나쁜 어머니로 분리된다. 이때 비정
상적인 분리는 나쁜 어머니의 경험이 특별히 실망적이고 충격적
일 때 일어난다. 두 번째 단계는 보존과 이미지 분리(preservation
and imaginal splitting) 단계인데 여기서 나쁜 어머니와 좋은 어머니
의 경험이 이미지화되어 아기에게 인지된다. 아기는 어머니가 없
을 때 잃어버린 대상을 보존하는 능력을 키우게 되고 중간 대상
(transitional object)을 개발한다. 세 번째 단계는 자아 분리(self-
splitting)로서 좋은 어머니, 나쁜 어머니의 이미지가 내재화되어 좋
은 나(good me), 나쁜 나(bad me)로 분리된다. 마지막 단계는 정체
감의 분리(identity splitting) 단계로서 성적(sexual) 정체감, 직업적
정체감, 결혼과 관련된 정체감 등을 형성하게 된다. 이 단계를 그
림으로 나타내면 [그림 3-1]과 같다.

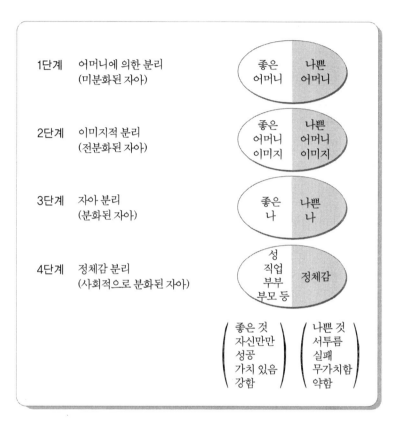

1단계	어머니에 의한 분리 (미분화된 자아)	좋은 어머니 / 나쁜 어머니
2단계	이미지적 분리 (전분화된 자아)	좋은 어머니 이미지 / 나쁜 어머니 이미지
3단계	자아 분리 (분화된 자아)	좋은 나 / 나쁜 나
4단계	정체감 분리 (사회적으로 분화된 자아)	성 직업 부부 부모 등 / 정체감

좋은 것   나쁜 것
자신만만   서투름
성공   실패
가치 있음   무가치함
강함   약함

[그림 3-1]   자아의 분리 단계[14]

3) 투사적 동일시

또 다른 중요 개념은 투사적 동일시(Projective Identification)다. 클라인에 의하면 투사적 동일시는 "자신을 파멸시키는 자아의 나쁜 부분들이 분화하여서 자신의 나쁜 대상을 제거하려는 노력으로 다

---

14) S. Cashdan, *Object Relations Therapy: Using the Relationship* (New York: W. W. Norton & Company, 1988), p. 52.

른 사람에게 투사한 것이다. 이런 나쁜 대상들이 대상을 소유하고 통제하려는 노력에 의해 투사된 것이다."15)라고 정의되고 있다.

즉, 투사적 동일시는 자아의 원하지 않는 부분을 제거하려는 환상의 과정으로, 원하지 않는 부분을 다른 사람에게 떠넘기는 것이다. 상담과정 중 내담자가 무엇인가 주도하려고 할 때, 상담자가 흥미가 없어서 혼돈, 지루함을 느낄 때 내담자를 향해 증오의 감정이 나타날 수 있는데 이를 투사적 동일시라고 한다.

오토 컨버그(Otto Kernberg)는 투사적 동일시란 "원시적인 방어기제로 참을 수 없는 내적인 심리 경험을 한 대상에 투사하여, 투사된 것과 동감을 유지하여 참을 수 없는 내적 경험에 대한 방어적 노력의 연장으로서 그 대상을 통제하려는 시도다."16)라고 말한다.

투사적 동일시는 원초적이고 무의식적인 환상으로서, ① 자아가 받아들이고 싶지 않은 부분을 제거하려는 노력으로 원하지 않는 부분을 타자에게 잠식(deposit)시켜서(induction process), ② 그 감정을 받은 자가 투사자의 감정과 느낌을 경험할 수 있도록 압력을 행사하는 과정을 거친다. 그리고 이 투사를 받은 자가 심리적인 과정을 겪은 뒤 투사자에 의해 다시 내재화된다. 이 감정은 투사자와의 것과 다른 성격을 가진다. 다시 말해, 투사 당한 사람에 의해 재해석되고 소화된 투사의 내용을 다시 받아들이는 것이다.17)

---

15) M. Klein, "Notes on Some Schizoid Mechanisms," *International Journal of Psychoanalysis, 27* (1946), pp. 99-110.

16) O. Kernberg, & M. A. Selzer, *Psychodynamic Psychotherapy of Borderline Patients* (New York: Basic Books, 1989), pp. 98-112.

17) T. H. Ogden, "On Projective Identification," *International Journal of Psychoanalysis, 160* (1979), pp. 357-373.

이 투사적 동일시의 기능은 첫째, 방어기능으로, 원하지 않는
부분과 거리를 두기 위해 다른 사람에게 전가하여 자아를 안전하
게 한다. 둘째, 투사의 접수자에게 자신이 겪는 감정을 경험하게
하여 자기 자신을 이해시키는 의사소통의 역할을 한다. 셋째로 투
사의 접수자가 수정한 뒤 그 투사를 재내재화하여 변형함으로써
심리적인 행로의 변화를 가져온다.[18]

4. 치료 단계

1) 감정의 연결

대상관계 이론을 이용한 치료 단계[19]의 첫 단계는 감정의 연결이
다. 먼저 내담자와 감정을 교류하여 신뢰를 구축하는 과정이다. 교
인 혹은 내담자와 상담을 할 때 기독(목회)상담자가 흔히 하는 실수
는 그들이 인정받고자 하는 감정을 수용하는 과정이나 반응 없이
너무 빠르게 조언이나 방향을 제시해 주는 것이다. 먼저 상담자는
내담자의 감정을 수용하여 공감대를 형성한 뒤 충분한 성숙 과정을
거쳐 제안, 해석, 분석에 들어가야 한다. 만일 감정을 개입하여 충
분한 치료적 동맹(therapeutic bonding)이 형성되지 않은 상태에서 충
고나 제안을 할 때에는 진정한 치료가 일어난다고 볼 수 없다.

---

18) G. O. Gabbard / 이정태, 채영래 역, 『역동정신의학』 (서울: 하나의학사, 1996),
    pp. 66-69.
19) S. Cashdan, Op. Cit., pp. 81-163.

2) 투사적 동일시 경험

두 번째 치료 단계는 투사적 동일시를 경험하는 것이다. 투사적 동일시에는 먼저 의존의 투사적 동일시가 있는데, 내담자가 어떻게 해야 되겠느냐 질문을 한다든가, 상담자가 구체적인 방안을 제시하는 등 상담자로 하여금 구체적인 답을 하도록 내담자가 의존적인 양태를 취한다. 내담자가 이런 의존의 투사적 동일시를 할 때 상담자는 무엇인가 구체적인 답을 제시해 주어야 한다는 의무감과 돌봐 주고자 하는 느낌을 가지게 된다. 이때 내담자는, 자신은 상담자의 도움 없이는 살 수 없다는 무기력감을 호소하는 것이다.

또한 다른 투사적 동일시는 힘의 투사적 동일시로서 상담의 과정을 통제하려고 하는 것이다. 흔히 상담자에게 상담을 진행하기 힘들다고 느끼게 하거나, 효과적인 상담이 될까 하는 의심을 가지게 하여 상담자가 무기력하게 느끼게 한다.

또 다른 유형의 투사적 동일시는 환심을 사는 형으로, 무엇인가 상담자에게 주려고 하며 집단상담에서는 먼저 와서 의자를 정리한다든가 상담자의 편을 들면서 상담자로 하여금 고마움을 느끼도록 하는 행동을 한다. 이러한 투사적 동일시를 하는 내담자의 유형은, 주로 자신이 있는 그대로 받아들여지고 인정되는 것이 아니라, 성취와 무엇을 했는가에 의해 판단받아 온 사람들이다.

마지막으로 성의 투사적 동일시가 있다. 흔히 기독(목회)상담 상황에서는 성에 관련된 이야기를 금기시하여 내담자의 억압된 성이 나타나면 상담자는 어쩔 줄 몰라하며 마치 아무 일이 없었다는 듯 불안 속에 상담을 진행하는 것을 볼 수 있다. 내담자가 이 투사적 동일시로 인해 상담자에게 인출(induce)하는 감정들은 상담자 자신이 무기력하다고 느끼게 하거나, 성적인 흥분을 일으킨다. 이성의 투사적 동일시는 자주 일어나는 현상이며, 상담자는 이 현상들에 대해 솔직히 대처하여 내담자의 투사적 동일시를 투명하게 반영하는 거울의 역할을 해야 한다. 상담자는 내담자의 성에 대한 언급을 억제하지 말아야 한다. 그리고 내담자가 노출이 심한 의상을 입거나 앉는 자세가 유혹적이면 그것을 지적해 주고 대화를 나누어 그 동기와 투사적 동일시의 원인을 분석하는 과정으로 들어가야 한다. 여러 종류의 투사적 동일시가 있겠지만, 상담자는 내담자가 투사적 동일시를 할 때 불안 속에서 그냥 덮어 두지 말고 오히려 그 자체가 치료의 중요한 기회임을 인식하고 적극적으로 해석해 주고 도전해 주어야 한다.

상담 상황에서는 이런 종류의 투사적 동일시를 받을 경우가 많이 있을 것이다. 하지만 오히려 대상관계 이론을 적용한 치료 형태에서는 이 투사적 동일시가 치료의 가장 중요한 수단이 된다. 여기서 중요한 것은 이 투사적 동일시를 감지하여 그것을 다시 내담자에게 던져 주는 작업이다.[20] 상담자는 내담자와 같이 내담자가 행하는 투사적 동일시에 뛰어들어 내담자의 투사적 동일시라는 강에서 내담자를 끌어내어 안전한 땅으로 안내하는 것이다.

---

20) O. Kernberg는 이 과정을 metacommunication이라고 했다.

3) 직면

세 번째 단계는 직면(Confrontation)이다. 이 과정은 내담자가 가지고 싶지 않았던 것들, 즉 자아가 느끼고 자신의 한 부분이라는 것을 인정하고 싶지 않아서 투사한 그 부분을 직면할 수 있도록 도와주는 작업이다. 이렇게 함으로써 내담자는 다른 사람과의 관계를 재경험할 수 있다. 이 과정 중 상담자는 내담자가 느끼는 위협을 없애려 하거나 왜곡하는 것이 아니라, 내담자가 용기를 가지고 그것을 맞닥뜨릴 수 있도록 한다.

이 투사적 동일시에 대한 직면으로 인해 내담자에게서 일어나는 반응은 지금까지 하던 투사를 더 강화하거나, 상담관계를 끊고 종결하는 경우가 있는가 하면, 지금까지 해 오던 투사적 동일시 없이 사람과 관계를 맺는 제2의 투사적 동일시를 경험하는 경우도 있다.

4) 종결

네 번째는 종결의 단계다. 이때에는 지금까지 상담자가 경험한 것에 대해 내담자에게 피드백을 제공하고 해석하여 내담자가 아픈 현실을 느낄 수 있도록 해 주고, 과거의 아픈 경험을 과거의 것으로 돌릴 수 있도록 하면서 그 경험으로부터 내담자 자신을 분리시킬 수 있도록 한다.

5. 대상관계 이론과 종교 이해

1) 대상관계 심리학자들의 종교에 대한 견해

대상관계 이론은 종교를 프로이트의 오이디푸스 콤플렉스와 연결하여 이해하는 것을 거부하고, 종교가 신경증적이고 미성숙한 사람들의 소유물이라는 개념에 도전한다. 대상관계 심리학자인 건트립은 "종교는 역사를 통해 인간이 겪는 인상적인 활동과 경험이다. 그러므로 종교가 발전을 방해하거나 멈추게 하는 부적절한 것이라는 적대감을 가지고 접근할 것이 아니라, 인간이 종교적인 삶을 통해 실질적으로 무엇을 추구하고 행동하는지 동감적인 통찰을 가지고 접근해야 한다."[21]라고 말하면서 종교를 긍정적으로 보고 있다. 이 이론에서 종교는 불안해하는 영혼이 구원과 피난처를 향해 갈 수 있도록 좋은 대상관계를 되찾도록 해 주며, 하나님 · 구세주 · 교회를 제공해 주는 구원적인 힘을 가지고 있다고 본다.[22]

대상관계 이론은 지금까지 종교 심리 연구에서 프로이트가 주장한, 종교는 아버지와의 경쟁 관계에서 발생했다는 이론을 뛰어넘어, 아버지 동기(father motif)가 아닌 어머니 동기(mother motif)

---

21) H. Guntrip, *Personality Structure and Human Interaction* (London: Hogarth Press, 1961), p. 253.

22) H. Guntrip, *Mental Pain and the Cure of Souls* (London: Independent Press, 1956), p. 131.

로 관심을 돌려 종교의 심리적 동기를 어머니와 유아의 원초적 관계에서 찾으려고 한다. 대상관계 이론이 어머니와의 관계에 관심을 두었지만, 사실 그 전에도 어머니와의 관계와 관련한 종교적 연구가 행해져 왔다.23) 이것을 더 체계적으로 접근·분석한 것이 바로 대상관계 이론이다.

여러 종교에서도 신성에 관한 상징이나 하늘나라에 관한 관념들 중 어머니적인 요소들을 느낄 수 있는 것을 볼 때, 우리가 어렸을 때 어머니와 맺은 관계의 질에 따라 신성에 대한 우리의 관념이 어느 정도 형성되었다고 볼 수 있다. 아기는 즐거움이 연상될 때는 그 원천을 좋은 것으로 인식하고, 긴장과 고통이 연상될 때는 나쁜 것으로 인식한다. 이때 엄마는 두 사람으로 인식되어, 나쁜 엄마와 좋은 엄마가 예상할 수 없을 정도로 서로 교차되면서 아기에게 다가온다. 전오이디푸스기에 생성되는 초자아는 아이에게 엄마가 나타났을 때 나쁜 엄마를 좋은 엄마로 변형하고자 하는 아이의 노력에 의해 생성된다. 또한, 아기는 엄마가 나쁜 것과 좋은 것을 둘 다 공유하고 있는 동일 인물임을 수용과 거부의 과정을 통해 점차적으로 인식한다. 클라인은 어른이 되어서도 무의식적으로 전오이디푸스기에 겪었던 분리된 엄마의 개념 중에 좋았던 엄마는 성모의 좋은 개념으로, 나빴던 엄마의 감정은 마녀나 악의 힘으로 인식된다고 말한다.24)

---

23) 이 연구들은 E. Fromm의 *The Dogma of Christ*(1930), E. Jones의 *A Psycho-Analytic Study of the Holy Ghost Concept*(1923), O. Pfister의 Zur Psychologie des hysterischen Madonnenkultus (*Zentralblatt für Psychoanalyse 1*, 1910, pp. 30-37), O. Rank의 *The Trauma of Birth*(1924)에서 볼 수 있다.

24) D. M. Wulff, Op. Cit., p. 325.

이안 서티(Ian D. Suttie)는 "예술, 과학, 종교는 유아 시절에 남겨
진 어머니의 사랑을 대체할 대상을 찾거나 복구하려는 노력"이라
고 가정하였다.25) 서티에게 있어 종교는 우리의 발달 과정 중 불
만족스러운 부분을 더 나은 형태로 바꾸려 하는 시도다.26) 그리고
위니컷에게 있어 종교는 중간 현상으로서 외부 세계와 내적 경험
을 연결하는 것이다. 대상관계 이론에서는 종교에 대한 이러한 긍
정적 시각을 가지고 여러 경험적인 실험들을 실시하였다.

2) 종교성과 대상관계에 대한 경험적 실험들

이 대상관계 이론은 경험적인 실험을 하였는데, 존 뷔리(John
Buri)와 레베카 뮐러(Rebecca Mueller)27)는 127명의 가톨릭대학 학
생들을 대상으로 부모의 권위 척도와 관련된 하나님에 대한 개념
과 자긍심의 관계를 조사하였다. 높은 자긍심을 가진 학생들은,
하나님은 인간을 사랑하는, 인내심 많고 용서하는 분이라는 개념
을 가지고 있었으며 낮은 자긍심을 가진 학생들은 하나님은 경직
되고, 비판적이며, 잘못을 꾸짖는 분이라는 개념을 가지고 있다고
이해했다.28)

이 하나님에 대한 여러 가지 표상은 버나드 그롬(Bernhard

---

25) I. D. Suttie, *The Origins of Love and Hate* (New York: Julian Press, 1935), p. 56.
26) Ibid., p. 104.
27) J. R. Buri, & R. A. Mueller, *Conceptions of Parents, Conception of Self, and Conceptions of God*, Paper presented at the convention of the American Psychological Association (New York, 1987).
28) Ibid., p. 8.

Grom)[29]에 의해 종합되었다. 그는 하나님에 대한 표상을 결정짓는 것을 다섯 가지로 분류한다. 부모와의 관계, 중요한 사람이나 단체와의 관계, 자긍심, 하나님에 대한 가르침, 종교 예식 실행이 그것이다. 여기서 중요한 것은 부모와의 관계와 자긍심이다. 부모와의 관계는 자긍심을 결정하는 데 가장 중요하다. 그는 자신이 가졌던 종교를 버리는 것은 자신의 부모로부터 멀어지거나 거부당한 사건들과 연관된다는 결론을 내렸다.[30] 한편 종교단체에 들어가는 것은 개인이 자랄 때 부족했던 사랑과 인정을 추구하는 방

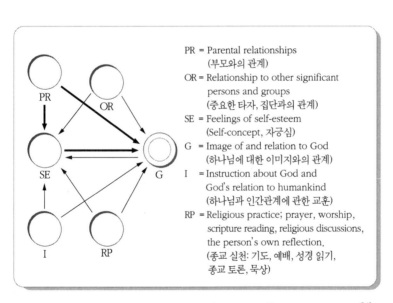

PR = Parental relationships
     (부모와의 관계)
OR = Relationship to other significant
     persons and groups
     (중요한 타자, 집단과의 관계)
SE = Feelings of self-esteem
     (Self-concept, 자긍심)
G = Image of and relation to God
     (하나님에 대한 이미지와의 관계)
I = Instruction about God and
     God's relation to humankind
     (하나님과 인간관계에 관한 교훈)
RP = Religious practice; prayer, worship,
     scripture reading, religious discussions,
     the person's own reflection.
     (종교 실천: 기도, 예배, 성경 읽기,
     종교 토론, 묵상)

[그림 3-2] 개인 삶 속의 여러 요소와 하나님에 대한 관념의 관계 요약[31]

---

29) B. Grom, *Religionspädagogische Psychologie des Kleinkind-, Schul-, und Juge-ndalters* (Düsseldorf: Patmos, 2000).

30) D. Caplovitz, & F. Sherrow, *The Religious Drop-Outs; Apostasy Among College Graduates* (Beverly Hills, Calif: Sage, 1977).

법으로 선택된다고 했다.[32)

그리고 귄터 홀(Günter Hole)[33)은 우울증 정도와 종교성에 관해 110명의 우울증 환자를 통해 검증한 결과 다음과 같은 [그림 3-3]의 결과를 도출했다. 여기서 알 수 있는 것은 우울 정도가 심할수록 비종교적으로 된다는 것이다. 만일 환자나 내담자가 어렸을 때의 나쁜 대상으로 인해 부정적인 영향을 받았다면 가족 일원에게 하지 못한 것과 관련하여 죄책감의 빈도나 정도가 더 심해진다.

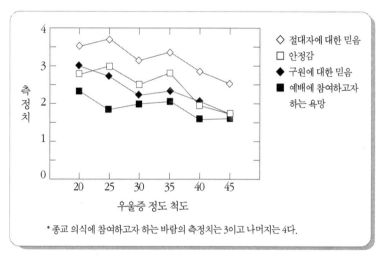

[그림 3-3] 110명에서 종교의 태도와 우울증의 정도[34)

31) B. Grom, "Gottesvorstellung, Elternbild und Selbstwertgefühl: Untersuchungen zu einem Hauptthema religionspsychologischer Forschung," *Stimen der Zeit, 106* (1981), pp. 697-711.

32) A. Deutsch, "Observation on a Sidewalk Ashram," *Archives of General Psychiatry, 32* (1975), pp. 166-175.

33) G. Hole, *Der Glaube bei Depressiven: Religionspathologische und klinisch-statistische Unterschung* (Stuttgart: Ferdinand Enke, 1977).

34) Ibid., p. 144.

또한 안나 마리아 리즈토(Ana-Maria Rizzuto)가 20명의 기독교인과 유대교인 정신장애 환자를 대상으로 설문지, 면접, 가족과 하나님에 대한 그림을 통해 밝힌 것은, 하나님에 대한 이해는 자신의 어렸을 때 부모와의 관계와 관련해서 형성하였다는 것이다. 각 개인의 이해는 그것이 형성되었을 당시에 가졌던 두드러진 감정 요소에 따라 특징지어진다.[35]

6. 기독(목회)상담에의 적용

기독(목회)상담의 중요한 임무 중 하나는 내담자가 소유하고 있는 하나님과의 관계를 바르게 정립시켜 주는 것이다. 기독(목회)상담자는 한 신앙 공동체를 대표하는 사람으로서 신앙 공동체의 신앙적인 면을 다룬다. 일반 정신병동이나 정신장애를 치료하는 기관에서도 여러 가지 심리 역동성을 파악하여 치료에 도움을 주지만, 환자가 절대자와 맺고 있는 관계, 종교적 성향을 잘 파악하고 이해함으로써 치료에 많은 도움을 줄 수 있다.

필자는 경계선 인격장애 환자 병동의 상담자로 일하면서 그들이 가지고 있는 그릇된 하나님에 대한 이해(주로 하나님을 심판자, 잘못을 꾸짖기 위해 따라다니는 자로 이해한다)를 바로잡아 줌으로써 자아에 대한 자긍심이 높아지고 치료의 예후가 훨씬 좋아짐을 경

---

35) A. Rizzuto, *The Birth of Living God: A Psychoanalytic Study* (Chicago: University of Chicago Press, 1979), p. 44.

험하였다. 이런 면에서 대상관계 이론은 하나님에 대한 우리의 개념은 어머니나 아버지와의 관계 속에서 형성된 대상 표상(object representation)을 통해 형성된다는 이론적 기반을 제공해 줌으로써 중요한 치료 도구와 문제 이해의 틀이 된다.

대상관계 이론은 종교에 긍정적 관심을 둔다. 종교적 개념의 기원은 초기 부모와의 관계에서 형성되고, 성숙한 대상관계를 증진하는 데 있어 종교가 중요한 역할을 한다고 본다. 대상관계 이론은 프로이트의 종교에 대한 이해를 넘어서 새로운 차원의 긍정적인 종교의 이해를 제시하여 주었고, 메리 엘렌 로스(Mary Ellen Ross)[36]처럼 제의(ritual)에 대한 이해의 폭도 넓혀 주었다. 프로이트의 제의에 대한 이해는 경계성(liminality)의 요소들에 대해 충분한 설명이 없었다. 여기서 경계성이란 빅터 터너(Victor Turner)에 의하면 '문지방을 넘어서는 단계'라고 표현할 수 있다. 제의에서 개인은 과거와는 완전히 다른 상태로 들어가는 경험을 하며 새로운 자아를 통합하는 작업을 한다. 이 경계성의 요소들 중 유희적인 면, 즉흥적인 면, 창조적인 면이 부각되며 중간 대상과 같이 이 공간에서 개인은 창조적이며 내적 경험과 바깥 대상을 연결한다. 상담과정도 이 경계성을 포함하는 공간으로 이해될 때, 한 개인의 어릴 때 경험이 하나님과의 관계에서 어떻게 드러나는가 파악하고 이해하는 과정을 통해서 새로운 자아를 통합하는 창조적 공간으로 그 역할을 할 것이다.

---

36) M. E. Ross, & C. L. Ross, "Mothers, Infants, and the Psychoanalytic Study of Ritual," *Signs*, 9(1), pp. 26-39.

자신과 바깥세상이 분리되지 않은 전지전능의 자아 단계에서
바깥세상의 대상을 인식하는 데는 '충분히 좋은 엄마'가 필요하
다.37) 이 단계를 쉽게 넘어가게 해 주는 것이 중간 대상(transitional
object)인데, 위니컷은 "중간 대상은 처음 관계의 대상이었던 젖을
대신해 준다."38)라고 하였다. 아이가 위기에 처했을 때 담요나 인
형을 꼭 껴안거나 물어뜯는 것을 보면 쉽게 이해할 수 있다.

위니컷에 의하면, 어느 누구도 단번에 일차적 창조성(primary
creativity, 아기가 상상하여 전지전능적인 환상을 가짐)에서 현실을 충
분히 받아들이는 과정으로 넘어가는 어려움을 극복할 수 없다. 그
래서 우리는 중간 현상으로서 환상의 경험이 필요하다.

여기서 환상이라는 것은 프로이트가 말하는 우리의 본능적인
욕구를 충족하기 위해 만들어진 허상의 개념이 아니라, 인간이 상
상력을 동원하여 창조적으로 유희(play)할 수 있는 공간이다. 프루
서는 환상(illusion)의 어원이 라틴어 'ludere('유희' '논다'라는 뜻)'
임에 주목하여, 환상의 세계는 "감정이 사고에 반대되지 않고 기
술과 재능이 최대한 발휘되며, 현실 원칙을 버리지 않고 기쁨을
찾을 수 있는 창조적 상상과 유희의 세계다."39)라고 말한다.

이런 환상의 공간으로서의 종교는 교리에 의해 확정되어 불변
하는 것이 아니라, 신비로 가득 찬 우주에서 무한한 가능성을 가
지고 탐구된다.40) 상담도 이런 제의적인 요소를 갖춘 창조적 공간

37) D. W. Winnicott, Op. Cit., p. 89, p. 94.
38) Ibid., p. 93.
39) P. Pruyser, "The Seamy Side of Current Religious Beliefs," *Pastoral Psychology*,
　　26(3) (1978), p. 155.
40) D. M. Wulff, Op. Cit., p. 341.

이다. 이는 결과나 목적을 달성하는 것보다는 과정 중에 마음 문을 열어서 현상과 감정에 솔직해짐으로써 과거와의 분리를 통해 새로운 미래를 창조하는 유희의 공간인 것이다. 중간 영역(transitional space)으로서 상담은 하나님이 인식되는 공간이다.

컨버그는 프로이트의 갈등 이론에 근거하여 경계선 인격장애자[신경증과 정신증(혹은 정상 상태) 중간에 처해 있는 환자]를 대상으로 치료하였다. 이런 종류의 환자들은 우울증 증세와 자기 가학 행위(자살시도, 손톱으로 동맥 끊기, 부주의한 운전 등), 다른 사람을 조종하는 등의 증상들을 보인다. 이들에게서 가장 문제가 되는 것은 바깥세상을 '모두 좋은 것(all good)' 혹은 '모두 나쁜 것(all bad)'으로 보는 것이다. 이 세상은 이렇게 흑백논리가 적용되지 않는 회색적인 요소들이 많고 해답이 없는 문제들이 많은데 그들은 이분법적으로 '나쁜 엄마' 그리고 그것을 내재화하여 '나쁜 나'의 자아 표상(self-representation)을 가지게 된다. 이들에게는 엄마와의 관계에서 느껴지는 경험들과 자아에 대한 이해와 경험을 분리시켜 주는 작업이 필요하다. 즉, 이 세계는 모든 것이 좋을 수도 없고 모든 것이 나쁘지도 않은, 나쁜 것과 좋은 것이 함께 공존한다는 사실을 깨닫게 해 주는 것이다. 회색 지대를 인정해야 한다. 성숙한 신앙인은 이 답이 없는 현상을 인내하며 기다릴 줄 알아야 한다. 틸리히가 말했듯이, 인간은 실존과 본질의 양극성 사이에서 느껴지는 모호성(ambiguity)을 참을 수 있는 능력이 있어야 건강하다. 상담 상황에서는 이처럼 '흑백논리(all bad or all good)'에서 벗어나 나쁜 것과 좋은 것이 공존한다는 것을 깨닫고 그 둘을 통합하는 과정에 들어가도록 도와주어야 한다.

대상관계 이론을 해석학적 기독(목회)상담에 적용시킨 걸킨은 중간 대상이라는 개념에서 "자아는 자아의 성장을 통제하려는 필요에 있어서 상상력과 현실 파악을 통합함으로 해석의 과정이 시작될 수 있는 어떤 형태의 매개 서술 공간(narrative intermediate space)을 만든다." 41)라고 말하고 자아의 경험과 바깥세상과의 경험의 차이를 극복하기 위한 해석의 작업이 필요하다고 지적한다. 여기서 기독(목회)상담의 역할은 내담자가 가지는 자아에 대한 개념과 하나님에 대한 개념의 차이를 해석하여 이해할 수 있도록 도와주는 것이다. 그리고 내담자가 서술 형태가 깨어진 이야기, 조화되지 않는 이야기를 소유하고 있다면 개인의 이야기보다 더 큰 이야기(성경의 비유, 신학적 개념)를 동원하여 내담자의 인생 이야기에 일관성을 부여해 주는 작업도 기독(목회)상담학의 과제다.

걸킨은 대상관계 이론에서 아기와 엄마의 관계 즉, 처음 분리되지 않은 공생의 관계에서 점차 자아가 분리되어 독립된 개체로 변화하는 과정을 인간과 하나님과의 관계에 비유하였다.

기본적으로 자아의 삶은 하나님에 기반을 둔다. 성경의 창조 이야기에서도, 인간의 창조는 하나님의 창조 중 정수다. 하나님은 그의 형상에 따라 인간을 만드셨지만 하나님은 인간 자아에 한계성을 부여하셨다 (예, 선악과). 그러하지 않고서는, 인간은 자신이 선택을 할 수 있고 분리되었다는 인식을 부여받지 못하였을 것이다. 그러므로 하나님은 원형

41) C. Gerkin, *The Living Human Documents: Revisioning Pastoral Counseling in a Hermeneutical Mode* (Nashville: Abingdon Press, 1984), p. 80.

부모(primordial parent)로서 겪어야만 했던 고통을 치르더라도 인간의 분리하고자 하는 자기애적 필요에 반응하였다.[42]

걸킨은 하나님이 충분히 좋은 엄마(good enough mother)로서, 인간의 분리 욕구에 반응하셨지만 인간이 그의 환상 속에 생각하는 대로 세상이 형성되는 것에는 제한을 두었다.[43] 엄마가 모든 것을 충족시키지 않고 아기에게 실망감을 남겨 놓듯이, 하나님도 인간의 욕구를 항상 존중하고 반응하지만 때로는 인간에게 제한을 두신다. 이것이 나타난 구체적인 증거를 바로 선악과에서 찾아볼 수 있다.

인간에게 좋은 환경을 제공하여 주기 위해 하나님은 충분히 좋은 엄마의 역할을 하였다. 만일 내담자가 어릴 때 대상관계가 엄마의 부재나 학대나 고통으로 인해 나쁜 대상관계를 형성하였다면, 신뢰와 포근함으로 가득 찬 중간 영역인 상담 공간에서 충분히 좋은 어머니 역할을 하는 상담자를 경험케 함으로써 그는 과거의 나쁜 대상관계를 떨쳐 버리고 새로운 관계와 의미를 창출해 나갈 수 있다.

인간은 본질과 실존이 분리된 채 이상과 현실의 괴리에서 살고 있다. 인간은 어디에 소속하고자 하는 본능과 독립하고자 하는 본능으로 분리된 상태이며 깨어진 존재다. 이 깨어짐을 통합할 수 있는 공간이 필요한데 그것이 바로 '품어 주는 공간(holding environment)'이다. 종교는 중간 경험으로서 깨어진 인간의 경험들

---

42) Ibid., p. 95.
43) C. Gerkin의 표현에 의하면 하나님이 인간에게 '절대적 타자(ultimate otherness)'에 대한 개념을 주장하였다고 한다.

을 통합하게 해 준다. 기독(목회)상담자는 치료자로서 내담자의 무
의식으로부터 나쁜 대상을 없애 주어야 한다. 페어번이 말하기를
심리치료자는 이런 의미에서 '귀신 쫓는 후계자'라고 하였다.[44]
내담자가 내재화하였던 나쁜 대상을 상담의 창조적 공간에서 상
담자의 따뜻한 배려와 관심 속에 다시 재연(reenactment)함으로써
내담자는 과거의 것은 과거의 것으로 돌리는 용서의 경험과 나쁜
대상관계에 종속되어 느끼는 죄의식의 부담감과 영적인 죽음으로
부터 자유의 상태로 옮겨 와 하나님을 올바로 보게 될 것이다. 즉,
영적인 죽음으로부터 진정한 구원을 얻을 것이다.

7. 맺는말

대상관계 이론을 이용한 기독(목회)상담은 내담자가 가지는 하
나님에 대한 개념과 그/그녀가 가졌던 어렸을 때의 부모와의 경험
이 어떤 관련이 있는가 이해하고 파악해야 한다. 기독(목회)상담자
는 하나님에 관한 한 개인의 개념이 어떻게 그 개인의 어릴 때 대
상 경험과 연결되어 채색되어 왔는가를 분석해야 할 의무가 있다.
이 분석을 통해 이전엔 거울로 보는 것 같이 희미하나 이제는 얼
굴과 얼굴을 대하여 보는 것(고린도전서 13장 12절)처럼 진정한 하
나님의 모습을 온전히 알아 가도록 도울 수 있다. 기독(목회)상담
자는 어린 시절 부적절한 양육의 형태로 인해 건전하지 못한 투사

---

44) R. D. Fairbairn, "Notes on the Religious Phantasies of a Female Patient," *Psycho-analytic Studies of the Personality* (London: Tavistock, 1952), p. 333.

적 동일시로 맺은 인간관계, 하나님과의 관계를 가지고 사는 자유롭지 못한 영혼들에게 상담을 통해 '품어 주는 공간'을 제공해 주고, '충분히 좋은 엄마'의 역할을 담당해야 할 것이다.

토론할 이슈

1. 프로이트의 이론과 대상관계 이론의 차이점은 무엇인가?

2. 멜라니 클라인의 가해적 공포 개념에 근거하여 인간이 가질 수 있는 죄책감과 종교본성의 발현 과정에 대하여 생각해 보시오.

3. 위니컷이 말하는 중간 대상의 경험은 상담 상황에서 어떻게 재현되는가?

4. 분리(splitting) 증상이 내담자에게 어떻게 표현되는가? 분리방어(splitting defense)가 일어나는 사례를 예로 들어 보시오. 그리고 분리방어가 일어나는 경우 상담자가 어떻게 대처하고 그 방어를 치료적으로 승화시킬 수 있는가?

5. 투사적 동일시가 일어나는 상황을 생각해 보시오. 상담 상황에서 투사적 동일시가 일어나는 경우를 예로 들어 나는 어떻게 대처할 것인가 상상해 보시오. 그리고 투사적 동일시가 발생하는 상황을 어떻게 치료적으로 활용할 것인가?

6. 대상관계 이론에서 이해하는 종교에 대한 개념들의 한계점은 무엇인가?

참고문헌

김득렬. 『결혼과 가족관계』. 서울: 대한기독교서회. 1967.

유영권. "목회상담학의 새모델," 『신학사상』, 93 여름. 1996. pp. 223-247.

American Psychiatric Association / 이근후 외 역. 『정신장애의 진단 및 통계편람 제4판』. 서울: 하나의학사. 1995.

Bettelheim, B. *The Use of Enchantment: The Meaning and Importance of Fairy Tales.* New York: Alfred A. Knopf. 1976.

Buri, J. R., & Mueller, R. A. *Conceptions of Parents, Conception of Self, and Conceptions of God. Paper presented at the convention of the American Psychological Association.* New York. 1987.

Caplovitz, D. Z., & Sherrow, F. *The Religious Drop-Outs; Apostasy Among College Graduates.* Beverly Hills, Calif: Sage. 1977.

Cashdan, S. *Object Relations Therapy: Using the Relationship.* New York: W.W. Norton & Company. 1988.

Deutsch, A. "Observation on a Sidewalk Ashram," *Archives of General Psychiatry, 32.* 1975. pp. 166-175.

Fairbairn, R. D. "Notes on the Religious Phantasies of a Female Patient," *Psychoanalytic Studies of the Personality.* London: Tavistock. 1952.

Gabbard, G. O. / 이정태, 채병래 역. 『역동정신의학』. 서울: 하나의학사. 1996.

Gerkin, C. *The Living Human Documents: Revisioning Pastoral Counseling in a Hermeneutical Mode.* Nashville: Abingdon Press. 1984.

Greenberg, J. R., & Mitchel, S. A. *Object Relations in Psychoanalytic Theory.* Cambridge, Mass.: Harvard University Press. 1983.

Grom, B. *Religionspädagogische Psychologie des Kleinkind-, Schul-, und Jugendalters*. Düsseldorf: Patmos. 2000.

Grom, B. "Gottesvorstellung, Elternbild und Selbstwertgefühl: Untersuchungen zu einem Hauptthema religionspsychologischer Forschung," *Stimen der Zeit, 106*. 1981. pp. 697-711.

Guntrip, H. *Mental Pain and the Cure of Souls*. London: Independent Press. 1956.

Guntrip, H. *Personality Structure and Human Interaction*. London: Hogarth Press. 1961.

Hole, G. *Der Glaube bei Depressiven: Religionspathologische und klinisch-statistische Unterschung*. Stuttgart: Ferdinand Enke. 1977.

Jones, E. *The Life and Work of Sigmund Freud: Vol. 1. 1856-1900. (The Formative Years and the Great Discoveries)*. New York: Basic Books. 1953.

Kernberg, O., & M. A. Selzer. *Psychodynamic Psychotherapy of Borderline Patients*. New York: Basic Books. 1989.

Klein, M. (rev. Ed.). trans. by A. Strachey, rev. by H. A. Thorner in collaboration with A. Strachey. *The Psycho-Analysis of Children*. New York: Delacorte Press. 1975. (Oringinal German edition, 1932)

Klein, M. "Notes on Some Schizoid Mechanisms," *International Journal of Psychoanalysis, 27*. 1946. pp. 99-110.

Ogden, T. H. "On Projective Identification," *International Journal of Psychoanalysis, 60*. 1979. pp. 357-373.

Pruyser, P. / 이은규 역. 『생의 진단자로서 목회자』. 서울: 나침반사. 1994.

Pruyser, P. "The Seamy Side of Current Religious Beliefs," *Pastoral Psychology, 26*(3). 1978. p. 155.

Rizzuto, A. *The Birth of Living God: A Psychoanalytic Study.* Chicago: University of Chicago Press. 1979.

Ross, M. E., & Ross, C. L. "Mothers, Infants, and the Psychoanalytic Study of Ritual," *Signs, 9*(1). pp. 26-39.

Suttie, I. D. *The Origins of Love and Hate.* New York: Julian Press, 1935.

You, Young Gweon. "Multisystems Model: Implications for Pastoral Care and Counseling in the Korean Context," *Yonsei Journal of Theology, Vol. 1.* 1996. pp. 173-187.

Winnicott, D. W. "Transitional Objects and Transitional Phenomena," *International Journal of Psycho-Analysis, Vol. 34.* 1953.

Wulff, D. M. *Psychology of Religion: Classic and Contemporary Views.* New York: John Wiley & Sons. 1991.

제4장

가족치료와 기독(목회)상담학

이 장에서는 가족치료의 전체적인 흐름을 파악하는 데 그 목적을 두고 전반적으로 가족치료의 이론적인 배경부터 시작하여 태동기, 그리고 전성기를 중점적으로 다루고자 한다. 무엇보다도 가정이 올바로 되어야만 그 가정에 속한 자녀들의 신앙도 바르게 형성될 수 있고 교회도 갈등과 문제없이 목회적 기능을 순행시킬 수 있다. 대개 교회에 문제가 생겼을 때 그 문제를 일으키는 사람을 살펴보면 그 가정에 문제가 있는 것을 볼 수 있다. 목회자도 마찬가지다. 목회자의 가정이 우선 행복하고 순탄하고 순행할 때에야 그 교회가 성장할 수 있다. 그런 면에서 볼 때 가정은 모든 사회 구조의 기반이고 신앙을 전수하는 데 있어서도 가장 기본적인 단위다. 그래서 이 장에서 소개하는 가족치료적 접근은 가

정을 되살릴 수 있는 중요한 기능을 하기 때문에 이러한 이해를
가지고 실천하는 기독(목회)상담이 요청된다.

1. 가족치료의 필요성

가족치료의 필요성으로는 첫째로 현대의 위기를 꼽을 수 있는
데, 이것은 관계의 단절 때문이다. 요즘 널리 활용되고 있는 인터
넷으로 인해 각 개인은 자기 자신의 세계에만 몰입하게 된다. 그
렇게 몰입하다 보면 바깥 세계의 사람과 관계를 맺으려는 욕구가
저하된다. 실제 상황의 인간관계에서 오는 좌절과 패배를 두려워
하기 때문에 인터넷이라는 은둔처 혹은 피신처로 자신을 몰아가
게 되는 듯하다.

현대의 위기는 여러 가지를 들 수가 있겠지만 핵분열화된 가정
의 문제가 매우 심각하다. 예전에는 부부 사이에 문제가 있어도
여러 세대가 함께 살고 있으므로 조부모나 친척들과의 대화를 통
해 조언을 듣고 지지를 받아 가며 문제를 해결할 수 있었다. 그러
나 지금은 대부분 핵가족이기 때문에 상담 기능을 할 수 있는 네
트워크가 파손되었다고 볼 수 있다. 게다가 최근 들어 이혼이 많
이 늘어나고 있다. 2000년대에 이르러 결혼한 지 3년 안에 이혼하
는 부부가 상당한 비율을 차지하고 있다. 이러한 관계의 단절, 핵
분열화된 가정, 이혼의 위기들이 현대 가정의 위기라 할 수 있는
데 이 위기에 효과적으로 대처할 수 있는 방법으로 가족치료를 제
안하고자 한다. 이러한 현대의 위기 상황 속에서 가족치료는 더욱

더 필요하다고 볼 수 있다.

현대의 두 번째 위기로 가족에 대한 가치붕괴를 들 수 있다. '가정'이라고 하면 전형적으로 아버지, 어머니, 자녀들이 함께 사는 그런 모습이 보편적이었다. 그런데 이 인식이 무너지고 있다. 예를 들면 여성 동성애자 가족(lesbian family)이 있다. 이 형태의 가족은 여자 역할을 하는 여자, 남자 역할을 하는 여자로 구성이 되어 여자들만 함께 사는 경우가 많다. 자녀는 정자은행에서 정자를 받아 시험관에 수정하여 모체에 착상시키는 과정을 거쳐 낳는다. 그 아기가 자라면서 지금 우리가 전형적으로 생각하는 아버지와 어머니의 개념을 가지게 될지는 확신할 수 없다.

현대사회는 가족에 대한 모델이 없기 때문에, 신세대들은 건강한 가정에 대한 분명한 기준을 세우기가 어렵다. 그래서 이런 가족에 대한 가치붕괴에 대하여 가족치료와 함께 교회에서 해야 하는 의무가 있다. 앞으로 더 연구해야 할 과제이지만 필자는 가정이 붕괴되는 것과 교회의 성장 속도가 줄어드는 것 사이에는 어떤 상관관계가 있으리라고 생각한다. 건강한 가족이 무엇인지를 교회가 제시해 줌으로써 교회가 사회의 기본 단위인 가족을 유지하고 지탱해 준다는 의미의 진정한 공헌을 할 수 있으리라고 생각한다. 현대의 위기와 가족의 가치붕괴 상황 속에서 교회가 담당해야 할 의무가 바로 가족치료와 기독(목회)상담을 통하여 영혼을 치료하고 상처를 회복시키는 것이다. 붕괴되었던 가족이 회복되었을 때 교회의 질적인 성장이 이루어질 수 있을 것이다.

2. 가족치료의 이론적 배경

여러 가지 가족치료 이론 중 한국적인 상황에 가장 맞는 이론은
버지니아 사티어(Virginia Satir)의 경험주의적 가족치료다. 그다음
으로는 단기 치료, 해결 중심 치료 등이 한국적인 상황에 잘 맞으
리라고 생각한다. 왜냐하면 한국의 가족들은 모이면 아무도 말을
꺼내지 않기 때문이다. 내담자 중심 상담이라고 하면 내담자가 말
을 꺼낼 수 있도록 하고 자발적으로 참여하는 것인데 한국인들은
표현 방식이 서양 사람에 비하여 상당히 늦고 수동적이며 자발적
이지 않다. 그래서 비지시적인 것보다는 상담자가 전략적이고 지
도적이며 주도적인 역할을 할 수 있는 그런 상담 형태가 더 적합
하다. 해결 중심 가족치료를 제시한 이유는 이 방법이 한국인들의
'빨리빨리' 성향에 어느 정도 맞기 때문이다. 단기 가족치료는
6~12회에 해결 중심, 문제 중심으로 할 수 있는 치료 방법이기 때
문에 한국인들에게 맞는 치료 모드라고 생각된다.

다음으로는 가족치료의 이론적 배경에 대하여 살펴보도록 하
겠다.

1) 체계 이론

체계 이론(system theory)은 가족치료의 가장 중요한 이론적 배
경으로 가족을 하나의 유기체(organism), 하나의 살아 있는 동물로
본다. 집단상담을 할 때도 그 집단이 하나의 유기체나 살아 있는

동물처럼 소리도 내고 신음도 하는 그런 모습을 볼 수가 있다. 가족도 유기체처럼 무언가 소리를 내고, 움직이며, 드러나지 않은 메시지를 가지고 있다는 것이다. 그리고 가족을 전체로서 본다. 1+1은 2가 아니라 그 이상이다. 이것은 여러 가지가 합쳐지면 단순한 집합이 아니라 그 이상의 것이 나타날 수 있다고 보는 시각이다. 그래서 가족을 열린 체계로 보고 가족을 역동적이고 반응할 수 있는 체계로 본다.

이 이론은 동귀결성(equifinality), 즉 처음은 다르지만 그 귀결한 목적은 같다는 것을 가족에 대한 기본 전제로 갖고 있다. 가족치료를 어떤 목적을 가지고 하게 되면 그 자리에서 어떤 변화가 일어나게 된다. 지금까지는 아버지가 권위적이고 아들이나 딸과 대화하지 못했는데 교육을 시키고 상담을 하면 많이 바뀌게 된다. 상담 상황에서의 변화가 그 가족이 실제로 생활하는 가족체계에 변화를 준다는 것이다. 이런 조그마한 변화가 실제 상황에 변화를 준다는 이론적인 배경을 가지고 있다. 바깥 상황과 상호작용할 수 있고 순환하고 피드백할 수 있는 그런 체계가 바로 가족이라고 보고 있다.

2) 사이버네틱스 이론

가족체계 이론의 또 다른 배경이다. 사이버네틱스 이론(cybernetics theory)은 어떤 정보가 들어가면 무언가 송환, 피드백이 된 다음에 다시 나오게 되는 과정을 말한다. 가족체계 이론의 배경으로서 가족 구성원의 상호작용 패턴에 관심을 갖는다. 가족치료에서는 아버지, 어머니가 대화를 나누면 그 내용보다는 그 대화를 어떻게 받아들이고 어떻게 전달하는지 그 패턴에 관해서 관심을 갖는다. 그래서 이런 열린 체계나 사이버네틱스를 바탕으로 해서 몇 가지 개념을 형성하게 된다. 그중의 하나가 바로 드러난 환자(Identified Patient: I. P.)다. 예를 들어 가출하고 폭력을 사용하던 아이가 상담 상황에 들어 온 경우 그 아이를 바로 I. P.라고 한다. 즉, 가족 전체를 환자라고 보는 것이다. 가족 구조 전체에 문제가 있기 때문에 이 아이가 문제아로 변하였다는 관점이다. 단지 이 아이가 가족 전체 구조의 역기능적이고 곪은 상처를 드러냈을 뿐이지 이 사람만 환자는 아니라는 의미에서 전체가 환자이고 이 아이는 I. P., 즉 드러난 환자라고 한다.

3) 항상성

흔히 예를 들 수 있는 것으로 온도계를 볼 수 있다. 방 안의 적정 온도를 24℃로 맞추어 놓으면, 25℃로 올라가면 난방기가 멈추고 23℃로 내려가면 다시 작동을 시작한다. 이는 항상 똑같은 상태를 유지하려는 속성이다. 가족체계는 모든 구조 중에서 가장 보수적인 체계다. 항상성(homeostasis)을 유지하려고 한다는 것이다.

S교회의 김 집사님은 심한 우울증에 시달리고 있던 분이었다. 이분과 상담하는 과정 중에 남편이 현재 K기업의 이사로, 능력이 있고 엘리트 코스만 밟았던 사람이었음을 알게 되었다. 하지만 이 남편은 성공 지향적인 삶을 살아 왔기 때문에 가정과 부인에 대하여 따뜻한 모습을 보여 주지 못했다. 김 집사님은 그런 남편으로부터 관심을 받을 수 있는 방법을 발견했는데, 놀랍게도 그것은

바로 우울증이었다. 그래서 가족의 역기능인 남편과의 단절을 보
충하고 가족의 기능을 유지하기 위해서, 즉 가족체계의 항상성을
유지하기 위해서 자신이 병리적인 증상을 만들고 있었다. 항상성
의 측면에서 본다면 어떤 가정에 문제 아동이 있다면 그 아동이
그나마 그 가족을 유지하게 하는 희생양으로서의 역할을 한다고
볼 수 있다는 것이다.

3. 가족치료의 역사

가족치료의 역사를 살펴보기로 한다. 첫 번째로 태동기를 들 수
있다. 1950년대에 가족치료가 태동하게 된 동기는 필자가 가출 청
소년 상담소에서 느꼈던 것과 유사한 동기였다. 상담소의 청소년
들이 개인상담을 통하여 분명히 호전되었는데, 가정으로 돌아가면
다시 그 문제가 똑같이 재현되는 것이다. 제2차 세계 대전 이후에
빈곤의 문제, 전쟁에 의한 사람들의 사망, 별거 등으로 인해서 가족
체계에 대한 관심이 높아졌다. 이런 연구 중 드러난 환자(I. P.)를 그
문제를 가진 가족으로부터 떠나게 해서 건전한 환경에 있게 하였
더니 증상이 호전되는 결과가 나타났다. 그리하여 구조와 체계에
대해서 관심을 두게 되었다. 1950년대 이런 관심을 가진 학자 중
초기의 학자가 루드비히 폰 버터란피(Ludwig von Bertalanffy)[1]다.

---

1) L. von Bertalanffy, *General systems theory: Foundation, development, application* (New York: Braziller, 1968).

버터란피는 체계 이론을 바탕으로 폐쇄된 체계와 개방된 체계의 두 가지 체계로 나눈다. 첫 번째는 폐쇄된 체계, 역기능적인 가족이다. 즉, 외부의 환경과 단절된 불투과성의 체계를 바로 폐쇄된 체계라고 말할 수 있다. 외부로부터 아무것도 받아들이려 하지 않는 체계다. 쉬운 예로 가족의 발달 주기를 들 수 있다. 신혼 초에, 그리고 아기가 태어났을 때 가족체계가 외부의 환경에 의해 바뀌게 되면 구성원이 이에 새롭게 적응을 해야 하는데 잘 적응을 하지 못할 경우 커다란 위기가 된다. 특히 첫 아이가 남자아이인 경우 남편들은 경쟁심을 느끼고 부인의 관심이 아이에게만 집중되고 지금까지 자신에게 있었던 관심이 멀어진다는 위기감을 느끼게 된다. 그런 가족 발달 주기 상황에서 나타나는 여러 가지 체계적인 변화의 시기에 잘 적응을 하지 못하게 되면 역기능적인 과정을 겪게 된다. 흔한 예로 고부간의 갈등이 있다. 며느리가 들어왔을 때 아들이 원가족에서 떠나도록 해야 하는데 항상 그 외부의 변화에 반응하지 못하고 닫혀진 체계로 있을 때 그 가족은 폐쇄된 체계로서 역기능적인 모습을 보일 수 있다. 이에 반해 개방 체계는 외부 환경과 가족이 투과성을 띠고 있어서 환경과 서로 에너지를 교환할 수 있는 시스템이다. 버터란피는 가족이 이런 두 체계의 성향을 가질 수 있다고 말하고 있다.

그다음으로 돈 잭슨(Don Jackson)을 들 수 있다. 잭슨은 정신분열증을 가진 환자들에 대한 연구를 했다. 그가 밝혀낸 사실은 정신분열증을 가진 아이들의 부모들은 이중 구속(double binding)적[2] 대화를 한다는 것이다. 부모가 이중적 메시지를 주는 대화를 할 때 아이가 정신분열증에 걸릴 가능성이 훨씬 높다고 한다. 예를 들어, 부모가 이혼한 가족에서 한 달에 한 번 아이가 아버지를 찾아가 하룻밤 자고 오는데, 아이가 "엄마, 나 오늘 저녁에 아빠 집에 가서 놀고 올게."라고 했더니 어머니가 "그래라, 아빠 말씀 잘 듣고. 그런데 네가 거기 가면 엄마는 외로울 거야."라고 대답을 하는 경우가 있다. 여기서 아이에게 아버지에게 가라는 말과 가지 말고 엄마 곁에 있으라는 두 가지 메시지가 한꺼번에 전달된 것을 알 수 있다.

필자가 정신병원에서 상담자로 근무할 때 7병동에 로널드라는 환자가 있었다. 이 환자는 전형적으로 3세대 이론3)에 해당하는 환경을 지니고 있었다. 아버지는 치과 의사, 어머니는 간호사였는데 어머니가 상당히 강력한 성격으로 모든 것을 자신이 다 하려고 하고 아버지는 그저 다소곳이 수동적으로 따라가는 스타일이었다. 주말에 이 어머니가 방문을 하셨다. 로널드가 어머니를 보고 반가워서 긴 복도를 달려가 포옹하려고 했는데 어머니는 차가운 표정으로 서 있을 뿐 함께 포옹해 주지 않았다. 이러한 모습을 보고 로널드는 달려가다가 멈칫하고 섰다. 나중에 가족들이 함께 상담하는 과정에서 밝혀진 사실은 어머니가 그때 매우 섭섭했다는 것이다. 어머니는 자신이 로널드를 사랑하고 돌봐 주고 싶다는 말을 하고 싶었는데 자기도 모르게 자신의 메시지와 몸의 메시지가 다르게 나타났다고 했다. 표현하고 싶었는데 하지 못했던 것이다.

---

2) 이중 구속 대화는 상대방에게 두 가지 다른 차원의 상반된 메시지를 한꺼번에 보내는 것이다.

3) 정신분열증에 걸리기 쉬운 가정 유형은 아버지가 유약하고 어머니는 드세며 할머니는 강력한 영향력을 가진 경우다.

거기에 대해서 로널드는 외부에 표현된 메시지, 즉 냉담한 어머니의 몸짓에만 반응을 한 것이다. 하지만 이 어머니는 그것이 섭섭했다고 한다. 이런 의사소통을 하는 가정에서 정신분열증을 가진 아이들이 많이 나타난다. 가족치료에서는 이런 점들을 해결하고자 많은 이론들을 내세운다. 그중 하나가 '메타커뮤니케이션(metacommunication)'이다. 이것은 이중메시지를 일관된 메시지로 바꿔 주는 것이다. 남편이 "나는 너에게 관심이 있어."라는 메시지를 전해 주는데도 무뚝뚝하게 대하는 아내를 볼 수 있었다. 부부상담 중 어느 부부에게 아이들을 다 떼어 놓고 설악산에 2박 3일 정도 다녀오라고 했다. 그 당시 상담자였던 필자는 부인 따로 남편 따로 개인상담을 하고 그다음에 함께 만나는 공동상담을 진행하였다. 설악산에 가 보라는 제안에 부인과 남편을 따로 만났을 때는 둘 다 가겠다고 했다. 남편은 아주 좋은 아이디어라고 했다. 그런데 부부를 한 소파에 앉혀 놓고 "콘도에 가는 것을 남편분이 한번 제안해 보시겠습니까?"라고 했더니, "선생님께서 한번 가라고 하시는데…… 뭐 가도 되고, 아이들과 함께 갈 수도 있고. 아버지, 어머니랑 같이 가도 되지."라고 했다. 그런데 이렇게 표현하니까 그동안 상담자와 이야기할 때는 상당히 긍정적으로 반응하였던 부인이 그 자리에서는 가지 않겠다고 하였다. 그래서 그때는 가지 못했고 나중에 갔다고 한다.

자기 마음속에 있는 것을 그대로 표현하도록 하는 것, 즉 내 마음속의 언어적인 메시지와 내 행동이 일치하도록 만들어 주는 작업이 메타커뮤니케이션, 다른 말로 메타링귀스틱(metalinguistic)이다. 가족치료적인 마인드를 가지고 목회적 돌봄과 상담에 임할 때

해야 할 작업은 일관되지 않는 메시지를 일관되게 받아들이도록
하는 것이다. 예를 들어 "부인, 남편이 뭐라고 말하는 것 같습니
까?"라고 물었을 때 앞선 사례의 그 부인이 "남편은 별로 나랑 가
고 싶어 하지 않는 것 같아요."라고 말했다. 이번에는 남편에게
"부인이 말하는 것이 맞습니까? 가지 않아도 상관없다는 메시지
를 전했습니까?"라고 물으니 "그건 아닌데요."라는 대답이 나왔
다. 이렇게 하면서 원래 전달하고자 했던 메시지가 나올 수 있도
록 도와주는 것이다.

의사소통 개념 중에 시맨틱스(semantics)와 신택스(syntax)와 프
로그매틱스(progmatics)가 있다. 이 중 시맨틱스는 의미를 추구하
는 의미론이다. 가령 아버지가 말했는데 그것을 어머니가 어떻게
수용했는가, 그리고 아버지가 말을 했는데 아들이 어떻게 수용했
는가라는 의미의 정확성을 물어보는 것이 바로 시맨틱스다. 상담
과정 중에 내담자가 드러낸 내용과 진정한 의미가 어떻게 일치하
는가라는 의미의 정확성을 물어보고 검증하는 과정이다. 신택스
는 패턴이다. 의사소통적인 입장에서 보면 어떤 사람은 꼭 비난적
으로 이야기하는 패턴이 있다. 프로그매틱스는 의사소통의 결과
와 행동을 지적한다. 의사소통을 한 다음에 어떤 행동이 취해졌는
가 그리고 어떤 결과가 나왔는가를 인식시킬 수 있도록 해 주는
것이다. 그래서 가족 상황 속에서 상담자는 가족 간의 시맨틱스와
신택스와 프로그매틱스 이 세 가지 의사소통의 흐름을 파악할 수
있어야 한다.

1960년대는 가족치료의 도약기[4]로 볼 수 있다. 도약기에는
Palo Alto에 설치된 'Mental Research Institute' 그룹을 통해서 도

약하게 된다. 그레고리 베이트슨(Gregory Bateson)이나 잭슨, 사티어 등의 학자들이 모두 이 연구소에서 연구를 하고 각자 나름대로의 노선을 걷게 된다. 여기에서는 가족 상호 간의 관계가 문제점에 어떤 영향을 미치게 되는가에 상당한 관심을 두고 '어린아이가 위궤양과 천식에 걸리는 데 가족관계가 어떤 영향을 미치는가' 라는 연구를 하게 된다. 이런 도약기를 거쳐, 1970년대에 이르러 가족치료는 전성기를 맞게 된다. 전성기에 대한 설명은 각 학파의 이론적 입장과 치료기법을 중심으로 전개하려 한다.

4. 각 학파의 입장과 치료기법

1) 정신분석학적 입장

정신분석학적 입장은 1970년대 가족치료의 전성기에 형성되어 발전하였다. 아이러니컬하게도 가족치료의 전성기는 1970년대, 미국 사회의 가족이 가장 붕괴되고 해체되었던 시기였다. 정신분석학적 입장은 여기서 중요한 위치를 차지하고 있다. 정신분석학적 입장의 가장 기본적인 관점은 각 개인의 성적인 충동, 죄책감, 양심과의 갈등 이런 것들이 가족관계에 영향력을 행사한다는 것이다. 그러므로 정신분석학적인 입장에서는 각 개인의 무의식적

---

4) I. Goldenberg, & H. Goldenberg, *Family Therapy: An Overview* (Boston: Brooks/ Cole Publishing Company, 1996), pp. 93-95.

인 갈등 그리고 여러 가지 양심의 가책들, 죄책감을 드러내는 작업을 하게 한다.

그중에 으뜸인 주창자가 나단 애커먼(Nathan Ackerman)이다. 애커먼 가족치료소(Ackerman Family Institue)는 뉴욕을 중심으로 왕성한 활동을 한다. 애커먼은 가족 역할이 경직되었을 때 그리고 한 개인의 성장이 위축되었을 때 가족에 문제가 생긴다고 이해한다. 가장이 자기 자신 안에 개인적인 문제가 있을 때 또는 한 개인에게 문제가 있을 때 그 문제가 전염(contagion)이 된다고 보는 것이다. 애커먼5)은 가족 전체 구조에서 각자의 역할이 있다고 한다. 가족 중에서 도외시되고 미움을 받는 사람이 희생자(victim)이고, 그 아동을 가해하는 가해자(persecutor)가 있고, 그 아동을 구출해 주고 치유해 주려고 하는 치유자(healer)와 구원자(rescuer)가 있다고 한다. 대체로 가족치료 상담을 요청하는 사람이 치유자와 구원자 역할을 하는 사람이고 그다음이 희생자(victim) 역할을 하는 사람이다. 그래서 애커먼은 가족들을 둘러보고 가장 큰 희생자가 누구인가를 보고 그 희생자 편을 든다. 이러한 제휴를 통해 희생자를 원래 위치로 돌려놓을 수 있도록 한다. 상담자가 가족 간의 끊임없는 무의식적인 갈등을 드러낼 수 있도록 하고 희생양을 도와주는 역할을 하게 된다.

애커먼의 입장에서 본 상담자의 임무6)는 첫 번째가 재교육(reeducation)이다. 건전한 역할을 다시 배울 수 있게 해 준다. 희생

5) N. Ackerman, *The psychodynamics of family life* (New York: Basic Books, 1958).
6) I. Goldenberg, & H. Goldenberg, Op. Cit., p. 116.

자나 가해자의 역할만 하는 것이 아니라 골고루 건전한 역할을 할 수 있도록 재교육을 시킨다. 그다음으로는 재조직(reorganization)인데 이는 건전하게 의사소통을 할 수 있도록 해 준다. 그래서 무의식적인 욕망으로 대화를 하는 것이 아니라 의식적으로 자기의 무의식이 무엇인지를 깨닫고 대화를 하는 그런 의사소통의 변화를 통하여 재조직화를 하게 된다. 그다음에 세 번째는 해소(resolution)다. 각자의 무의식적인 갈등을 가족 상황 그 자체에서 해소하도록 한다. 그래서 다른 가족치료는 모든 가족 구성원을 활용하는데 애커먼은 가족을 배경으로 보고 개인에게 초점을 맞춘다. 가족이라는 상황 속에 한 개인의 무의식적인 갈등이 해소될 때 가족의 문제가 해결된다고 본다. 그래서 의사소통을 통해 역할을 재분할할 수 있도록 한다. 예를 들어 "아버지라는 역할이 당신에게 어떤 의미가 있습니까?" "당신의 딸이 이 문제에 어떻게 대처하기를 원하십니까?"라는 질문을 통해 서로에 대한 역할과 가족의 역할에 대한 기대가 그 자리에서 드러날 수 있도록 해 주는 것이 바로 애커먼의 방법이다.

정신분석학적 입장 중 테오도르 리즈(Theodore Lidz)의 '결혼 왜곡과 결혼 분리'는 중요한 개념이다.[7] 결혼 왜곡이란 한쪽 배우자에 의해서만 지배되는 결혼 상태를 의미한다. 그래서 힘의 균형이 맞지 않는 부부관계 속에서 주로 권력이 약한 배우자가 좋아하는 아이를 강력한 배우자가 미워하고 그 아이는 희생양이 된다. 강력

---

7) 오창순, "정신분석학적 가족치료모델," 『가족치료총론』(이화여자대학교 사회사업학과 편) (서울: 동인, 1995), p. 278.

한 배우자가 한쪽 배우자를 장악하고 점령당한 배우자가 좋아하는 아이를 강력한 배우자가 증오하는 관계, 이것이 결혼 왜곡이다. 부부가 서로 관계를 맺지 못하고 대화가 단절되면 다른 길을 모색한다. 그것이 결혼 분리이고 이때 제3자, 즉 아이를 이용해서 의사소통을 하려고 한다. 이러한 이해를 바탕으로 부부들의 긴장이 있고 '아이가 문제가 있다.' '아이가 지금 상당히 고립되어 있다.' '학교에 가려고 하지 않는다.'라고 할 때 그 아이의 문제가 아니라 그 부모 간의 긴장과 갈등이 그 아이에게 압력(pressure)으로 가해지고 그에 대한 반응으로 그러한 증상이 일어날 수 있음을 이해해야 한다. 이런 부부들은 가족치료에 오면 서로 이야기를 하지 못한다. 직접 이야기를 하지 못하고 꼭 아이를 통해서 메시지를 전달시키거나 치료자에게 말을 해서 항상 삼각관계를 만든다. 그래서 이런 삼각관계에 있는 부부, 가족에게는 탈삼각화(detriangulation)가 필요하다. 아이나 상담자를 통해서 대화하고 메시지를 전하는 관계에서 벗어나 당사자들이 직접 대화할 수 있도록 만들어 주는 중요한 기법이다.

2) 경험주의적 입장

이 입장에서는 지금까지의 상담 이론들이 상당히 이론적이고 이성적이며 통찰에 많은 관심을 두어 왔던 것을 반박한다. 이론을 회피하고 인간의 경험에 강조점을 둔다. 그래서 이 입장은 가족치료 상황에서 가족들이 그 자리에서, 지금—여기에서 경험할 수 있도록 하는 접근이다. 과거가 아니라 지금 현재에 관심을 갖는다.

정신분석학적 입장은 과거의 그림자에 관심을 갖는다. '한 사람의
어린 시절의 무의식적인 갈등이 현재의 가족에게 어떤 영향을 미
치게 되는가'를 연구한다. 그러나 경험주의적 접근은 지금 이곳의
정서적인 경험에 더 관심을 갖는다. 그래서 정신분열증을 이해하
는 데 있어서 경험주의는 성장이 잠시 중단된 것이라고 표현하고
방해되는 것을 제거해 주면 된다고 본다. 이를 역기능을 순기능으
로 바꾸어 주면 된다고 표현하고 있다.

　이 학파의 가장 대표적인 학자가 칼 휘태커(Carl A. Whitaker)다.
휘태커는 가족상담을 통하여 내담자들이 인생의 모순성에 대해서
참을 수 있는 능력을 키워 줘야 한다고, 즉 성장할 수 있도록 도와
줘야 한다고 말한다. 경험주의적 입장에서 성장의 의미는 모순성
과 애매모호성(ambiguity), 부당성들을 참아 낼 수 있는 능력을 키
우는 것이다.8) 그래서 휘태커의 가장 대표적인 기법은 비합리성
의 정신치료(psychotherapy of absurdity),9) 즉 비이성적이고 비합리
적인 방법을 동원하는 것이다. 일명 '피사의 탑 쓰러뜨리기'라고
표현하는데, 기울어져 있는 피사의 탑을 올려 주는 것이 아니라

8) C. A. Whitaker, & D. V. Keith, "Symbolic-experiential family therapy," In A. S.
Gurman, & D. P. Kinskern (Eds.), *Handbook of family therapy* (New York:
Brunner/Mazel, 1981), pp. 190-194.

9) C. A. Whitaker의 예를 들어 보겠다. 내담자: 선생님, 더 이상 제 남편을 못 봐 주겠
어요. 휘태커: 그러면 왜 이혼하지 않으셨나요? 혹 그럼 잠시라도 당신을 아껴 주는
남자 친구 하나 만들어 보지 않으셨어요? 내담자: 그래도 제 남편을 사랑하거든요.
어떻게 그렇게까지 할 수 있어요? 휘태커: 물론이죠. 당신 남편의 사랑을 자극하고
사랑을 증명하기 위해 외도를 하세요. 내담자: 내 아이들도 사랑하는데……. 휘태
커: 그렇다면 아버지가 아이들도 사랑한다는 것을 느끼게 하기 위해 당신이 아이들
을 떠나야 될 거예요. 내담자: 제가 없으면 아이들을 방치할 거예요. 휘태커: 그러면
아버지를 고소해서 당신이 아이들을 사랑하고 있다는 것을 보여 주세요. 내담자: 선

넘어지려고 하는 것을 더 넘어뜨리려고 하면 오뚜기처럼 다시 올라온다는 개념이다.

3) 휴머니스틱 모델

휴머니스틱 모델은 인간잠재력 운동에 기반을 두고 있다. 인간은 성장할 수 있고 인간의 잠재성, 자긍심을 키워 주면 무한히 발전할 수 있는 가능성이 있다고 해서 일명 '씨앗 모델(seed model)'이라고 한다. 모든 사람에게는 씨앗이 있다고 긍정적으로 보고 사랑을 많이 강조한다.[10] 사티어가 이 이론의 주창자로 정서, 경험, 사랑, 긍정적인 감정의 교류와 같은 것을 강조한다. 그래서 휴머니스틱 모델은 긍정적인 자아존중감을 강조하고 중시한다. 사티어는 변화의 3요소를 이렇게 말하고 있다. 먼저 자기 자신이 직접 보고 느껴야 한다는 것이다. 그래서 경험주의와 일맥상통하는 바가 있다. 가족치료 상담 자리에서 아버지가 나에 대하여 어떻게 생각하고 있는지, 그리고 내 아들이 나에 대하여 어떻게 생각하고 있는지 직접 느끼고 인식해야만 진정한 변화가 있을 수 있다는 것이다. 두 번째는 존중을 통한 협상으로 가족들끼리 이런 것들은

생님, 지금 무슨 소리 하시는 거예요. 그런데 무슨 말씀을 하시는지 알겠어요. 쥐새끼 같은 제 남편을 더 이상 봐 줄 수 없는데 일찍 남편 곁을 떠날 수 있었는데 제 남편을 그래도 아직 사랑할 수 있는 무엇이 남아 있나 봐요. I. Goldenberg, & H. Goldenberg, Op. Cit., pp. 141-142.

10) S. Minuchin은 이 방법을 비판하기를 사랑으로만 치료될 수 있는 것이 아니라 구조적인 변혁이 있어야 한다고 하였다. 이러한 비판을 바탕으로 S. Minuchin은 구조적인 변혁, 사회적인 공동체를 강조하는 구조주의로 분파하게 된다.

서로 양보하면서 협상할 수 있는 능력을 가질 때 변화할 수 있다
고 한다. 세 번째로 차이점 인식[11]이다. '진정으로 아버지는 이렇
게 생각하는데 나는 이렇게 생각했구나.'라고 서로 차이점을 그
자리에서 인식시켜 줄 수 있어야 한다. 가족치료자가 권투장에서
합법적으로 싸울 수 있게 하는 심판관의 역할을 하면서 차이점을
인식시켜 줄 수 있을 때에만 변화가 가능하다.

사티어는 여러 가지 대화 유형을 분류한다. 이에는 회유형과 비
난형, 초이상형, 주의산만형, 일관형이 있는데 이 대화의 유형[12]
을 파악하는 것도 가족치료자의 중요한 임무라고 보고 있다.[13] 가
족들이 모였을 때 회유형은 항상 그 사람이 원하는 것을 들어주려
고 하는 일명 아부형이다. 모든 것에 '예'라고 대답하는 것이다.

---

11) 송성자, 『가족과 가족치료』 (서울: 범문사, 1995), p. 323.

12) 예를 한번 들어 보겠다. 아버지가 성적표를 가지고 와서 물어본다. "아니, 얘가 가
정에서 어떤 교육을 받았길래 이런 성적표를 갖고 옵니까?" 그랬더니 어머니가 이
렇게 대답한다. "나로서는 최선을 다했어요. 한계가 있는 것 아니겠어요. 누구 닮았
겠어요. 부전자전이지." 서로를 비난하는 비난형이다. 거기에 대해서 아이는 이렇
게 대답한다. "아버지, 어머니 싸우지 마세요. 제가 더 잘 할게요. 오늘 설거지도 제
가 하고요. 들어가서 공부도 열심히 할게요."라고 말한 후 약속을 지키지 않는다.
회유형의 아이다. 또 이런 대화가 있다. 비난형과 초이성형. 부부관계가 별로 좋지
않다. 그래서 부인이 물어본다. "여보, 요새 당신이 나에게 참 소홀한 것 같아. 결혼
한 지 4, 5년 되니까 옛날 같지 않아. 내가 사랑받고 돌봄을 받는다는 느낌이 없어."
그러니까 남편이 이렇게 말한다. "글쎄, 당신이 생각하는 사랑과 돌봄에 대한 개념
이 내가 생각하는 사랑과 돌봄에 대한 개념과 다른 것 같아. 나는 내 나름대로 한다
고 하는데……. 이 자리에서 토론해 볼까." 초이성형이다. 그다음은 주의산만형의
아이다. 아버지가 학교 성적이 많이 떨어진 아이에게 이렇게 묻는다. "요즈음 학교
성적이 별로 안 좋은데 도서관 한번 다녀 볼래?' 그랬더니 아이가 "아빠, 알았어요.
나 지금 샤워하러 가니까 나중에 얘기해요."

13) 송성자, 『경험적 가족치료: 사티어 이론과 기법』 (서울: 중앙적성출판사, 1996),
pp. 68-82.

그런데 이 모든 대화 유형에 긍정적인 씨앗이 있다고 보는 사티어의 씨앗 모델에 의하면 회유형의 사람들은 상대편을 인정하려는 마음이 더 강하다는 것이다. 그래서 그런 긍정적인 씨앗을 키워 줄 수 있도록 돕는 것이다. 그리고 두 번째, 비난형은 다른 사람들을 공격하는 것이다. 그러나 그 사람들의 기본적인 씨앗은 안에 있는 빈 것을 채우기 위해서 일부러 강하게 보이려는 마음이 있다는 것이다. 세 번째, 초이성형은 항상 모든 것을 이성적으로 대화를 이끌어 나간다. 네 번째, 주의산만형은 일관적이지 못하고 엉뚱하게 대답을 한다. 일관형은 일관성 있게 감정과 같이 어울려서 하는 대화라고 볼 수 있다. 이런 대화의 유형들을 파악하고 서로가 알 수 있도록 도와주는 작업을 해야 한다. 그래서 이런 대화의 유형, 대화의 패턴, 그리고 가족의 규칙이 무엇인지를 깨닫게 하고 서로에게 알려 주어야 한다. 그 규칙 중 하나는 서로에게 감정을 표현하는 방법이다. 아버지는 무뚝뚝하게 감정을 표현할 수도 있다. 그래서 그 방법이 아버지에게는 최선이구나 하는 것을 인식할 수 있도록 해 주어야 한다. 그다음에 거절하거나 반대하는 것을 어떻게 표현하는지도 서로에게 인식시켜 줄 수 있도록 해야 한다.

또 한 가지는 가족 조각(human sculpture)[14]이다. 사티어는 가족이 직접 경험할 수 있도록 해 주는 것을 상담목표로 삼고 있다. 그래서 그 자리에서 직접 느낌을 가질 수 있도록 하고 그 자리에서 차이점이 무엇인지를 인식할 수 있도록 권장한다. 그리고 그 아버지 어머니가 왜 이런 생각, 감정을 가지게 되었는지 직접 느낄 수

---

14) Ibid., pp. 248-252.

있도록 해 준다. 그래서 서로 껴안기도 하고 또 거리로 그 사람과
나의 감정을, 높이로 권위를 상징하는 것으로 지시하고 그다음에
자기 나름대로 가족을 조각하라고 한다. 한 가족 구성원 중 아버
지와 내가 멀리 떨어져 있다고 느끼는 아이가 있다면 아버지를 한
쪽 구석에 처박아 놓고 어머니를 자신 옆에다 둔다. 그리고 없어
지면 좋을 것 같은 동생이 있으면 문 밖으로 나가 있으라고 한다.
그리고 나중에 다 들어와 앉아서 이야기를 한다. "아버님, 이 아이
가 저기 구석에 처박아 두었을 때 기분이 어떠셨어요?" 그리고 동
생에게 "문 밖에 있을 때 느낌이 어땠니?"라고 서로에게 얘기를
하는 것이다. 말만 하는 것보다 조각을 한 다음에 같이 모여서 느
낀 감정에 대하여 이야기를 하면 상당히 효과가 있다. 그리고 그
이야기를 한 다음의 과정은 변하고 싶은 모습대로 다시 한 번 조
각을 하는 것이다. 그래서 그 아이는 어머니를 옆에 놓았듯이 아
버지도 옆에 놓았다. "아버지도 졸업식에도 와 주고 항상 내가 어
려울 때 옆에 있어 주면 좋겠어."라고 기대되는 변화를 이야기한
다. 그리고 문 밖에 있는 동생을 불러들여서 내 앞에 놓고 같이 대
할 수 있도록 기대를 표현하는 것이다. 이것이 바로 가족 조각이
다. 직접 보고 느끼고 차이점을 인식할 수 있도록 해 주는 좋은 방
법이다.

그리고 또 한 가지 기법은 원가족도표[15]다. 교회에서 쉽게 활용
할 수 있는 좋은 기법이다. 내담자의 1대, 2대, 3대까지 거슬러 올
라가며 원가족도표를 그리는 것이다. 원가족도표를 통해 한 가족

---

15) Ibid., pp. 241-244.

의 대화 유형이 누구를 통해 세대를 걸쳐 전해졌는지 알 수 있고 가족과의 관계 유형이 전체적으로 어떤 모습을 가지고 있는지 알 수 있다. 이렇게 자신의 대화 유형이나 인간관계 유형의 뿌리를 알 수 있는 방법으로 원가족도표는 중요한 도구가 될 것이다.

4) 구조주의적 접근

구조주의적 접근의 주창자는 아르헨티나 출신의 살바도르 미누친(Salvador Minuchin)[16]이다. 그는 빈민가에 들어가 상담을 하였다. 빈민가에서 청소년들을 상담하면서 구조적인 변화만이 효과가 있고 근본적인 치료를 해 줄 수 있다는 확신을 갖게 된다. 그는 정상 가족을 외부 환경에 적응하는 데 적극적으로 대응하는 가족이라고 보고 있고 외부 구조에 적응하지 못한 긴장 상태의 가족을 병리적인 가족이라고 보고 있다. 그래서 그는 가족의 구조가 어떻게 되어 있는가에 중점을 둔다. 체계 속에 하위 체계가 어떻게 구성되어 있는가에 관심을 둔다. 하위 체계는 성(性), 세대, 형제로 구성된 체계다. 성으로 구성된 체계는 배우자 하위 체계, 세대로 구성된 체계는 부모 하위 체계, 그리고 형제는 형제 하위 체계로 나뉠 수 있다. 그는 큰 가족의 체계 속에 여러 하부 구조가 있는데 이 하부 구조들의 힘의 균형이 맞아야 한다는 주장을 한다. 그 하부 구조들의 경계선이 명확해야 하는데 각 체계 간의 경계선이

---

16) S. Minuchin, & H. C. Fishman, *Family Therapy Techniques* (Cambridge, MA: Harvard Univ. Press, 1981).

이 학파의 중요한 개념으로 등장한다. 가족도표를 그릴 때 미누친의 접근 방법은 가족들의 경계선에 대하여 명확하게 표시하고 있다. 그는 가족의 하부 구조에 명확한 경계가 있어야 한다고 보고 있다.

전체 가족의 경계선이 불명확하고 혼돈되어 있고 산만해져 있을 때 가족에 문제 아동이 생긴다고 미누친은 보고 있다. 여러 가지 하부 체계 중에서 미누친이 강조하는 가장 강화되어야 할 체계는 바로 부부체계다. 부부체계의 결속력이 강할 때 그 가족이 건강하게 설 수 있다는 것이다. 가족치료를 하는 중에 이 구조가 어떻게 구성되어 있는가를 도표를 작성한 다음에 가장 연약한 구조 체계를 강화시킬 수 있도록 하는 것이 바로 미누친이 추구하는 구조주의적 입장의 가족치료 방법이다.

구조주의에서 추구하는 것은 구조적인 변화다. 그래서 가족체계의 병리적인 구조를 올바른 긍정적인 구조로 변혁시키는 과정을 강조한다. 두 번째로는 명확하고 안정된 경계선을 추구한다. 산만하게 되었거나 경직된 경계선[17]들이 있으면 명확한 체계, '열린 체계'의 가족체계를 만들 수 있도록 진행하는 것이다. '명확하고 안정적인 경계선'을 지향하고 하위 체계의 경계를 명확하게 해 준다는 것이다.[18] 하위 체계 경계선을 분명하게 해 주고 그 하위

---

17) 경계선의 종류를 보기 위해서는 한혜빈, "구조적 가족치료,"『가족치료총론』(이화여대 사회사업학과 편) (서울: 동인, 1995), pp. 150-153을 참조하시오.

18) '마마보이'나 '조숙한 아이(hurried child)'라는 말이 있다. 이혼이나 부부가 위기감이 많은 가정 속에서 아이들이 조숙하게 된다는 것이다. 나이에 맞지 않게 너무 조숙하고 친구들 사이에서도 어른같이 행동해서 애늙은이라고 불리는 그런 모습을

체계 속에서도 가장 중요한 부부체계를 강화할 수 있도록 작업해
야 한다. 미누친이 추구하는 가족치료자의 이상적인 역할은 바로
무대감독자(stage manager)다. 그는 가족이라는 무대에서 가족들
이 각자의 역할을 하는 것으로 보고 잘못된 구조들을 변형시켜 주
는 치료자의 무대감독자로서의 역할을 강조하고 있다.

5) 전략적 접근

전략적 접근에서 중요한 개념은 권력이다. 구조주의는 구조적
인 문제, 의사소통적 입장은 의사소통의 문제, 정신분석학적인 입
장은 개인의 갈등과 무의식적인 죄책감을 중시하지만, 전략적 접
근에서는 권력다툼을 중요한 가족의 문제로 보고 있다. 즉, 가족
의 기능 속에서 권력이 서로 맞지 않을 때 갈등이 생긴다고 본다.
그리고 가족들의 문제와 증상을 다른 가족 구성원을 조종하기 위
한 전략으로 사용한다는 것이다. 가정에서 문제를 겪고 있다면 전
략적 접근 관점에서는 그 증상이 좀 더 유리한 자리를 차지하려는
전략[19]으로 사용된다고 보고 있다.

보이는 아이들이 있다. 구조주의에서는 이런 아이들이 경계선, 즉 부모체계 경계선
이 분명하지 않아서 구조적으로 아이들에게 압력이 가해진 탓에 어른스러워지는
것이라고 이해한다.

19) 전략적 접근 방법에서 용어 중 하나는 '병리적인 삼각관계' 다. 병리적인 삼각관계는
예를 들면 할머니와 그리고 손자 대 어머니 3세대가 결합을 하면 고부간의 갈등 속에
서 할머니와 손자가 하나가 되고 어머니에게 대항하기 위해서 지배적인 할머니가 무
책임한 어머니와 세대 간의 결탁을 통해서 좀 더 나은 위치를 차지하려고 어떤 증상
을 보일 수 있다는 것이다. I. Goldenberg, & H. Goldenberg, Op. Cit., p. 226.

제이 헤일리(Jay Haley)는 세대 간의 결탁, 권력에 관심을 둔다. 그는 의사소통 이론에 행동주의적인 입장을 결부시켜서 이론을 정립하였다. 그는 증상을 상대방을 조종하기 위한 책략 또한 다루려는 전략 그리고 다른 사람을 통제하는 수단으로 정의한다. 그래서 치료자가 해야 할 일은 전략적으로 그 사람이 그 증상을 이용해서 가졌던 긍정적인 이익들을 없애는 것이다. 그래서 더 이상 그 증상을 계속 유지해도 별 볼일 없고 더 이익이 없다는 인식을 할 수 있도록 해 준다. 이 작업을 위해 역설적 개입(paradoxical intervention)[20]을 사용한다. 예를 들어 지배적인 아내가 있다고 하자. 이 아내는 그 가정에서의 권력을 쟁취하려고 한다. 그런 지배적인 아내가 있으면 역설적인 개입에서는 계속 지배적일 수 있도록 해 준다. "다음 주에 오실 때까지 부인께서 남편을 이렇게 부리면 더욱더 희열감을 느낄 수 있는 행동들을 적어도 5개 이상 적어 오십시오."라는 과제를 줄 수 있다.

6) 행동주의적 입장

행동주의적 입장은 최근에 와서 많은 각광을 받고 있다. 해결 중심적 단기 치료와 같이 그리고 정신분석적인 입장과 같이 통합

---

20) 역설적인 개입은 증상을 가지고 통제하려는 전략적 연쇄고리를 끊도록 하는 것이다. (I. Goldenberg, & H. Goldenberg, Op. Cit., p.197) 예를 들어 학교를 가지 않는 아이가 있다. 학교에 가지 않는 아이는 전략적으로 자기의 증상을 이용한다. 이것을 통해서 무언가를 얻는 것이다. 그래서 이 역설적인 개입에서는 그 아이로 하여금 한 달 동안 일부러 학교에 가지 않게 할 수 있다.

되어 많이 활용되는 기법 중의 하나다. 이 중에서 가장 대표적인 학자가 리처드 스튜어트(Richard Stuart)다.

행동주의의 가장 기본적인 전제는 바로 행동이 학습을 통해서 형성된다는 것이다. 파블로프 실험을 통해서 잘 알 수 있지만 좋은 행동을 했을 때 긍정적인 강화(reinforcement)를 해 주면 그 행동이 더 발전된다는 이론이 행동주의 이론이다. 그 이론에 기반을 두고 스튜어트는 성공적인 결혼과 비성공적인 결혼에 관해 말하고 있다. 그는 배우자의 의사교환 중에 긍정적인 강화를 해 주는 빈도가 큰 부부가 성공적인 결혼이라고 정의한다. 서로에게 긍정적인 강화를 해 주어 강화를 받을 수 있는 행동을 하는 것이다. 우리가 사랑을 하면 그것을 촉진하는 호르몬 분비가 일어나는데, 인간이나 모든 동물들이 결혼한 후 1년 동안 분비가 가장 많이 되고 그다음부터는 점점 줄어든다고 한다. 설레고 가슴 떨리는 그런 감정은 아무리 길어 봤자 3년 이상을 못 간다는 것이다. 그래서 대부분 결혼한 지 3년 뒤에 위기를 맞게 된다. 이 생리적인 위기를 뛰어넘어 행복한 결혼생활과 부부생활을 할 수 있도록 해 주는 것이 행동주의 입장에서는 바로 긍정적인 상호교류다. 의사소통을 통해서, 행동을 통해서 긍정적으로 강화해 주고 긍정적인 경험을 서로 제공해 줄 수 있을 때 생물학적으로 호르몬이 분비가 안 된다 하더라도 그 결혼이 성공적으로 지속될 수 있다는 것이다. 의사교환 중에 긍정적인 강화를 해 주는 빈도가 커야 한다. '내가 처갓집에 가서 즐겁게 있어 줄 테니까 나중에 내가 좋아하는 여행을 함께 가 줘.' 식의 대화가 오가는 것이 서로 상호보완적인, 긍정적인 결혼관계다. 스튜어트는 비성공적인 결혼을 강압과 회피와 보복적인 행위가 많은 관계라고 정의하고 가급적이면 상담을 통해서 이런 긍정적인 강화를 해 주는 관계로 의사소통을 이끌 수 있도록 교육하고 부부의 행동을 분석해야 한다고 주장했다.

스튜어트의 부부 검사 목록표[21]는 서로에게 바라는 기대치의 역할, 즉 '아내가 무엇을 해 주었으면 좋겠다.' '남편이 무엇을 해 주었으면 좋겠다.'라는 목록을 정할 수 있는 구조적인 표다. 검사 목록표를 작성하고 그다음 치료 계획을 수립하고 치료 방법에 관해서 부부들에게 설명을 하고 구체적으로 상대방이 나에게 해 주기를 원하는 목록을 8~20개 정도 작성하게 된다. 그리고 정직하고 건설적인 메시지를 교환하고 서로의 행동 변화[22]를 요구한다. 이러한 요구는 추상적인 것이 아니라 구체적으로 달성할 수 있고 해결할 수 있고 수치화할 수 있는 행동 변화를 계약하는 것이다. "당신, 좋은 남편이 되어 주었으면 좋겠어." 이렇게 말하는 것이 아니라 "여보, 주말에 아이들을 네 시간 내지 다섯 시간 돌봐 주면 당신은 나에게 좋은 남편이 될 거야."라고 말하며 구체화하는 것이다. 그렇게 하면 남편은 그 기대를 만족시킨 후 뿌듯한 마음이 생기고 부인도 긍정적으로 남편을 대할 수 있는 계기를 갖게 된다. 이렇게 행동주의 입장에서는 이렇게 구체적이고 달성할 수 있고 수치화할 수 있는 행동 변화를 계약한다. 서로 역할 분담을 하

---

21) R. Stuart, *Helping couples change: A social learning approach to marital therapy* (Champaign, IL: Research Press, 1980), p. 248.

22) 예를 들어, 남편이 아내에게 "당신이 아침에 일찍 일어났으면 좋겠어. 늦게 일어나서 허겁지겁 애들을 챙기지 말고 일찍 일어나서 무언가 인생을 자신이 컨트롤하면서 질질 끌려가지 말고 살면 좋겠어."라고 하는 구체적인 행동 변화 요구다.

기 위하여 관계 규칙을 학습할 수 있는 것이다.

행동주의 기법 중에 또 다른 하나는 '돌보는 날'이다. 날을 정하여 한 가족 구성원을 전적으로 돌보고 관심을 준다. 월요일은 아버지의 날, 화요일은 어머니의 날, 수요일은 누구의 날 이런 식으로 해서 그날에는 그 사람을 돌보고 그 사람의 감정을 다 수용해 주는 것이다. 이런 부부 행동 분석과 돌보는 날 그리고 의사소통 훈련들을 교육시킨다. 계약하고 타협할 수 있고 문제를 해결하도록 훈련을 시킨다는 것이다. 그래서 행동주의 입장에서는 여러 가지 매뉴얼과 의사소통하는 훈련 방법들이 많이 나온다. 전혀 준비 없이 결혼을 하고 부모가 되고 가족이 되는 교인들이 많은데 교회에서 이런 행동주의적인 접근 방법을 사용하여 건강한 부부대화나 신혼부부 교육에 활용할 수 있기를 바란다. 정신분석학적인 입장은 많은 훈련이 필요하지만 행동주의나 해결 중심 기법들은 쉽게 훈련 받고 효과적으로 사용할 수 있으리라고 생각한다.

7) 해결 중심적 입장

요즘 많이 부각되고 있는 가족치료 이론이다. 해결 중심적 단기 가족치료의 기본적인 입장은 모든 문제의 해결책은 존재한다는 것이다. 어떤 양식으로든 문제에는 한 가지 이상의 해결책이 존재한다고 믿고 있다. 그리고 해결책은 그냥 있는 것이 아니라 만들어질 수 있다고 본다. 그래서 김인수는 여러 가지 기법 중에 해결책을 만들 수 있는 기법들을 많이 개발했다. 그중 하나가 '질문기법'이다.[23] 그 질문은 첫 번째가 치료 전과 치료 후에 그리고 지금

과정상의 변화에 관해서 물어보는 것이다. "부군께서는 지금 두 번째 가족치료를 하는데 첫 번째 올 때하고 지금하고 어떤 변화가 있습니까?" "제 생각에는 아내하고 대화가 많이 원활해졌습니다." "그럼 그 변화를 만들게끔 한 것은 무엇인가요?" 이렇게 하면서 변화에 관한 질문을 하면서 자신에게 있었던 긍정적인 해결책들, 그리고 이미 잠재해 있던 능력들을 끌어내는 것이다. 치료면담 전과 비교해서 변화한 것을 질문하는 질문기법이다. 그다음에 두 번째가 '예외질문'이다. 알코올 중독자에게 예외질문을 한다. "술을 마시지 않았을 때가 언제입니까?" 그러면서 "그럼 술을 마시지 않게끔 한 것은 무엇입니까? 그때 상황에 대해서 말씀해 주시겠습니까?"라고 해서 그 사람이 자기 병적인 증상만 고집하고 거기에만 매몰되어 있지 않고 자신의 능력을 깨달을 수 있도록 하는 것이 바로 예외질문이다. 그다음 질문으로 '기적질문'이 있다. 예를 들어 성도에게, "하나님이 이 세상을 다시 한 번 창조하신다면 당신의 가슴을 어떻게 만들기를 원하십니까?"라고 물어보는 것이다. 해결 중심주의의 가족치료자인 스티브 드세이저(Steve de Shazer)는 이런 기적질문을 한다. "내일 아침에 일어났을 때 갑자기 기적이 일어난다면 무슨 변화가 있기를 바랍니까?" "가정에서 자기 자신에게 어떤 일들이 있기를 바랍니까?"[24] 그다음에 '척도질문'이 있다. 추상적으로 막연하게 질문하는 것이 아니라 "부부관계가 최악의 경우가 0이라고 생각하고 그리고 최선의 경

23) I. Kim / 가족치료연구모임 역, 『해결 중심적 단기 가족치료』(서울: 하나의학사, 1993), pp. 110-140.
24) S. de Shazer, *Putting differences to work* (New York: W. W. Norton, 1991), p. 113.

우가 10이라고 생각하면 부인께서는 지금 남편과의 관계가 몇이라고 생각하시죠?" "제 생각엔 한 6 정도 됩니다." "부군은요?" "제 생각엔 3 정도 되는 것 같아요." 이렇게 수치화할 수 있다. 그래서 나중에 종이에 만족도 수치를 막대그래프로 그린다. 그리고 치료면담을 10회 한 다음에 "그때는 6이었는데 지금은 어느 정도 올라갔습니까? 그 올라오게 한 것이 무엇입니까?"라고 구체적으로 문제의 초점을 해결책에 두는 질문을 한다. 병원심방의 경우에 환자들하고 상담할 때에도 기적질문, 예외질문들이 구체적으로 목회적 돌봄을 주는 데 도움을 줄 수 있는 좋은 방법이라고 생각한다. 그다음에 다섯 번째로 대처 방법에 대해 질문한다. 예로 "그렇게 하지 않았는데 그렇게 견딜 수 있었던, 대체할 수 있었던 힘이 무엇이었습니까?" "더 나빠지지 않기 위해서 무엇을 했습니까?" 같은 질문이 있다. 문제가 있는 사람들은 항상 그 문제에만 몰두해 있는데, 그 외의 상황을 살펴볼 수 있도록 해 주는 질문기법이다.

내담자에게 잠재되어 있는 해결 방법을 형성하고 그것을 만들어 가는 과정이 바로 해결 중심 상담이다. 그래서 해결 중심 상담은 뭔가 항상 해결책을 형성하도록 하고 그 해결책을 이미 내담자들이 가지고 있다고 전제하고 들어간다. 보통 6~12회기 동안 해결 문제, 해결할 수 있는 문제에 적용해 들어간다. 무의식은 다루지 않고 지금 여기에서 드러난 문제만 해결되면 그 무의식적인 것들은 함께 해결된다고 보고 있다.

5. 맺는말

가족치료는 집단상담과 같은 맥락에서 더 효율적이다. 가출 청소년 상담소에서 청소년들과 개인적인 상담을 할 때는 변화도 되고 자신의 문제도 해결하고 새롭게 용기를 가져서 다시 한 번 새롭게 인생을 출발하려는 용기를 갖게 되는 것을 보았다. 그런데 그 아이들이 병리적인 구조와 환경의 가정에 다시 들어가게 되면 원래 가지고 있던 문제들이 재발하여 다시 집을 나오는 경우를 많이 볼 수가 있다. 가족치료의 효과성은 개인과 개인이 원래 속했던 그 구조를 함께 치료하는 것에 있다. 문제를 그 문제가 있었던 구조와 상황과 결별된 다른 상황에서 상담하는 것이 아니라 그 환경 그대로 가족, 아버지, 어머니, 심지어는 다세대적으로(multi generational) 할아버지, 할머니까지 함께 상담한다. 그리고 말도 못하는 3개월 된 아기도 함께 데리고 오도록 한다. 그래서 그 문제가 형성된 그 구조를 그대로 재연하여 상담하기 때문에 상당히 효과적이며 치료 효과도 더 빨리 볼 수 있는 효율적인 치료의 형태라고 볼 수 있다.

가족치료는 가족 상호 영향력을 활용할 수 있다는 장점이 있다. 가출하거나 학교폭력에 연관된 아이 때문에 속상해하는 아버지, 어머니, 여동생, 오빠를 예로 들어 보자. 가족치료적인 방법에서는 이 상황이 그대로 상담실에서 재현되기 때문에 가족들이 적극적으로 참여할 수가 있다. 그리고 문제가 되는 그 상황을 그 자리에서 재현할 수 있다. 그래서 그 아이가 다시 어머니, 아버지에게 반항하는데 왜 반항하는지, 어떤 대화가 잘못되었기 때문인지, 그리고 부모가 아이에게 어떻게 대하기에 그렇게 반항적인 태도가 나오는지, 직접 그 자리에서 볼 수 있다. 그래서 가족들의 상호 영향력, 즉 서로 간의 관계와 자원들을 활용할 수 있다.

이렇게 가족의 건강한 면에 중점을 둘 수 있다는 것도 가족치료의 장점이다. 가족치료의 묘미 중에 하나는 모든 가족이 다 병리적이지는 않다는 개념을 가진다는 것이다. 그 가족 중에 올바르게 생각할 수 있는 사람이 있다면 그 건강한 면을 극대화시킬 수 있는 것이 가족치료의 긍정적인 측면이다. 따라서 이런 예방효과와 경제성을 생각할 수 있다. 왜냐하면 한꺼번에 가족을 다 볼 수 있기 때문이다. 한 사람씩 상담을 하는 것보다 여러 사람을 한꺼번에 놓고 하기 때문에 경제적이고, 시간적으로 훨씬 효율적인 형태라고 생각된다.

가족치료는 예방효과도 가지고 있다. 여러 상담사례를 접하면서 느끼게 되는 것 중의 하나는 치료 효과가 느리다는 것이다. 상담과정 중 문제가 재발되기도 하고 전이, 역전이 등의 여러 가지 어려운 문제들이 많이 나타난다. 그래서 문제가 발생한 뒤에 상담하는 것도 중요하지만 가정이 파괴되지 않고 올바로 설 수 있도록 예방적인 차원의 상담 형태가 필요하다. 교회에서 담당해야 할 역할도 바로 이것이다. 신혼부부 교육, 가족관계 모임, 부부대화 증진 방법 등 교회에서 예방적인 교육을 한다면 나중에 문제가 생긴 다음에 치료하는 것보다 시간적으로나 경제적으로나 훨씬 더 효율적일 것이다. 이렇게 건강한 면들을 강조하고 활용하며, 가족상호관계를 충분히 활용하고, 예방적인 차원에서 가족치료와 교육이 교회에서 실시된다면 교회가 현대사회의 위기 속에서 가정을 지키는 등대의 역할을 충분히 감당하리라 생각한다.

토론할 이슈

1. 필자는 가족치료가 얼마나 중요한지 강조하고 있다. 이렇게 중요한 가족치료가 한국 상황에서는 별로 시행되지 않고 있는데, 그 이유는 무엇인가? 그리고 가족치료가 활성화되기 위해서는 어떤 면들이 개선되고 보완되어야 하는가?

2. 가족치료의 여러 접근법 중 자신에게 맞는 이론을 선택하여 어떤 면들이 자신과 잘 맞는지, 어떻게 현장에 적용할 수 있을지에 대하여 설명하시오.

3. 미누친의 경계선 개념을 가지고 한국 기독교 가정을 분석한다면 어떤 경계선으로 설명할 수 있으며 명확한 경계선 구조로 변형하기 위해서는 어떤 변화가 있어야 하는가?

4. 사티어의 가족 조각 기법을 자신의 가족에게 적용해 보시오. 그리고 어떤 모습의 가족인지 그림이나 글로 묘사하고 어떻게 변하고 싶은지 생각해 보시오. 그리고 그 변화를 가지기 위해서는 어떤 것을 수정하고 성장해야 하는가?

5. 어떤 면에서 교회는 가족체계와 비슷한가? 교회의 각 구성원들을 가족체계의 구성원과 비교할 때 어떻게 비교할 수 있는가?

6. 나단 애커먼의 이론을 적용하여 내담자 가족이나 자신의 가족 역할에 대하여 설명해 보시오. 제시한 가족 내에서 희생자, 가해자, 치유자 역할을 누가 하고 있는가?

참고문헌

송성자. 『가족과 가족치료』. 서울: 범문사. 1995.

송성자. 『경험적 가족치료: 사티어 이론과 기법』. 서울: 중앙적성출판사. 1996.

이화여자대학교 사회사업학과 편. 『가족치료총론』. 서울: 동인. 1995.

Ackerman, N. *The psychodynamics of family life*. New York: Basic Books. 1958.

Bertalanffy, L. von. *General systems theory: Foundation, development, application*. New York: Braziller. 1968.

de Shazer, S. *Putting differences to work*. New York: W. W. Norton. 1991.

Goldenberg, I., & Goldenberg. H. *Family Therapy: An Overview*. Boston: Brooks/Cole Publishing Company. 1996.

Minuchin, S., & Fishman, H. C. *Family Therapy Techniques*. Cambridge. MA: Harvard Univ. Press. 1981.

Kim, In Soo / 가족치료연구모임 역. 『해결 중심적 단기 가족치료』. 서울: 하나의학사. 1993.

Stuart, R. *Helping couples change: A Social Learning Approach to Marital Therapy*. Champaign, IL: Research Press. 1980.

Whitaker, C. A., & Keith, D. V. "Symbolic-experiential family therapy," In A. S. Gurman, & A. Kinskern (Eds.), *Handbook of family therapy*. New York: Brunner/Mazel. 1981.

제5장

집단상담 이해와 기독(목회)상담학

한국교회의 상담 현황을 살펴보면 신앙 문제로 개인상담을 하는 경우가 대부분을 차지하고 있다. 건전하게 이루어진 개인상담의 치유력이나 그 영향력은 매우 크다. 그러나 한 개인이 그가 속한 병리적 환경에 다시 돌아갔을 때 그 문제를 발생시키는 영향력에 다시 지배받게 되고 문제가 재발하는 것을 볼 수 있다. 또한 한국사회에서는 개인보다는 각 개인이 속한 환경을 중요시하는데, 이러한 문화적 배경 속에서 개인의 억눌린 한(恨)이 표출되고 그 한(恨)이 공동체에서 인식되는 경험이 필요하다. 자신의 문제를 인정하지 않으려는 내담자에게는 자신의 문제가 집단 상황에서 확연히 드러나도록 도와주는 집단의 환경과 문제가 노출된 뒤 그 문제를 직접 치료하고 교정할 수 있는 즉각적인

치료 효과를 제공해 주는 집단상담의 방식이 더욱 효과적이라 볼
수 있다. 상담이 내담자로 하여금 자신의 문제를 인식하도록 하고
책임감을 갖게 하여 변화를 추구할 수 있도록 희망을 주는 것이라
한다면, 집단상담이란 한 개인의 문제를 드러내어 인식시킬 뿐만
아니라 그 문제를 집단에서 다루면서 변화시킬 수 있는 치료의 형
태다. 그러나 지금까지 교회에서는 본래 가지고 있는 특수한 자원
인 소집단을 치료적으로 활용하지 못하였다.

성경공부 소집단이나 구역 소집단, 각 직능별 소집단 등이 있는
데 이 집단들에 치료적인 면들을 첨가하여 문제를 치료할 수 있도
록 하거나 문제가 사전에 예방되도록 한다면 집단상담은 중요한
예방적 치료의 형태(preventive therapeutic framework)가 되리라 본
다. 이 장에서는 교회가 가지고 있는 기존의 집단들을 활용하여
치료 공동체를 형성하기 위해서 필요한 집단상담의 이론적 배경
과 실존주의에 입각한 어빈 얄롬(Irvin Yalom)의 집단치료와 상담
이론을 소개하려고 한다.

1. 이론적 배경

1) 집단상담의 발달

집단에 대한 관심은 제2차 세계 대전과 함께 고조되었다. 자신
의 나라와 그 나라를 지키는 군대라는 집단에서 한 개인이 여러
크기의 집단에 들어가 살아야 하는 조건이 형성되었고 그 집단의

사기가 그 나라의 존폐와 주권과 관련이 있기 때문에 집단의 역학에 관심을 많이 두게 되었다.

그에 앞서 1907년 조셉 허시 프랫(Joseph Hersey Pratt)은 보스턴에서 그의 결핵환자들을 질병의 여러 증상에 따라 나눔으로써 치료 효과를 본 것에 착안하여 집단상담과 치료를 결핵환자에게 적용하였다. 알프레드 아들러(Alfred Adler)는 프로이트와는 달리 사회와 환경이 정신병을 일으키는 요인이라고 보면서 특정 사회 상황과 환경을 조성하여서 감정적인 문제를 풀어 주는 치료 공동체(therapeutic community)를 제안했다.[1] 이들의 중요한 발견은 문제가 있는 사람들이 함께 모여 자신의 문제를 나누면서 자신만 그 문제로 고민하는 것이 아니라 다른 사람도 그 문제로 같은 짐을 지고 있다는 인식을 하게 됨으로써 자신의 문제를 객관적으로 보게 된다는 것이다. 이는 집단상담에서 보편성(universality)으로 알려져 있으며 집단치료의 중요한 요소가 된다. 문제를 함께 나누는 것 자체가 치료적인 것이다.

월프레드 트로터(Wilfred Trotter)는 무리본능(herd instinct)에 대한 연구를 통해 인간에게는 모이는 본능이 있고 개인과 집단의 생존을 위한 다양한 기능을 개발하면 이 성향은 진화된다고 주장한다. 커트 레빈(Kurt Lewin)은 지형학적 및 장 이론(field theory) 접근 방식에 의거하여 동물이 자기 영역을 차지하려는 것처럼 집단의 한 개인은 자신의 영역을 위해 투쟁한다고 본다. 집단 상황은 개

---

1) J. Anthony, "History of Group Psychotherapy," In H. I. Kaplan, & B. J. Sadock (Eds.), *Comprehensive Group Psychotherapy* (Baltimore: The Williams & Wilkins Company, 1971), pp. 5-6.

인에게 희생을 요구하고, 그의 공간에 제한을 둔다. 이런 것은 집단에서 긴장을 일으키게 되는데 잘 조직화된 집단에서는 긴장이 잘 분배되어 의사소통이 자연스럽게 된다는 것이다.[2] 집단이 조직화가 잘 되고 상담 상황에서 구조화가 잘 되면 집단에서 개인은 덜 방어적이고 비밀을 간직하거나 고립할 필요가 없다고 인식하여 외교적이거나 정치적인 면을 고려한 활동을 하는 것이 아니라 느낌 그대로 존중하여 표현하는 즉흥성(spontaneity), 직접성(immediacy)을 띠게 된다. 이렇게 발달된 집단치료의 형태는 참만남집단(encounter group), 지지집단, 비행청소년 예방치료집단, 알코올 중독자 모임, 그리고 사이코드라마 등 다양한 형태로 발전된다. 이 장에서 관심을 가지는 집단상담 형태는 정신분석학적인 입장의 집단상담 유형인데 이 방법은 현재성(contemporaneity)을 강조하여 집단원들과의 관계와 역동성에 대해 관심을 갖는다. 이러한 방법을 통해 집단의 소리와 과정, 역동을 파악하는 지도자·상담자는 원래 인간의 공동체적 성향과 집단 안에서의 인간 개인의 요구와 바람을 앎으로써 집단원들과 함께 공감할 수 있는 지도력을 가질 수 있을 것이다.

2) 집단에 대한 이해

무엇이 집단을 구성하는가?라는 질문을 두고 집단을 다르게 이해하는 이론가들이 나오게 된다. 첫 번째로 프로이트학파를 들 수

---

2) Ibid., p. 11.

있는데 프로이트는 집단심리와 개인심리를 연결한 최초의 학자
다. 그는 무엇이 집단인가, 집단이 개인의 정신세계에 어떻게 강
력한 영향을 끼치는가, 개인의 정신세계에 집단은 어떤 변화를 가
져다 줄 수 있는가를 질문하였다. 그래서 그는 단지 사람이 모인
것만이 집단이 아니라 어떤 조건이 있어야 하는데, 그중에서도 가
장 중요한 것을 리더십의 형성(development of leadership)이라고
보았다. 인간은 '지도자에 의해 모아지는(Horde animal)' 본능을
가지고 있다. 그는 책 『Totem and Tabou』3)에서 인간은 집단 경험
(가족)을 통해서 정서와 감정을 다음 세대에 전달한다고 밝히고 있
다. 그는 집단을 분류4)하는 데 있어서 가장 중요한 것은 지도자의
역할이라고 본다. 집단이 형성되는 데는 집단 구성원이 지도자와
동화하려는 동일화 작용(mechanism of identification)이 있어야 하
며, 이 작용을 통해 지도자는 대리부(father surrogate)의 역할을 하
고 집단원들이 지도자와 가지는 동일화 작용을 통해 구성원과의
관계도 맺는다. 집단 형성 요소 중에 공감(empathy)을 빼놓을 수
없다. 이 공감을 통해 집단 구성원은 서로를 통해 집단생활을 경
험할 수 있다. 집단 상호 간의 모방, 관련성, 공동목표, 상호관심
등은 집단을 형성하게 하는 요소다.5)

---

3) S. Freud / 김종엽 역, 『토템과 타부』(서울: 문예마당, 1995).
4) S. Freud는 집단을 다음과 같이 분류한다: 일시적 집단(transient group)과 지속적 집
   단(permanent group), 동형집단(homogeneous group)과 이형집단(heterogeneous
   group), 자연발생적 집단(natural group)과 인위적 집단(artificial group), 조직적 집
   단(organized group)과 비조직적 집단(unorganized group), 영도된 집단(leadered
   group)과 비영도된 집단(leaderless group). Ibid., p. 8.
5) J. Anthony, Op. Cit., p. 8.

프로이트의 집단에 대한 이해는 교회의 조직과 목회자와 성도와의 관계를 이해하는 데 큰 도움을 제공한다. 신앙 공동체로서 회중은 지도자를 중심으로 모여서 그 지도자에게 의존하려는 욕구를 가지고 역동을 형성한다. 집단원들은 지도자와 동일화하려 하고 그 지도자를 자신의 이상화된(ego ideal) 모습으로 보며[6] 지도자가 대리부의 역할을 할 것을 무의식적이든 의식적이든 기대한다. 지도자에게 자기 자신을 복종시키려는 욕망이다. 이러한 욕구가 충족되지 않을 때는 그 지도자에게 반발하게 되고 갈등 상황을 초래한다. 이러한 해석은 한국교회에서 담임목사가 오랫동안 교회를 비워 두지 못하는 현실에 적용해 볼 수 있다. 지도자의 부재 시 구성원 간에 통합된 관계를 맺는 노력을 포기하고, 지시를 따르지 않고, 자기 자신에만 관심을 두고, 이유 없는 불안에 휩싸인다. 이 공포 기간(panic period)에는 지금까지의 잠재해 있던 갈등들이 나타나고 원시적인 충동과 집단의 유아기적인 욕망들이 분출된다.

프로이트는 집단을 유아기적이며 충동적이라고 이해하며, 이런 유아기적 충동이 드러나지 않도록 하는 지도자의 지도력을 중시한다. 이러한 맥락에서 구스타브 르봉(Gustave Le Bon)은 집단에서 개인이 자신의 소중한 것을 희생한다는 것을 지적한다. 이러한 사람은 암시에 걸리기 쉽고(suggestible) 집단원들의 감정들에 전염(contagion)되기 쉽다는 것을 지적한다. 집단은 유아기적, 원시적 충동에 의해 행동하는 특성을 가지고 있고 비합리적, 무관용성,

---

6) S. Freud는 이 과정을 '자기애적(narcissism) 성향' 으로 이해한다.

통제되지 않음, 권위를 행사하는 압도적인 힘에 복종하려는 속성
이 있다. 집단은 지도자를 없애려고 하는 살인적인 분노를 가지고
있고 그 충동을 억제하려고 도리어 지도자와 자신들을 동일시하려
는 속성을 가지고 있다. 이와 같은 맥락에서 윌리엄 맥두걸(William
McDougall)은 집단 안의 모순들의 원인을 조직(organization)에서 찾
는다. 비조직화된 집단은 감정적인 모습, 충동성, 폭력성, 비일관
성, 암시성, 무책임성, 변덕성, 우유부단성 등의 특징이 있는데 르
봉이 말한 감정의 감염(contagion)을 맥두걸은 '원시적 동감적 반
응(primitive sympathetic response)' 7)이라고 표현한다. 개인이 속한
연결망(network)과 그 과정을 치료하여 인간의 정신 문제를 대인
관계의 문제로 이해한 지그문트 하인즈 푹스(Sigmund Heinz
Foulkes)는 과정(process)과 역동(dynamics)에 관심을 갖는다. 개인
은 개인이 속한 집단의 병리적인 부분을 표현하고 나타낸다. 지도
자는 집단의 상호교류의 유형을 파악하고 드러난 것과 드러나지
않은 잠재적인 것을 밝혀내는 데 관심을 가지고 한 개인의 행동이
집단 안에서는 어떻게 변경되고 변화되는가를 주목한다. 집단에
서 일어나는 전이와 저항은 집단원들을 치료하는 데 중요한 수단
이 된다. 이러한 저항과 전이를 이용, 해석할 수 있는 능력을 지도
자가 갖추고 있어야 한다. 휘태커와 데이비드 리버먼(David

---

7) 이 원시적 동감적 반응을 막는 요소로서 W. McDougall은 다섯 가지를 제안한다: ①
   집단의 연속성(Group continuity), ② 집단관계의 체계(system of group
   relationships), ③ 집단 간의 경쟁 자극(stimulus of intergroup rivalries), ④ 전통의
   발전(development of traditions), ⑤ 집단의 기능의 분화와 전문화(differentiation
   and specialization of functions). Ibid., p. 8.

Lieberman)은 집단이 성숙함에 따라 무의식적인 반응을 충동 혹은 바람과 두려움8)으로 표현하고 이때 개인이 과거에 겪었던 갈등들을 기억하고 그때 반응했던 수단을 동원하는 것을 지적한다. 한 개인이 잘못된 수단을 사용함으로써 자신을 보호하려고 할 때 집단이 도울 수 있다. 지도자는 집단이 어느 정도까지 불안을 견딜 수 있을지 판단해야 한다. 그래서 집단이 원하는 바, 두려워하는 바가 무엇인가, 그것을 해결하기 위해 집단원들이 어떤 방법을 동원하는가 파악하여 그들의 두려움에 현실적으로 대처하도록 하고 새로운 가능성을 열어 주어야 한다.9)

집단의 잠재적 소리와 무의식적 소리를 경청하려는 노력은 윌프레드 비온(Wilfred Bion)에게로 이어진다. 그는 집단 전체를 향해 해석을 하고 집단의 잠재적 수준(latent level)과 현시된 수준(manifested level)을 분리하여 집단이 지도자의 부재 시 어떤 내적 긴장을 가지고 어떻게 해결하는가에 관심을 둔다. 특히 비온은 집단의 전이를 이해하는 데 큰 공헌을 하였다. 그는 집단이 기본적인 욕구를 충족시키기 위해 모인다고 전제한다. 집단은 지도자를 찾고 선정하여 그 지도자에게 의존하고, 그가 자신의 성적 대상을 찾고, 위험이 도사릴 때 싸워야 할 것인지, 도망쳐야 할 것이지 안내해 주기를 기대한다. 집단은 첫째로 의존(dependency)하고자 하는 욕구가 있어서 집단원은 무기력하며, 무지하고 미성숙한 것처

---

8) 집단은 항상 충동 혹은 바람(disturbing motive)과 두려움(reactive motive)을 가진다. 집단은 이것을 해결하기 위해 바람의 한 부분이 실현(enabling)되거나 어떤 바람도 충족되지 못하게(restrictive) 하여 어떤 불안도 경험하지 않으려고 한다.

9) J. Anthony, Op. Cit., pp. 5-16.

럼 행동하고 지도자는 마치 전지전능한 것처럼 대한다. 두 번째
욕구는 투쟁/도망(fight/flight) 욕구다. 집단원은 평상시의 이성적
이고 합리적인 면을 잃어버리고 인내하는 능력을 상실하여 싸우
거나 침묵과 철수(withdrawal)로 반응한다. 세 번째 집단의 욕구
는 짝 지으려는(pairing) 욕구다. 집단 안에서 하부 집단이 형성되
어 하부 집단 간에 갈등과 경쟁이 생기는 것은 이 욕구에 의한 것
이다.

　지금까지 살펴본 집단 이해는 집단원들의 무의식적인 계획과
원시적인 욕구를 충족하기 위해서 집단에서 행동을 하는데 주로
그 행동들을 이해하는 지도자의 역할을 강조한 것이었다. 그러나
이제는 집단의 욕구와 필요를 파악하며 집단의 흐름과 역동을 충
분히 이해하고 집단원들의 문제를 집단 내부의 자원을 활용하여
치료하는 상담방법의 경향 중에서도 얄롬의 집단상담방법을 구체
적으로 알아보려 한다.

2. 얄롬의 집단상담 접근 및 이해

1) 대인관계와 실존적 요소

　얄롬은 정신과 의사로 실존주의 심리학을 정신치료에 적용하여
집단정신치료에 큰 공헌을 하였다. 그는 해리 스택 설리번(Harry
Stack Sullivan, 1953)[10]의 입장에 영향을 받아서 정신병리는 대인관
계에서 일어나는 지각 왜곡(perceptual distortion)에 의해 발생한다

고 전제한다. 또한 그는 롤로 메이(Rollo May)와 빅터 프랭클(Victor Frankl)의 실존주의 심리학의 영향을 받아 의지적인 선택을 통해 변화하는 능력을 가지는 책임성과 실존적 요인(무의미성, 고립감, 죽음, 자유)[11]을 중요한 치료적 요소로 본다.[12]

그는 프로이트의 충동 이론을 비판함으로 자신의 이론을 정립한다. 이런 면에서 그는 신프로이트학파에 속한다고 할 수 있다. 프로이트가 개인은 성적 충동을 통제하는 과정 중에 불안을 조성하고 그것에 대한 방어기제를 사용하여 대응한다고 보는 반면 얄롬은 앞에서 언급한 실존적 요인들에 인간이 직면함으로써 불안을 야기하고 그것에 대한 방어기제를 사용한다고 주장한다. 얄롬은 실존적인 요인 중 죽음에 관한 공포는 분리와 고립에 대한 공포의 상징적 표현으로서 전통 치료 과정 중에 도외시되었다고 지적한다.

2) 소우주인 집단 환경

얄롬은 집단 상황 자체를 대인관계의 소우주(social microcosm)라 본다. 집단 내에서 충분한 시간이 주어지면 집단 구성원은 자신의 모습을 보기 시작한다. 자신이 살아왔던 양태, 타인과의 관계 유형이 집단 상황에서 재현된다. 얄롬에 의하면 미시사회의 개

---

10) H. S. Sullivan, *The Interpersonal Theory of Psychiatry* (New York: W. W. Norton, 1953).
11) 이 네 가지의 실존적 요소에 직면할 때 개인적인 병리가 생긴다.
12) I. Yalom, *Existential Psychotherapy* (New York: Basic Books, 1980), pp. 8-10.

넘은 상호 지향적이다. 집단 밖에서의 행동들이 집단 안에서 나타
날 뿐 아니라, 집단에서 배운 행동은 결국 환자의 사회적 환경으
로 옮겨 가며, 집단 밖에서의 대인관계 행동에 영향을 미친다.[13]
따라서 소우주인 집단 안에서의 대인관계의 변화와 새로운 학습
이 집단상담의 목표로 설정된다.

3) 지금-여기 접근 방법

소우주로서의 집단 환경에서 얄롬은 지금-여기(Here and Now)
에서 펼쳐지는 집단 구성원 간의 상호교류가 구성원의 바깥 세계
에서 교류되는 인간관계를 반영한다고 전제하고 지금-여기에서
벌어지는 관계역동에 중점을 두고, 지금-여기에서 관찰될 수 있
는 인간교류와 관계에 초점을 둔다. 그러므로 집단 상황에서 치료
자는 지금-여기에서 구성원 간의 대인관계 역동성을 촉진시킨다.
그리고 지도자는 이 역동성 속에서 구성원이 자신의 역할과 그 역
동성에 자신이 어떻게 기여했는가 성찰하도록 도와준다.

구성원의 스타일, 토론의 본질이 참석자들의 대인관계에 대하
여 무엇을 말해 주고 있는가에 관한[14] 끊임없는 질문을 지도자,
구성원 모두가 하게끔 한다. 이 과정을 그는 자기반추의 선회활동

---

13) I. Yalom / 최해림, 장성숙 역, 『집단정신치료의 이론과 실제』 (서울: 하나의학사,
    1993), p. 51.
14) Ibid., p. 147.

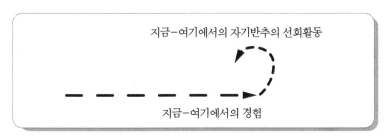

[그림 5-1] 자기반추의 고리(self-reflective loop)[15]

(self-reflective loop)[16]이라 하는데 이것은 집단에서 상호교류를 하고 그 과정을 재성찰해 보고 배우는 과정이다.

이 과정에서는 과거의 역사나 감정을 파악하는 내용(content) 중심보다는 현재의 감정과 교류 과정(process)을 더 중요하게 여긴다. 지금-여기의 단계에서 최초의 작업은 활성화 단계로서 치료자가 집단을 지금-여기로 움직이는 일이며 두 번째 단계는 과정 조명(process illumination)으로 과정 자체에 대해서 언급하며 반추하는 것이다.[17] 이에 대해 얄롬은 지도자가 과정에 대한 인식을 가져야 하며 집단의 긴장, 일차적 과업과 이차적 만족, 치료자의 느낌을 파악하고 구성원이 과정 지향적으로 되도록 도우며, 구성원이 과정 조명 언급을 수용하도록 돕는 작업을 해야 한다고 지적한다.[18]

---

15) Ibid., p. 146.
16) O. Kernberg는 이 과정을 metacommunication이라 칭한다. 즉, 대화나 의사소통에 대한 의사소통이다. 단순히 전하는 메시지의 내용이 아니라 의사소통하는 상호작용에 있어서 관계의 본질에 대한 메시지를 파악하려는 시도다.
17) Ibid., pp. 156-157.
18) Ibid., pp. 168-182.

얄롬은 지금까지의 집단치료에 있어서 지도자의 역할 정도에 대한 논란을 감지하고 있다. 분석적 입장에서의 지도자의 역할은 개입의 최소화를 통해 집단으로 하여금 전이와 불안을 느끼게 하여 그것에 대한 반응을 분석하는 것이다. 이와는 다른 면의 접근 방법이 인지-행동적 치료 접근 방법이다. 치료자는 적극적으로 개입하여 교육자, 안내자, 교정자로서의 역할을 한다. 이러한 양극의 접근 방법에 대해 얄롬은 "집단치료자는 치료의 중심이 아니라 집단의 산파다. 치료 과정을 진행해 나가고 치료자의 주장을 고집함으로 그 과정에 방해가 되어서는 안 된다."[19]라고 제안함으로 중도적인 입장을 취한다. 여기서의 지도자는 때로는 문지기처럼 적극적으로 개입하여 집단이 제 코스를 가도록 안내하지만 때로는 가만히 내버려 두는 성향을 가지고 있다. 얄롬은 주로 침묵하면서 집단 구성원의 불안을 일으키며 그것에 대한 적절한 반응을 한다.

4) 집단전이

상담과정 중 전이는 그 해석을 통해 상담과정을 촉진시키는 역할을 할 수도 있지만 그 반대로 치료 과정을 방해하는 요소로 작용할 수도 있다. 개인상담뿐만 아니라 집단 환경에서도 이런 전이 현상은 두드러지게 나타난다. 얄롬은 집단에서의 전이[20] 문제를

---

19) Ibid., p. 236.
20) Ibid., p. 211. 치료자를 향한 환자의 마음 상태이며 환자의 인생에서 이전의 인물들로 부터 유래된 느낌과 생각 등을 치료자에게 전위(전치)시킴으로써 발생된다는 것이다.

여섯 가지 측면에서 다룬다. 첫째 전이는 항상 존재하는 현상이고 집단 개방의 본질에 결정적인 영향을 준다. 둘째, 전이에 대한 인식 없이는 집단의 과정을 이해하지 못한다. 셋째, 전이에 대한 중요성을 무시하고 집단치료에 임하면 어떤 교류나 갈등을 오해할 수 있다. 그렇다고 단지 모든 집단 관계를 전이의 측면에서만 보면 실패한다. 넷째, 치료를 전이 왜곡의 해결로 생각하고 치료받는 내담자들도 있다. 다섯째, 치료자를 향한 모든 태도가 전이에 기초한 것은 아니다. 여섯째, 치료자에게 향하는 비합리적인 태도를 치료적으로 유리하게 사용할 수 있다.[21]

집단의 전이 중 가장 강한 것은 치료자의 총애자가 되려는 욕구다. 집단원은 누가 지도자의 총애자가 될 것인가라는 질문을 끊임없이 던진다. 얄롬은 "지도자를 단독으로 독점하고픈 열망과 더불어 계속해서 일어나는 질투심과 욕심은 모든 집단의 하부 구조에 깊이 감추어져 있다."[22]라고 말함으로 지도자에 대한 집단 구성원의 의존욕구가 전이 현상으로 나타나는 것을 지적하고 있다. 얄롬은 그러므로 집단의 안정성을 위해서 지도자는 총애자를 두지 말아야 한다고 제시한다.[23]

집단전이는 집단의 지도자에게 초인간적인 능력을 부여하여 자신들의 생각이나 말보다 지도자의 말이 더 현명하고 무게가 있다고 본다. 치료자의 실수들도 집단의 이익을 위해 일부러 조성된 것으로 생각한다. 구성원은 치료자의 해석에 신비적인 요소가 있

---

21) Ibid., pp. 212-213.
22) Ibid., p. 217.
23) Ibid., p. 215.

다고 믿는다. 그리고 치료자의 실수, 혼돈, 약점도 치료의 테크닉
중 하나라고 본다.

얄롬은 치료자가 집단에 대해 책임감을 지는 한 전이 발생은 막
을 수 없다고 한다. 그러므로 전이의 발생을 막는 것이 아니라 전
이의 해결을 치료자의 과업으로 제시한다. 전이의 해결에 대하여
얄롬은 두 가지 접근을 제시한다. 집단원이 치료자에게 가지는 인
상과 느낌을 다른 구성원과 확인하는 '합의적 확인'과 치료자 자
신을 개방함으로써 집단 구성원이 치료자에 대한 느낌을 확인하
게 하는 '치료자의 투명성'이다.[24]

치료자와 집단원의 관계에서 생겨난 전이의 해결에 있어 치료
자의 투명성은 집단에서 지도자의 위치를 탈중심화함으로써 집단
의 자율성과 응집력 향상을 촉진한다.[25] 문제는 치료자의 투명성
정도인데, 상담 초기에는 별로 도움이 되지 않으나 집단이 성숙함
에 따라 치료자의 개방과 투명성은 집단 구성원의 개방성을 촉진
시켜서 집단의 응집력을 더 발전시킨다.

5) 치료요소

얄롬은 집단상담에 다음과 같은 열한 가지 치료요소[26]를 제시
한다.

---

24) Ibid., p. 221.
25) Ibid., p. 226.
26) Ibid., pp. 77-119.

(1) 희망의 고취

다른 구성원이 호전되고, 문제를 해결하는 능력을 획득하는 모습들을 지켜보면서 구성원들은 자신도 그렇게 될 수 있다는 희망을 가지게 된다.

(2) 보편성

한 구성원이 자신이 경험한 문제를 혼자 해결해야 한다는 고립감과 무력감에서 벗어나, 치료집단의 다른 구성원도 자신과 같은 문제를 가지고 있음을 알고 안도감을 가지게 된다. 이 요소는 자기개방성의 워밍업 작용으로 중요한 역할을 한다.

(3) 정보 전달

인생 문제를 먼저 겪은 다른 구성원을 통해 문제를 해결할 수 있는 실질적인 정보를 얻을 수 있고, 안전한 환경이 조성된다면 다른 환경에서 받은 충고나 교훈보다 더 쉽게 수용될 수 있다.

(4) 이타심

구성원들이 서로에게 도움을 주고받는데 자신이 타인에게 무엇인가 도움을 주고 의미 있는 존재가 된다는 것이 자신감 형성과 변화하려는 의지를 강화하는 데 큰 도움이 된다.

(5) 일차 가족집단 경험의 교정적 반복 발달

구성원 대부분은 자신의 일차적 가족집단에서의 불행한 기억과 경험들을 가지고 온다. 집단 상황에서 지도자는 아버지와 어머니

의 역할을 수행하고 구성원들은 형제와 자매의 기능을 담당하면
서 일차 가족에서 겪었던 경험들을 반복한다. 이 과정 중에 치료
자는 집단원의 감정적 갈등을 파악하여 그것이 교정되도록 노력
해야 한다.

(6) 사회화 기술의 발달

집단은 자신의 통찰과 변화하고자 하는 의지를 실험해 볼 수 있
는 좋은 공간이다. 왜냐하면 자신의 대인관계의 문제점을 직접 실
험하고 검증할 수 있는 환경이 조성되었기 때문이다. 예를 들어
자신이 타인의 귀에 대고 속삭이는 행동이 어떤 영향을 미치는지,
어떤 것이 구성원이 사회활동을 하는 데 방해 요소가 되어 왔는지
를 파악할 수 있는 기회를 제공해 준다.

(7) 모방 행동

자신의 문제와 비슷한 문제를 가진 구성원의 치료 과정과 그 과
정 중에 구성원이 행했던 방법과 노력들을 보고 배움으로써 자신
의 문제 해결에 동원하여 사용하게 한다.

(8) 대인 학습

대인관계가 정신병리의 발생에 중요한 영향을 준다는 얄롬의
전제에서는 일반적으로 나타나는 정신과적 증상은 대인관계적 병
리로 해석된다.[27] 우울하여 자살을 시도하는 사람은 분노를 긍정

---

27) S. Vinogradov, & I. Yalom / 박민철 역, 『간추린 집단정신치료』 (서울: 하나의학
   사, 1990), p. 40.

적으로 표현하지 못하고 그 분노를 자기 자신에게 병적으로 표출하는 것이기 때문에 대인관계에 있어서도 분노를 어떻게 표현하는지 자신을 돌아보는 교정적 정서 체험을 하도록 한다.

(9) 집단응집력

얄롬은 집단응집력[28]을 치료요소 중 가장 중요한 것으로 간주한다. 치료자의 따뜻함과 집단의 응집력은 정비례 관계에 있다는 연구 결과를 제시하기는 하지만 얄롬은 응집력 향상 과정에 있어 치료자의 역할을 언급하지는 않았다.

(10) 정화

자신의 문제를 바깥 세계에 털어놓음으로써 감정정화를 통하여 문제의 심각성과 절망감이 줄어들게 된다. 감정정화를 통해 구성원이 그 경험을 처음에는 집단 상황에서, 다음에는 자신의 일반 생활에서 통합하도록 진행해야 한다.[29]

(11) 실존적 요인

인간 문제의 중요한 갈등들이 죽음, 소외, 자유, 무의미함과 대면할 때 생김을 인식하는 것이다. 사별집단이나 임종환자집단에 있어서 이 실존적인 요소는 중요한 역할을 한다. 인생의 궁극적 책임은 자신에게 있다는 책임적 자아의 확립이 주요 치료 목표다.

---

28) Ibid., p. 75. I. Yalom은 응집력을 집단원들이 그들의 집단과 집단의 다른 집단원들에게 갖는 매력으로 정의한다.
29) Ibid., p. 34.

이런 책임적 자아는 한계에도 불구하고 용기와 진실함으로 그 한계를 받아들이는 존재다.[30]

3. 집단상담의 절차

1) 초기 단계

초기 단계는 많은 기술이 요구되며 주도적인 초기의 개입은 집단을 효과적으로 만들 수 있다. 초기에 오리엔테이션이 잘 되어야 한다. 이 단계는 주저하는 참여, 의미의 추구, 의존성으로 특징지어진다.[31] 집단에서 중요한 것은 집단원들이 서로 무엇인가 배울 수 있고, 일어난 상황으로부터 무엇을 성찰할 수 있는가, 그리고 지금 진행되고 있는 과정에 대해 어떻게 느끼는가 하는 점이다. 그래서 지금 즉흥적으로 느끼는 내담자들의 감정과 느낌, 그리고 상담지도자가 내담자들에게 느끼는 감정이 중요한 수단으로 대두된다. 초기 단계에 있어 얄롬은 적절한 내담자를 선발하기 위해 많은 노력을 하도록 권장한다. 집단상담은 적절한 내담자를 선별하는 작업부터 시작한다.

얄롬은 선별면담(screening interview)과 집단원 선택의 제외 기준으로 너무 심한 증상을 보이는 사람은 집단에 소속되지 못하고,

---

30) 이 개념은 C. G. Jung의 개성화(individuation) 과정과 비슷한 개념이며 인생의 애매모호성(ambiguity)을 받아들이는 용기다.

31) Ibid., p. 305.

특별한 배려를 받지 못하며, 다른 집단원들이 다루지 못한다는 이
유를 들어 알코올 중독, 뇌 손상, 심한 우울증, 급성정신병자들을
제외 대상으로 한다.[32] 그러므로 집단상담의 성패 여부는 상담이
시작되기 전 사전면담을 어떻게 하느냐에 따라 좌우된다고 할 수
있다. 사전면담 시 선택의 가장 중요한 기준은 동기다. 얄롬은 대
인관계 영역에서 분명한 문제를 가지고 있으며 그러한 문제를 인
정하고 변화하고자 하는 욕구를 가진 사람이 좋은 구성원이 된다
고 말한다.[33] 이렇게 신중히 선별된 집단원으로 구성된 집단이나
구체적인 문제를 가지고 오는 내담자가 그렇지 않은 경우보다 집
단상담 종료 후 더 많은 만족과 개선을 보고한다. 그래서 얄롬은
집단참여의 동기가 높은 사람, 대인관계에 문제(외로움, 수줍음, 은
둔, 사랑할 수 없음, 과도한 경쟁심과 공격성)가 있느냐의 여부, 문제
를 인정하고 변화하고자 하는 욕구, 집단에 대한 내담자의 매료,
개인상의 변화에 가치를 두는 사람, 집단상담이 유용하다고 기대
하는 사람, 어느 정도 자아 강도가 있는 사람을 포함의 대상으로
본다.[34]

　그는 첫 인터뷰 시 완강한 거부, 높은 신체화, 낮은 동기, 낮은
심리적 심성, 보다 심각한 정신병적 병리, 호감이 덜 가는 자, 사회

---

32) Ibid., p. 239.

33) Ibid., p. 255.

34) H. S. Bernard는 선발 기준을 다음과 같이 나열한다: 최소의 대인관계 능력 유지,
　　치료를 받으려는 동기, 이전 치료로부터의 긍정적인 치료 경험, 현재 느끼고 있는
　　심리적 불쾌감, 대인관계 문제, 대인관계 행동의 변화에 대한 기대, 집단의 영향에
　　대한 수용성, 다른 사람에게 도움을 주려는 의도. H. S. Bernard, & R. MacKenzie
　　(Eds.), *Basics of Group Psychotherapy* (New York: Guilford Press, 1994).

적 무능력, 낮은 지능지수를 보이는 자는 제외시키는 것이 좋다고 조언한다. 또 자신에게도 파괴적일 수 있고 다른 사람에게도 파괴적일 수 있는 사람도 제외시켜야 하는 기준[35]에 포함된다. 왜냐하면 자살 같은 자해행위를 많이 하는 사람은 집단에서 자신에 대하여 이야기하고 도움을 받을 수 있는 시간을 충분히 할애받지 못하고 만일 그 사람에게만 집중하여 시간을 너무 많이 할애한다면 다른 집단 구성원에게 균등하게 도움을 줄 수 있는 시간이 줄어들기 때문이다. 동기화가 덜된 자도 집단에 참여하여 큰 효과를 보기 어렵기 때문에 제외된다.

초기 단계의 집단은 소극적인 참여를 보이며 서로 비슷한 점을 찾고자 노력한다. 그 집단의 중요한 관심사가 아닌 주변의 것을 이야기하기도 한다. 이 단계에서는 구조와 목표를 추구하며, 지도자에 대한 의존성을 보이며 해답을 얻기를 원한다. 이러한 초기 단계에서 중요한 사항은 집단의 목적을 명료화하고 수용적인 관계를 맺는 것이다. 따라서 초기 단계의 집단에서 해야 할 과제는 집단의 구조를 설립하는 것이다.

구조화(structuring)는 우선 집단상담이 가지는 유용성을 설명하고 이것이 대인관계의 문제에는 가장 적합한 치료 형태라는 확신을 심어 주는 것이다. 그리고 집단 상황에서 어느 누구도 강요받지 않는다는 것을 주지시켜 주고, 더 적극적으로 참여할수록 더 많이 얻는다고 하여 동기를 높여 주고, 새로운 행동과 대응 방식을 개발할 수 있는 실험 공간이라는 것을 지적하여 용기 있게 자

35) I. Yalom, Op. Cit., pp. 266-267.

신의 문제를 노출할 수 있도록 한다. 또한 집단원 간에, 지도자와의 관계 속에서 일어나는 과정에 대해 자유롭게 이야기할 수 있다고 주지시켜 줌으로 개방성을 높인다.

지도자는 그가 어떤 문제에 대해 답을 하는 것이 아니라 구성원들이 자신들의 상황을 탐구하고 이해하도록 도와주는 역할임을 확인시켜 준다. 그리고 집단의 규칙을 설정하도록 한다. 집단 규칙 중에 제일 중요한 것은 비밀보장(confidentiality)이다. 이것이 제대로 지켜질 때 그 집단의 치료 효과가 극대화될 수 있다. 시간과 장소에 대한 규칙을 정하고, 이 집단에서는 평상시 사용하던 개인의 회피 방법을 쓰지 말 것을 권유한다. 흔히 사용하는 회피로서 자신의 생각과 느낌을 서술하기보다는 먼저 질문의 형태로 만들어 자신의 생각을 감추는데 이러한 대처 방식(copeout)[36]들은 삼가도록 한다. 상담에 참석하지 못할 경우 전화하거나 미리 통보하도록 하는 규칙도 만들면 집단에 안정성을 준다.

이러한 오리엔테이션 뒤에는 침묵이 따르는데 이때의 침묵은 존중되어야 한다. 이 침묵 뒤에 지도자는 구성원들이 자기소개를 하도록 권유할 수 있으며, 집단 구성원은 자기소개를 할 때 이 집단에서 원하는 자신의 목표와 기대가 무엇인지 밝힐 수 있다. 대부분 처음에 내놓는 문제는 피상적인 것이다. 이 초기 단계에서 지도자는 집단이 서로 상호작용하고 있는 역동에 눈을 뜨고 통찰하여 지금 진행되고 있는 집단의 역동이 대화의 재료가 될 수 있

---

36) 여기에 밝힌 것 외에도 회피 방법에는 2인칭이나 3인칭을 써서 직접 대면을 피한다거나, 나는 잘 모르겠다, 다음에 생각해 보겠다 등 지금 현재의 느낌이나 감정에 직면을 회피하는 방법이 있다.

다는 것을 보여 주어야 한다. 그리고 초기에 세웠던 집단 규칙이 제대로 지켜지고 있는지 살펴보고 만일 지켜지고 있지 않을 경우 다시 계약하도록 하여야 한다.

　초기 단계에서 집단의 과업은 개인치료나 문제에 집중하기보다는 집단의 응집력(cohesion)을 만드는 것이다. 그러기 위해서는 서로의 감정을 존중해 주며, 자신이 가지고 있는 감정이나 느낌에 충실할 수 있도록 격려해 주는 작업이 필요하다. 말하기를 꺼려하거나 침묵을 지키고 있는 사람을 자연스럽게 끌어내어 참여할 수 있도록 하며, 또한 너무 말을 많이 하거나 자신의 문제를 너무 적나라하게 초기에 이야기하는 사람은 자제하도록 하는 지도자의 배려가 필요하다. 이렇게 초기 단계에서는 집단의 목적과 방법에 관해 설명, 정직과 비밀보장의 원칙, 소개와 침묵의 병립, 초보 수준에서 대인관계의 병리에 대해 언급하도록 하여, 새로운 행동을 연습할 안전한 환경과 서로 간의 응집력을 형성한다.

2) 과정 단계

　초기 단계의 성공적인 분위기와는 달리 3회 정도의 집단상담이 진행된 후 실망 현상을 경험한다. 지금까지 성공적이고 적극적으로 참여하다가 갑자기 참여 수준이 낮아지게 된다. 여기에는 복합적인 요인이 있는데 그중 지도자에게 의존하여 총애자가 되려고 하는 유아기적 욕망이 좌절될 경우, 상담지도자가 다른 사람보다 자신에게 관심을 더 가지고 있다는 환상이 없어지고, 이러한 좌절감과 실망감이 다른 집단원을 향해 경쟁적 · 적대적 감정으로 확

산이 되기 때문이다. 그러므로 집단원과 지도자와의 갈등이 나타
나게 되고 이것은 지도자의 능력을 의심하는 질문이나 이론적 입
장을 물어보는 등의 행동으로 나타난다. 그리고 강력한 다른 집단
구성원과 갈등을 형성하며 부정적 언급과 집단원 간의 비난이 나
타난다. 형성 단계 이후에는 하위 집단이 형성되어 지도자를 향하
여 분노와 좌절을 표시한다. 이 단계에서 얄롬은 지도자가 집단
구성원들이 집단 외부의 사교활동과 만남을 집단 환경 안에서 드
러내도록 종용해야 한다고 지적한다.

이 단계에서 지도자의 임무는 집단원들이 자신의 행동을 성찰
할 수 있도록 해 주는 것이다. 현재 집단 안에서의 행동이 집단 밖
에서 그 구성원의 일상에서의 모습을 드러내는 것일 수 있다는 해
석의 가능성을 제시해 준다. 집단원들이 통찰 단계에 들어가는 것
이다. 얄롬은 통찰을 4단계로 나눈다. 첫 단계에서는 자신의 대인
관계에 대한 객관적인 시각을 가지게 된다. 둘째 단계에서는 다른
사람들과의 관계에서 자신의 보다 복잡한 행동양식에 대한 이해
를 얻을 수 있다. 셋째 단계에서는 동기적 통찰을 통해 자신이 다
른 사람들에게 왜 그런 행동을 하는지를 알게 된다. 네 번째는 발
생적 통찰로서 자신이 어떻게 현재와 같이 되었는가 이해하는 단
계다.[37] 실존주의의 영향을 받은 얄롬은 지도자가 해석적인 설명
을 하여 집단원이 자신의 의지를 해방시키도록 도와주어야 한다
고 제안한다. 과정 단계에서 집단 지도자는 다음 네 가지 중 하나
혹은 전부를 구성원이 수용하도록 통찰을 제공해야 한다. ① 오직

---

37) Ibid., pp. 52-53.

나만이 내가 스스로 만들어 낸 세계를 변화시킬 수 있다. ② 변화하는 데에 위험은 없다. ③ 내가 진정 원하는 것을 얻기 위하여 나는 변화해야만 한다. ④ 나는 변할 수 있다. 나는 힘이 있다.[38]

얄롬은 과정 단계에서 저항을 다루는 것뿐만 아니라 꿈을 적극적으로 활용하기를 권하고 있다. 집단 상황에서는 꿈이 어떤 대인관계를 목적으로 하는 것이라고 본다. 꿈을 이용할 때는 최근의 꿈을 말하도록 한다. 예를 들어 한 집단원이 꿈에서 여러 언덕을 페달이 없는 자전거를 타고 오르락내리락하면서 힘겹게 갔더니 저기 먼 곳에 집단원들이 옹달샘 근처에 앉아서 이야기하고 있는 모습을 발견하였다는 이야기를 한다. 지금까지 힘들었지만 마지막 힘을 내서 그곳까지 가서 동료 집단원들에게 말을 걸었지만 아무도 대답을 해 주지 않았다고 한다. 이 꿈 이야기를 하는 집단 구성원은 이 이야기를 하면서 다른 집단 구성원들에 대한 다양한 느낌을 표현하고 있는 것이다. 이때에는 구성원이 추구하는 바를 가질 수 있도록 해 주고, 구성원의 꿈을 밝힘으로 집단에서의 근본적인 욕구가 무엇인지 파악하게 하며, 나중에 직접 그것을 요구하도록 도와준다. 지도자는 꿈을 이용할 때 집단의 대인관계적인 측면에 초점을 맞추도록 도와주어야 한다. 꿈의 내용보다는 꿈을 집단에서 말하는 과정에 중심을 두어 이 과정 중 꿈을 말하면서 집단에 나오는 감정이 무엇인지 밝혀낸다.

---

38) Ibid., p. 186.

3) 종결 단계

종결 단계의 특징은 슬픔과 불안, 어떤 행동을 취할 것인지와 서로에 대한 관심과 바람을 말하기, 그리고 집단에 대해 평가하기 등을 들 수 있다. 종결 단계는 각 회기의 종결 부분과 집단상담 전체 과정의 종결 단계로 나눌 수 있다.

각 회기의 종결 부분에서는 갑자기 회기를 끝내지 말고 그 회기에 관한 과정(process)을 점검하는 check-out 시간이 있어야 한다. 지도자는 "오늘 서서히 끝낼 준비가 되어야 하는데, 오늘 회기에 대해 생각하고 나 자신에게 어떤 의미가 있었는지 생각해 보기 바랍니다." "오늘 몇 분 안 남았는데, 오늘 우리가 한 것을 누가 정리해 주시겠어요?" 하면서 그 회기의 주요 아이디어와 결정들을 요약하고 주요 내용을 종합해야 한다. 이때 지도자가 구성원이 말하는 것을 듣고 그가 보지 못한 것을 말해 줄 수도 있으며, 지도자가 요약하고 빠진 부분을 구성원이 보완하도록 하는 방법도 있다. 둘이 짝(dyad)을 지어서 나눌 수 있고 종이에 적게 해서 요약할 수도 있다.

종결 부분에서 그 회기에 마치지 못한 일들을 점검하고 다음 회기에 가지고 올 수 있도록 해야 한다. 끝나지 않은 일들을 확인하는데, "오늘 회기 중에 마치지 못한 것 중에 몇 분간만이라도 다루어 보고 싶은 것 있어요? 회기 중에 말하고 싶었는데 못한 것은 없나요?"라고 말할 수 있는 시간을 주는 것도 좋은 방법이다. 그리고 한 구성원이 고통받고 있는 심각한 주제를 회기가 끝날 무렵 꺼낼 때는 개인면담으로 이어서 상담에 임하는 것도 도움이 된다.

전체 집단상담의 종결 시에는 지금까지의 서로의 반응을 격려하고 개인이 한 결심을 강화하도록 격려, 확인해 주는 작업이 필요하다. 배우고 느낀 바를 실생활에 옮기도록 하기 위해 지도자는 "우리가 회기를 하면서 서로에게서 본 긍정적인 변화를 한번 생각해 봅시다. 어떤 사람이 많은 변화가 있었나요? 그리고 그 변화에 대해 말하고 어떻게 그 사람에게 도움이 되었는지 말해 주시겠어요?"라고 요청함으로써 집단상담에서 발생한 긍정적인 변화들을 강화하고 실천에 옮길 수 있도록 해 준다.

마지막 회기에 다루어야 할 주제는 분리와 관계된 감정이다. 집단은 평상시 구성원이 이별과 분리와 관계된 감정을 다룰 수 있는 수단이다. 분리와 이별에 대한 감정이 다루어지지 않으면 집단에 대한 긍정적인 감정도 사라지게 된다. 슬픔과 상실의 감정을 인정해 주고 외부 생활에서도 이 집단에서 배운 것을 실천한다면 비슷한 집단을 구성할 수 있다고 격려하여 긍정적인 미래를 기대하도록 해야 한다.

마지막 회기가 너무 기분이 좋은 채로 끝나도 안 된다. 현실의 집단과 너무 대조가 되면 현실에 적응하지 못하기 때문에 어느 정도 현실감 있는 감정으로 마지막 회기가 끝나도록 한다. 변화 과정에 너무 조급해하지 않도록 지지하며 변화를 위해 꾸준한 노력이 필요하다는 것을 인식시켜 주며 일상생활에서도 지지집단을 찾도록 권장하여야 한다. 그리고 집단 경험을 서로 나누는 작업이 필요하다. 자신에 대해서 배우고 느낀 점, 집단의 어떤 모습이 집단을 효과적으로 기능하게 하였는지, 그렇지 못하게 하는 요소는 무엇이었는지 밝히도록 한다. 마지막 회기의 피드백은 지금까지 비교적 말하지 않은 구성원에게 더 많은 기회를 주면 집단 전체에

도움이 된다. 종결 단계에서는 집단원이 이별에 대한 감정을 개방
하도록 해야 한다.

4. 맺는말

지금까지 한국의 사회문화 구조 속에서 상담의 이상적인 유형
으로서 집단상담의 필요성을 제안하였다. 한국사회는 관계를 중
심으로 맺어진 사회다. 한국인은 관계성을 중시한다. 현대화된 한
국사회는 파괴된 관계성을 치유할 수 있는 공간이 필요하다. 심리
적인 문제만 치료하는 것이 아닌 관계회복이 이루어지는 치료의
형태가 필요한 것이다. 개인 중심주의와 단순한 증상치료의 방법
에서 벗어나야 한다. 파괴된 관계성을 다시 회복할 수 있는 치료
공동체를 조성하여 예방적인 치료를 실시하고, 지금까지 일반적
이었던 객관적이고 수동적인 상담 자세가 아니라 적극적으로 개
입하는 태도가 요구된다.

소 공동체로 구성된 한국교회는 활용할 수 있는 귀중한 자원을
묻어 놓고 충분히 활용하지 못하고 있다. 이런 면에서 한국 기독
(목회)상담의 과제는 소 공동체들이 치료 공동체가 되도록 하는 것
이다. 이러한 치료 공동체를 형성하기 위해서는 목회자나 기독(목
회)상담자가 집단에 대한 심도 있는 이해를 가지고 있어야 한다.
집단에 대한 이해를 가지고 집단에서 나오는 목소리의 무의식적
인 욕구를 들을 수 있는 목회자, 상담자는 집단의 요구를 반영하
며 충족시켜 줄 수 있다.

집단상담은 개인상담에 많은 시간을 할애할 수 없는 한국의 목회자들에게 보다 더 많은 성도들과 상담 상황에서의 만날 수 있도록 해 주고, 시간, 에너지 경제적인 면에서 도움을 줄 수 있게 해 준다. 그리고 집단을 통해 내담자의 사회적응 모습이 나타남으로써 내담자들의 문제가 가시적으로 보이게 되며 드러난 문제 행동과 사고를 해결하며 수정할 수 있는 장이 되는 것이다. 이 장에서 제시한 집단에 대한 이해, 얄롬의 지금-여기(now and here) 접근 방법, 미시사회 이론이 교회에서 이미 존재하는 소 공동체를 운영하는 데 적용될 수 있기를 바란다.

토론할 이슈

1. 개인상담의 한계를 생각해 보고 집단상담이 어떤 점에서 보완될지 이야기해 보시오.

2. 개인상담과 집단상담의 차이점에 대하여 생각해 보시오.

3. 지금 여기 접근 방법을 생각하면서 자신이 속한 집단에서 벌어지는 일들을 가상하며 지도자가 되어 과정 조명 언급을 해 보시오.

4. 교회를 하나의 집단으로 본다면 집단 속성들이 어떻게 나타나는지 설명해 보시오.

5. 얄롬이 제시하는 집단상담의 치료요소 중 각 요소들의 임상 사례를 예로 들어 보시오.

6. 한국교회에서 실시되고 있는 여러 가지 프로그램에 집단상담적인 요소를 가미한다면 어떤 프로그램을 제안할 수 있겠는가?

참고문헌

Anthony, J. "History of Group Psychotherapy," In H. I. Kaplan, & B. J. Sadock (Eds.), *Comprehensive Group Psychotherapy*. Baltimore: The Williams & Wilknis Company. 1971. pp. 5-6.

Bernard, H. S., & MacKenzie, R. (Eds.). *Basics of Group Psychotherapy*. New York: Guilford Press. 1994.

Freud, S. / 김종엽 역. 『토템과 타부』. 서울: 문예마당. 1995.

Sadock, J. *Comprehensive Group Psychotherapy*. Baltimore: The Williams & Wilkins Company. 1971.

Sullivan, H. S. *The Interpersonal Theory of Psychiatry*. New York: W. W. Norton. 1953.

Yalom, I. *Existential Psychotherapy*. New York: Basic Books. 1980.

Yalom, I. / 최해림, 장성숙 역. 『집단정신치료의 이론과 실제』. 서울: 하나의학사. 1993.

Vinogradov, S., & Yalom, I. / 박민철 역. 『간추린 집단정신치료』. 서울: 하나의학사. 1990.

제3부

Christian Counseling Psychology

영역 및 증상별 상담방법

Christian Counseling Psychology

제6장

경계선 인격장애에 대한 이해와 상담

1. 경계선 인격장애에 대한 기독(목회)상담적 이해

한국교회는 지금까지 목회자들의 헌신적인 희생과 열심, 그리고 성도들의 봉사로 말미암아 괄목할 만한 양적 성장을 이룩하였다. 한국교회는 교인의 숫자, 헌금이라는 양적 차원에서 성장을 하지 않으면 퇴보한다는 강박증 증상을 가지고 있다. 지금까지의 교회가 양적인 성장 위주의 남성적인 모습이었다면 이제는 돌보고 감싸며 안아 주는 여성적인 모습이 요구된다. 이제 한국교회는 기존의 성도들을 질적으로 돌보는 '다지기 작업'을 해야 할 필요가 있다. 지금까지의 양을 하나하나 질적으로 성장시켜 나가는 성숙한 돌봄을 해야 이 시대에 맞는 목회의 패러다임과 교

회의 모습이 될 것이다. 이 사명이 이 시대에 한국교회가 담당해
야 할 책임이다.

그러나 질적인 성장에 대해서 지금까지는 총론적인 이야기가
반복되어 왔다. 당위적인 측면만 강조했지 무엇을 어떻게 해야 할
지, 다양한 부류의 교인들에게 어떻게 접근하고 돌봐 주어야 하는
지 세부적으로 들어가지 못하였다. 한국 기독(목회)상담학은 앞으
로 총론이 아닌 각론으로 들어가서 교인들 각각의 여러 가지 모습
에 따라서 접근할 수 있는 구체적인 방법들을 제시해 줄 필요가 있
다. 제3부에서는 대표적인 인격장애 증상별로 구체적 상담방법을
제시하고, 기독(목회)상담학의 영역을 넓히는 의미에서 이단·사
이비 종교 영역과 탈북자 영역을 다루고자 한다. 교회 안에 있는
문제를 가진 성도들에 대한, 각 증상에 따른 구체적인 기독(목회)
상담과 목회적 돌봄 지침이 필요하다. 예를 들어 정신분열증, 우
울증 등을 겪고 있는 교인들을 이해하고 그들이 전문적인 도움을
받도록 도와주어야 한다. 이 장에서는 경계선 인격장애(borderline
personality disorder)에 대한 이해와 원인, 그리고 상담방법을 살펴
보도록 한다.

1) 예방교육의 필요성

성도가 정신질환이나 유사한 종류의 문제를 가지고도 적절한
도움을 받지 못하고 방치되어 교회에서 다른 문제를 일으키는 경
우가 있다. 예를 들어 목회자가 예배 후 돌아가는 성도와 악수할
때 어떤 교인은 목사의 손이 너무너무 만지고 싶어 오랫동안 쥐고

있는 경우를 볼 수 있다. 외적으로 볼 때에는 전혀 정신적인 문제를 가지고 있지 않은 것 같은 귀부인으로 보이는 여성 성도가 목회자의 손을 만질 때 성적인 환상을 느끼거나 목회자나 다른 남성 성도와 악수를 하면서 그 남성의 은밀한 부분을 잡고 있다고 느낄 수도 있다. 한 목회자가 시골 교회에 부임해 갔다. 부임한 얼마 후에 사택에서 홀로 잠을 자고 있는데, 갑자기 문을 열고 그 교회 여성 성도가 들어오더니 옷을 벗기 시작했다는 것이다. 이런 교인들을 어떻게 이해하며 돌볼 것인가?

문제가 발생한 후에 교인들 한 사람 한 사람을 대하고 시간을 투자하는 것은 한국의 목회 현실을 감안할 때 현실적으로 어렵다. 그러므로 예방적으로 교인들을 교육하고 이혼부부가 생기기 전에 신앙 안에서 아름다운 가정이란 무엇인가를 성경공부를 통해서, 상담적인 설교를 통해서 예방적으로 교육하는 교회의 돌봄 체계를 활성화시키는 것이 더 바람직하다. 아흔아홉 마리의 양이 있는데, 한 마리의 양이 가시덤불에 걸려 헤매고 있다. 그 덤불을 헤치고 잃어버린 한 마리의 양을 찾아가는 목자상은 참으로 아름답다. 그러나 만일 이 한 마리의 양을 쫓기에 너무 많은 시간을 쓰고 신경을 쓰다가 저쪽에 모여 있던 아흔아홉 마리의 양들이 병들고 흩어지고 길을 잃어버리게 된다면 어떻게 될까? 그러므로 그 한 마리의 양을 찾으러 가기 위해서는 전제 조건이 있다. 그것은 아흔아홉 마리의 양이 건강해야 한다는 것이다. 그 양들이 건강하지 않다면 나머지 한 마리의 양을 찾으러 갈 때 아흔아홉 마리의 양들이 모두 다 흩어져 버릴 수 있다. 일반적으로 교회의 문제 있는 성도들, 교회에서 어려운 문제들을 야기하는 성도들도 아흔아홉 마리의 양들이 건전하면 나머지 한 마리의 양은 아흔아홉 마리의 건강한 양들 덕분에 건전하게 치유될 수 있다. 이렇게 되기 위해서는 목회자가 먼저 교인의 정신적 질환을 이해해야 할 것이고 더 나아가 교회 전체의 성도들을 양육하여 또래 상담자 역할을 하게 하여 서로 돌보게 해야 할 것이다.

한 교인의 병리적인 현상을 이해하지 못하고 그대로 받아치는 (reaction) 교인들, 그대로 받아치는 목회자 때문에 아흔아홉 마리의 양들이 온전하지 못할 수 있다. 질적으로 전체 교인들을 성장시키고, 품어 줄 수 있는 환경(holding environment)을 만들어야 한다. 목사가 다 돌보아 줄 수는 없는 것이기 때문에 서로 돌볼 수 있는 환경을 만들어 주어 교인들이 서로 이해하게 도와준다. 예방적 기독(목회)상담 전략이란, 우선 목회자나 상담자가 개인적으로 문제를 가진 자를 이해하고 상담하며 돌보는 것뿐만 아니라 성도들 생활에서 일어날 문제들, 그리고 교회 차원에서 일어날 문제들에 대해 성도들을 미리 교육하여 대처 능력을 키우도록 하며 성도들 자신이 서로 돌보게 하는 방법이다.

2) 경계선 인격장애의 정의

드보라 그린먼(Deborah Greenman)이 "이 증후군의 정의는 발달 심리학, 서술적인 정신병리학, 정신분석학적인 이론 등의 개념들과 언어들이 혼란스럽게 섞여 있는 채로 있다."[1]라고 지적한 것처럼 정확한 정의를 내리기 쉽지 않다. 이 장애의 정의는 두 가지로 나누어질 수 있다. 신경증(neurosis)과 정신증(psychosis)의 증상이 함께 보이는 경계선상의 성향을 띤다고 해서 경계선이라고 한다. 신경증과 정신증을 분간할 수 있는 요소는 병식(insight)의 유무 여부다. 즉, 나의 문제 부분을 아는 사람은 신경증이고, 내가 미쳤다는 그 자체도 모르는 사람은 정신증이다. 자신이 구세주로 이 땅에 태어났다는 믿음, 모든 사람이 나를 해치려고 계획하고 있다는 믿음, 비밀경찰이 자신의 몸 안에 자신의 말을 도청하기 위해 마이크로칩을 이식했다는 망상(delusion) 등이 정신분열증에 동반되는 것인 데 반해 경계선 인격장애자들의 망상은 지속적이지 않고 일과성의 성격을 띠고 있다. 경계선 인격장애자들은 다른 사람이 나를 버릴 것이고 해칠 것이라는 망상을 갖기는 하지만 그 망상을 조직적으로 계속 유지하지 않는다.

경계선 인격장애가 정신증과 신경증의 경계선에 있는 질환이라 이해하는 다른 한편으로 경계선 인격장애를 정상(normal)과 비정상(abnormal)의 경계선이라는 개념으로 이해하기도 한다. 심하게 많이 아프고 생활에 적응하기에 어려울 정도면 병원에 가거나 전문적인 치료를 받아야 하는데 경계선 인격장애 성향을 갖는 사람들은 정상과 비정상을 왔다갔다 하기 때문에 어떻게 보면 정상인 것 같으면서도, 대인관계가 상당히 불안정하여 음모성의 소문을 퍼뜨리고, 때로 가족을 폭행한다거나 충동적인 발언들을 하며, 자살시도 등 자해행위를 해서 비정상적인 모습을 보일 경우가 있다. 평상시 정상적 생활을 하는 듯하나 곳곳에 숨어서 문제를 야기하

---

1) D. A. Greenman et al., "An Examination of the Borderline Diagnosis in Children," *Annual Progress in Child Psychiatry and the Development* (1987), pp. 410-411; 홍강의 외, "아동기 경계선 장애: 8증례," 『소아 · 청소년정신의학』, Vol. 6(1) (1995), p. 3.

는 부류가 경계선 인격장애자들이다.

3) 경계선 인격장애 진단 기준

대인관계, 자아상 및 정동에서의 불안정성, 심한 충동성이 광범
위하게 나타나며, 이러한 특징적 양상은 성인기 초기에 시작하여
여러 가지 상황에서 일어난다. 다음 아홉 가지 증상 중 다섯 가지
(또는 그 이상) 항목을 충족시킨다.[2]

(1) 실제적이거나 가상적인 유기를 피하기 위한 필사적인 노력

이는 유기(abandonment)공포로 인해 발생한다. 즉, 버림받을 것
에 대한 두려움으로 어릴 때 특히 분리-개별화 단계에서 선한 대
상(good object)의 경험이 결핍되어 있을 때, 그리고 신뢰받고 사랑
받고 품어 주는 환경에서 자라지 못한 경우 어렸을 때의 유기된
공포와 분리에 대한 불안이 성인이 되어서도 나타난다. 이것 때문
에 한 사람이 나를 인정하지 않는다는 것을 그 사람이 나를 거부
했다고 여겨 그 거부가 실제적으로 나타나기 전에 미리 내가 상대
편을 버리거나 나쁜 소문을 퍼뜨려 상대편을 학대한다. 이런 증상
이 연애에도 영향을 미쳐서 안정된 관계를 형성하지 못하게 되어
결혼을 못하는 경우가 많다. 왜냐하면 버림받을 것에 대한 공포가

---

2) 이 진단 기준은 미국정신의학회(American Psychiatric Association)에서 출간한 『정
  신장애의 진단 및 통계편람 제4판』에서 제시하는 기준이다. American Psychiatric
  Association /이근후 외 역, 『정신장애의 진단 및 통계편람 제4판』(서울: 하나의학
  사, 1994), p. 838.

있기 때문에, 신뢰 능력이 결여되어 불안정한 대인관계를 맺기 때문이다.

(2) 극적인 이상화와 평가절하가 반복되는 불안정하고 강렬한 대인 관계 양식

지도자나 상대방에게 전적인 총애를 받기를 원하는데 그 총애에 대한 욕구가 좌절되면 상대방을 평가절하고 공격하게 되는 양상이다. 처음에 지도자와 목회자, 상담자를 절대화, 극대화하여 신처럼 받들다가 하루아침에 극적으로 평가절하해서 상대방을 원수와 악마로 만든다.

(3) 정체감 혼란: 심각한 지속적인 불안정한 자아상 또는 자아지각

경계선 인격장애자들은 자아개념 확립이 불확실하여서 스트레스나 위험한 상황에 직면하면 현실 검증력(reality testing)에 손상을 입는다. 이 성향에서는 자기퇴행이 심하고 이로 인해 자기관찰과 이해력이 떨어지게 된다.[3]

(4) 자신에게 손상을 줄 수 있는 충동성이 적어도 두 가지 영역에서 나타난다(예, 낭비, 성관계, 물질남용, 무모한 운전, 폭식).

충동적인 행동을 서슴지 않는 모습을 보인다. 분명히 손해 볼 줄 알면서도 주식에 투자한다든가, 신용카드를 무절제하게 계속

3) 이동수, "청소년기 경계선 장애의 치료: 정신분석적 입장에서," 『소아·청소년정신의학』, Vol. 6(1). (1995), pp. 43-46.

쓰고, 무분별하게 성관계를 하며, 알코올 중독에 빠져서 자해를 하기도 한다.

(5) 반복적인 자살 행동, 자살 시늉, 자살 위협, 자해행위

경계선 인격장애와 기분장애를 가진 사람들이 우울증만 가지고 있는 사람보다 자살시도율이 훨씬 높다는 연구 결과가 있다.[4] 이들의 자살시도는 습관이 되기도 하는데, 충동적으로 상대방을 조종(manipulation)하려고 자살을 시도하는 경우도 있다.

(6) 현저한 기분의 변화에 따른 정동의 불안전성

경계선 인격장애자들의 기분은 불안정하고 경계선 성향이 높아짐에 따라 우울 성향이 높아지며[5] 심한 불쾌감, 과민성 불안 등이 수시간 정도 지속되지만 수일, 일주일은 넘지 않는 정동 상태를 보인다.

(7) 만성적인 공허감

항상 공허하여 교회에서 말씀을 들음에도 불구하고 그 공허감은 채워지지 않는 것으로 보인다.

---

4) T. M. Kelly et al., "Recent Life Events, Social Adjustment, and Suicide Attempts in Patients with Major Depression and Borderline Personality Disorder," *Journal of Personality Disorders, 14*(4), pp. 316-326.

5) 홍상황, 김영환, "경계선 성격장애 척도의 타당화 연구: 대학생을 대상으로," 『한국 심리학회지: 임상』, Vol. 17 (1998); G. Underwood et al., "Mood and Personality: A search for the casual relationship," *Journal of Personality, 60* (2000). pp. 15-23.

(8) 부적절하고 심한 분노 또는 분노를 조절하기 어려움

울화통을 터뜨리고 항상 화를 내고 우격다짐으로 몸싸움까지 하는 상태도 보인다.

(9) 스트레스에 의한 일과성 망상적 사고 또는 심한 해리 증상

잠시 동안의 망상적 사고를 보이며, 구석에서 자기 모습이 보여 자기에게 말하는 이인증을 보이기도 한다.

이 아홉 가지 중 다섯 가지 이상에 해당될 때 경계선 인격장애 자로 진단될 수 있다. 주요 특징을 살펴보면 불안전한 대인관계, 유기공포, 공허감, 충동성, 정동불안을 가지고 있으며 그중 대인 관계의 변화가 심해서 어제는 이 사람과 친하다가 그다음 날에는 그 사람을 완전히 못된 사람으로 인식한다. 불안전한 대인관계 양 상을 보이고 불안정한 자아상을 갖고 있다. 정동의 불안정성을 가 지고 있어 기분의 변동이 심하므로 경계선 인격장애자들은 우울 증과 함께 경계선 인격장애를 동반하는 경우가 상당히 많다. 또한 특징적인 현상으로 심한 충동성을 들 수 있다. 충동적으로 따지며 논쟁적이고 투쟁적인 면이 강하다.

필자가 한 정신병원에서 경계선 인격장애자들로만 집단을 구성 하여 집단상담[6]을 실시한 적이 있었다. 한 회기에 말씀을 가지고 묵상을 하면서 '여호와여 왜 나를 버리시나이까, 언제까지니이 까?'라는 말씀을 읽는데, 한 멤버가 갑자기 일어나더니 문을 쾅 닫

---

6) 경계선 인격장애자들을 위한 영성 집단상담에 대해서, R. Gallager et al., "From the Valley of the Shadow of Death: A Group Model for Borderline Patients," *Journal of Pastoral Care, Vol. 48* Spring (1994), pp. 45-53을 참조하시오.

고 나가 버렸다. 경계선 인격장애자의 전형적인 충동성이 나타난 모습이다.

4) 경계선 인격장애의 원인

(1) 상흔 경험

인간에게는 모두 상흔(trauma)이 있는데, 태어나면서부터 가지는 분리에 대한 불안과 공포가 그것이다. 태어난다는 것은 가장 좋은 환경으로부터 벗어나는 것으로서 어머니의 배 속에서 나오는 경험 자체가 아기에게는 죽음으로 인식된다. 그래서 인간이 죽음을 경험하지 않았는데도 불구하고 미리 죽음에 대한 공포를 가지고 있는 것은 어렸을 때 가장 좋은 곳, 어머니의 배 속을 박탈당한 경험이 우리 안에 무의식적으로 잠재되어 있어서 죽음에 대해 선험적으로 알기 때문이다.

죽음을 다른 말로 표현하면 불안공포라고 할 수 있다. 이 상흔은 모든 인간들이 갖고 있는데, 이러한 분리공포가 돌보는 사람의 학대와 방치의 경험으로 인해 아이에게 더 증폭되면 경계선 인격장애가 될 가능성이 높다.

상흔 중에 자기애적 상처(narcissistic injury)가 있다. 모든 인간은 외부에서 자기에게 반응해 주기를 원하는데 반응해 주지 않을 때 생기는 상처를 말한다. 자신의 감정과 생각을 반사(mirroring)해 주기를 바라는 것이다. 인간은 자기가 한 것을 외부 세계가 인정해 주기를 바란다. 아이들은 자신이 방긋 웃으면 외부 세계도 방긋 웃는 그런 거울반사를 해 주기 원하는데 그것이 차단되었을 때, 이것

이 상흔이 된다. 자기애(narcissism)에 상처를 받는 것이다. 자기애
에 상처를 받은 사람일수록 나중에 경계선 인격장애 성향을 보일
수 있다. 그러므로 바깥세상이 적절히 반응해 주는 것이 중요하다.
이런 상흔의 경험이 경계선 인격장애 형성에 작용할 수 있다.

(2) 성장 기회의 결핍

경계선 인격장애자들은 상대방이 자기에게 모든 시간을 투자해
주기를 바란다. 이들에게는 모든 사람으로부터 동정을 유도하는
자기 나름대로의 각본이 있다. 다른 사람이 시간을 할애하여 자기
자신에게 더 많은 사랑과 관심을 보여 주기를 원한다. 또한 신체
적 접촉을 원하며, 전화를 걸면 항상 만날 것을 요구한다. 이는 분
리-개별화 단계7)에 부모로부터 어느 정도 독립하여 성장할 수 있
는 독립 단계, 성숙한 단계로 옮겨 가야 하는데 외부 세계와의 경
험이 불안정하여 신뢰 능력이 결핍되고 성장의 과정8)을 박탈당했

---

7) M. Mahler의 발달 단계에서 자아가 분리되는 과정을 세 단계로 나누었는데 첫 번째
   는 자폐적(autistic) 단계로 자아와 세계가 분리되어 있지 않은 상태이고, 두 번째는
   공생(symbiotic) 단계로 외부 세계에 의존할 수밖에 없는 나와 독립하려는 자아가 공
   존하여 세 번째 단계인 분리-개별화 단계로 진행한다.
8) 홍강의의 실험적인 연구에서는 경계선 인격장애자들의 가족 환경에 대한 연구 결과
   의 결론을 다음과 같이 제시한다. ① 어머니들은 항상은 아니지만 때때로 아동과의
   분리에 저항적이거나 지나치게 관여한다. ② 경계선 인격장애 환자들은 어머니와의
   관계를 대개 매우 갈등적이라고 보거나, 관계가 멀거나 없었다고 본다. ③ 어머니의
   문제보다는 부성의 결핍이 이러한 가정에서 뚜렷한 특징이다. ④ 아동기에 성적이
   거나 신체적인 학대가 흔히 선행되었으며, 경계선 인격장애의 정신병리를 유발할
   소인이 있었다. ⑤ 부모 한쪽의 문제보다는 둘 사이의 혼란한 관계가 더 특이하고 원
   인적이었다. 홍강의, "청소년기의 경계선 인격장애," 『소아·청소년정신의학』, Vol.
   6 (1995), p. 23. 경계선 인격장애자의 가족이 응집력이 약하고, 갈등이 더 많으며,

기 때문이다. 경계선 인격장애자들의 어머니들은 대개 자신이 유기에 대한 불안을 가지고 있을 경우 아이가 분리-개별화하는 과정을 돕지 못하고 오히려 자기에게 의존하도록 하여 의존하면 칭찬하고 자율성이 보이면 모성을 박탈하여 벌을 주는 양육태도를 보였다. 이 때문에 자녀가 어머니와의 관계를 유지하기 위하여 분리-개별화를 잘 이루지 못한 것이다.[9]

(3) 선한 대상의 결여

대상관계 이론[10]에서는 엄마로부터의 좋은 경험, 외부 세계로부터 거울반사(mirroring)가 잘 될 때 '선한 대상(good object)' 감정이 그 아이에게 내재화(introjection)된다고 설명한다. 그래서 외부 세계는 참 좋은 세상으로 여겨져서 신뢰할 만한 세상, 외부 대상이 된다. 그러나 내재화된 마음에 '음가적인(bad object)' 것이 많을수록 그 대상에 분노와 공격의 감정[11]을 가지게 되며, 아이는 부정적 감정을 내재화하게 되어 외부 세계도 나쁜 대상 표상(bad object representation)으로 경험한다. 이 아이는 이러한 경험을 자기

다른 부모들에 비해 독립성을 키우지 않는다는 실험 결과는 류인균, "Family Environment in Depressed Patients with Borderline Personality Disorder: Differences in Perception between Patients and Parents," *Journal of Korean Neuropsychiatry Association*, Vol. *34* (1995), p. 1324를 참조하시오.

9) 홍강의, Op. Cit., p. 22.

10) 대상관계 이론은 S. Freud의 물질환원주의적 성향에 반대하여 아이가 사람과 맺고자 하는 관계에 대한 욕구에 대해 관심을 가진다.

11) 구강기적 분노와 구강기적 박탈에서 기원하는 원초적 불안에 대한 방어를 말하는데, 구강기적 분노는 어린아이들이 분노를 표시할 때 이빨을 사용하여 어머니 젖꼭지를 깨무는 행동으로 나타난다.

안에 갖고 있는 것을 참지 못하여 외부 세계에 투사한다. 이러한 과정을 거쳐 아이는 외부 세계가 나를 공격할 것이라는 불안을 가지게 되고 그 불안으로부터 자기를 보호하려고 사람들과의 관계도 방어적으로 맺으며 나에게 나쁜 경험을 주기 전에 그 사람과의 관계를 공격적으로 마무리하려는 경향을 가지게 된다. 그러므로 선한 대상(good object)의 경험이 상당히 중요하다. 어렸을 때의 상흔 경험 속에서도 좋은 대상의 경험을 한 사람들은 인내지수(tolerance quotient), 즉 참아 낼 수 있는 능력이 높아지고 이로 인해 충동성이 줄어든다. 즉, 선한 대상(good object)이 많은 사람일수록 악한 대상(bad object)의 거절을 참아 낼 수 있는 능력이 높다. 그러나 선한 대상(good object)이 결핍될수록 그만큼 불리하고 나쁜 것이 내 안에 있다는 것을 참아낼 수가 없다. 이러한 과정을 통해 경계선 인격장애자에게 충동성[12]이 내재된다.

(4) 해리 현상

인간은 내 안에 좋은 것만 담으려고 하는데, 선한 그릇에 나쁜 불순물, 즉 바깥 대상으로부터 생긴 음가적인 나쁜 감정들이 내 안에 들어 있으면 그것이 내 안에 있는 것이라고 인정하고 싶어 하지 않고 바깥으로 표출한다. 그래서 내가 나쁜 것이 아니고 목회자나 상담자가 은혜가 없고 사랑이 없어서 나를 내친다고 생각

---

12) H. Rosenfeld는 원시적인 파괴적 충동들과 피해 망상적 불안들에 대한 방어를 설명하고 있다. 아이가 태어나면서 공격성을 가지고 바깥 대상에 대한 좌절을 경험한 후에 바깥 대상 중 나쁜 대상을 공격하고 그러한 파괴적 충동들이 모여서 경계선 인격장애자들에게 충동성으로 나타난다고 말한다.

한다. 하루아침에 천사와 같은 대상에서 악마로 추락하게 된다. 이런 좋은 대상의 결여, 거울반사(mirroring)의 결여가 좋은 것과 나쁜 것을 분리(splitting)해서 바깥으로 멀리 던지는 투사(projection)를 하게 한다. 성도들은 어릴 적의 개인적인 경험, 자신들의 대상관계 경험을 목회자와 상담자에게 투사해서 비춘다. 즉, 목회자와 상담자 자체를 보는 것이 아니라 자신의 대상관계 경험을 투사해서 바라본다.

2. 경계선 인격장애 사례

다음의 사례는 필자가 직접 상담하거나 관찰한 사례로, 앞에서 설명한 이론적인 것들을 적용하여 이해하기 위해 제시한다.

1) 유태인 소녀 Jane(가명)의 사례

내담자는 18세의 여드름이 많이 난 유태인 소녀였다. 아버지는 44세로 부동산업을 하고 있었고, 어머니는 44세로 사회복지사인데, 어머니가 이웃집 남자에게 성폭행을 당한 경험이 있다. 여동생과 남동생이 있고, 외숙은 알코올 중독자였는데 목을 매어 자살했다고 한다. 이러한 환경은 Jane이 경계선 인격장애자가 될 수밖에 없었던 가족 환경임을 보여 준다.

이 소녀는 항상 친구들과 논쟁하기를 좋아하고 캠프에 가서 싸우다 감정이 격해져 친구 뺨도 때리곤 하였다. 자신이 우울한데 어머니가 직장에 간다는 것에 분노를 느껴 어머니가 출근할 때 자동차 앞에 드러누워 나가지 못하게 하는 충동적인 소녀였다. 그래서 어머니가 구급차를 불러 병원에 들어오게 된 사례였는데, 눈물이 상당히 많고 학교 등교도 거부하며 지하철에 떨어져 죽는 이야기, 가위를 가지고 자기 피부를 난도질할 것이라는 이야기, 목 매달아 죽을 것에 대한 이야기를 많이 하고 실제로 2~3번 목을 매달았다. 그런데 의자를 밀칠 용기가 없어서 그냥 살아 있다고 말하곤 했다. 편집증적인 성향이 많아서 다른 사람이 자기에 대해 이야기한다고 말하며 동료 여학생에 대한 동성애적인 성향도 있었다. 상담과정 중에 누군가로부터 단절될 것에 대한 두려움, 거부당할 것에 대한 공포, 고립감과 무기력, 좌절이 주요 감정으로 드러났다.

2) 미국 한인교회 성도인 C씨의 사례

미국의 한 한인교회의 여성 교인인 C씨는 자녀를 2명 둔, 몸이 약한 사람이었다. 그녀가 아이를 낳을 때마다 재정적으로 힘들어서 먹을 것도 제대로 못 먹는 등 조리를 잘 하지 못했고, 남편은 한국의 명문대 출신이지만 유학하고 있는 학교에서 학위를 받는 데 어려움을 겪고 있었다. 이러한 환경으로 인해 가정적으로 많은 어려움을 겪고 있는 교인이지만, 다니던 교회에 새로운 목사가 부임하면서 교회에 모든 것을 헌신했다. 그리고 그 교회의 여러 가지 발전에 기여하면서 목사와 사모하고도 밀착된 관계가 되었다. 심지어는 C씨와 그 교회의 사모가 동성애적인 관계가 아니냐는 말이 돌기도 했다. 그러다가 하루 아침에 그 목사, 사모와 관계가 틀어지게 되었다. C씨는 자신이 교회 성경공부 리더에서 제외되자 목사에 대해 나쁜 말을 퍼뜨리면서 교회에 문제를 야기했다. 후에 교회는 분열되고 그 목사는 교회에서 물러나게 되었다.

3) 한국교회 성도인 K씨의 사례

이 내담자는 미혼으로, 미술을 전공하였고 한 교회에 소속되어 있으며 성가대 찬양도 하고 있었는데 경계선 인격장애를 가지고 있다는 진단을 받았다. 그녀는 소속된 공동체 속에서 불안정한 인간관계를 맺고 있으며 다른 사람과의 관계를 조종(manipulation)하려는 성향을 가지고 있었다. 상담자를 만날 때쯤 되면 일부러 약속을 늦추거나 오지 않는 행동을 통해 상대편을 조종하려 들었다. K씨의 행동은 유기불안으로 인해 생긴 것이라고 볼 수 있는데, 이 불안으로 인해서 다른 사람과의 관계가 심한 정도의 불안정함을 보여 주고 있다. 그녀는 자신이 그린 그림에 대해 "어두움의 틀 속에 눈치를 보면서, 항상 촉각의 신경을 곤두세우는 나도 모르는 나의 모습을, 어느 순간에 발견하게 되었다. 긴장 속에서 사람들로 인해 조마조마하며 공중의 줄을 걷는 곡예사와도 같은 심경이다."라고 말했는데, 이는 불안한 심정을 잘 표현하고 있는 것이다.

K씨는 어머니가 우울증적인 증상을 보였으며 자신이 어렸을 때부터 오빠와 아버지로부터 매를 맞고 자랐다고 주장한다. 오빠는 아버지가 없을 때 아버지 역할을 하면서 때렸다고 한다. 그래서 남자만 보면 극도의 공포심을 느꼈다. 상담하러 오는 과정도 상담

자를 조종하려고 권력다툼(power game)을 하며 상담자로 하여금
K씨를 만나고 싶지 않은 마음을 가지게 하려고 했다. 이것은 이전
의 나쁜 대상과의 경험을 다시 재연(reenactment)하고 있는 것이
다. 상담자를 나중에 보지 않았으면 하는 무의식적 욕구가 있어,
상담자가 자신을 싫어하도록 만들고는 내가 상담자를 버린 것이
아니라 상담자가 나를 버렸다고 합리화를 하려 한다. 이런 식으로
상담자와 관계를 맺어 다시금 어렸을 때의 상흔의 경험을 지금 관
계 속에서 재연하는 것이다.

　증상이 확실하면 병원에 입원하거나 확실하게 치료를 받게 되
는데 경계선 인격장애자들은 교회에서 정상적으로 활동하면서 문
제를 더 일으키는 경향이 많다. 교회에서는 앞에서 살펴본 경계선
인격장애 성향을 가진 교인들에게 많이 볼 수 있다. 이런 어려움
을 겪고 있는 교인들에게 효과적으로 대처하지 못하는 경우가 많
은데, 그것으로 인해 목사나 상담자들이 큰 곤경에 처할 수 있다.
경계선 인격장애자에 대한 이해를 가지고 대해야 경계선 인격장
애자들이 던진 감정에 그냥 반사적으로 대응을 하지 않을 수 있
다. 기독(목회)상담자, 목회자는 그들의 감정을 이해하고, '무엇인
가 저 안에 아픈 상흔이 있어 나한테 이렇게 반응하는구나.'라는
사고 과정을 거쳐 이차적인 반응(metacommunication)을 할 수 있
어야 한다.

　앞의 한 사례의 경계선 인격장애자가 한 말이 돌봄과 상담을 제
공해 주는 목회자와 기독(목회)상담자에게 경계선 인격장애자에
대한 이해 임무를 일깨워 준다. "때수건은 사람의 가장 더러운 때
를 미는 수건에 불과하지만, 이렇게 그림에서 아름답게 쓰일 수

있다는 것을 통해, 나 자신 또한 때수건 같은 모습으로 느껴질 때
가 있어요. 나를 때수건처럼 더럽게 보는 사람들에게, 나를 정신
과 환자라고 무시하는 가족, 친척, 병원, 교회, 학교 등의 세상 사
람들에게 그림으로 말하고 싶었어요." 이들에 대한 목회자와 기독
(목회)상담자의 올바른 이해와 수용하는 태도가 있어야 할 것이다.

3. 경계선 인격장애자를 위한 기독(목회)상담 방향

상담과 목회 현장에서 어려움과 문제들을 일으키는 사람들 중
대부분은 경계선 인격장애 성향을 보이고 있다. 그리고 이들을 상
담하는 과정은 무척 어렵고 여러 가지 위험 부담이 있기 때문에
대부분의 상담자들은 이들을 만나기를 꺼려하거나 상담적 계약을
한다 할지라도 조기에 상담을 종결하기도 한다. 왜냐하면 잘 치료
되지도 않고 오히려 상담자를 해하려고 하기 때문이다. 목회자들
이 이러한 성향의 성도를 만날 경우에는 교회에 나쁜 소문을 퍼뜨
리고 다니거나 목회자를 모함하여서 교회를 어려운 지경에 빠지

---

13) 경계선 인격장애자에 대한 치료적 전략은 O. Kernberg에 의해 '표현적 분석치료
(expressive analytic therapy)' 라는 방법으로 연구되었다. 그는 경계선 인격장애자
들에게 공격적인 부정적 전이 현상, 분열과 투사적 동일시, 원초적 이상화 등을 해
결하고 약한 자아에 의해 현실의 고통을 참지 못하는 '충동성의 표출(acting out)'
을 감소시키며, 현실분별력을 키우고 긍정적인 전이 표현을 장려한다. O.
Kernberg, *Psychotherapy of borderline patients* (New York: Basic Books, 1989),
pp. 32-55; 이동수, "청소년기 경계선 장애의 치료-정신분석적 입장에서," 『소
아 · 청소년정신의학』, Vol. 6(1) (1995), p. 45.

게도 할 수 있다는 것을 알아야 한다. 여기에서는 이러한 경계선 인격장애 성향을 소유한 내담자에 대한 기독(목회)상담 전략[13]을 세우는 작업을 시도하려 한다.

경계선 인격장애 성향을 띠는 내담자나 성도는 자신의 마음에 들 때는, 즉 상담자나 목회자를 극대적으로 이상화하였을 때는 그들을 완전한 신과 같은 존재로 여기고 의존하려고 하는데 그 의존 욕구가 좌절되었을 때 상담자와 목회자를 비방하여 부정적인 면으로 교회 안에 문제를 일으켜 교묘하게 조종하려고 한다. 상담하고 나와서 '목사님이 내 무릎을 만졌다'고 떠들고 다니면서, 성적으로 희롱하였다고 소송까지 하는 성도나 내담자가 이러한 부류에 속하는 경우가 많다. 문제는 이러한 유형의 사람들이 목회 현장에 많다는 것이다. 이들의 인간관계는 극히 불안정하고 충동성[14]이 강하여 회의에서 돌출적인 행동이나 발언을 하고 상담 상황에서도 자신의 안정(stability)을 깨뜨리는 말이나 상황을 참지 못하고 벌떡 일어나 나간다거나 폭언을 하는 등 예측하지 못할 행동과 언어를 보여 준다.

---

14) O. Kernberg는 경계선 인격장애자의 공격성에 주목한다. 과도한 공격성은 체질적으로 공격성 욕구가 많기 때문에 일상적인 부모로부터의 좌절에 과민하게 반응하는 경우와 초기에 부모로부터 좌절을 너무 심하게 경험한 경우 이차적으로 나타나는 경우다. 홍강의 외, "청소년 경계선 상태의 임상적 분류,"『소아 · 청소년정신의학』, Vol. 6(1995), p. 22; O. Kernberg, *Borderline conditions and pathological narcissism* (New York: Jason Aronson, 1976).

1) 합리적 사고 능력 향상: 충동성 조절

경계선 인격장애자들은 감정을 통제할 수 있는 능력이 부족하다. 이로 인하여 조그만 사건과 자극에도 격렬한 충동성을 가지고 대응하며 인간관계를 맺는다. 이들에게는 우선 충동성을 자제하고 합리적으로 이성적인 결정을 내릴 수 있는 훈련이 필요하다.

일반적으로 마음의 상태를 단계적으로 본다면 첫째로 감정이 지배하는 상태(emotional mind)다. 두 번째로 현명한 마음(wise mind)으로 합리적인 마음과 감정적 마음이 합쳐진 상태다. 즉, 감정과 사고가 통합된 내적 평안이 있는 상태다. 경계선 인격장애 성향을 가진 이들에게 중요한 것은 감정과 사고가 통합되어 충동적인 행동을 하지 않는 방법을 알고 실제적으로 훈련에 적용시키는 것이다. 이를 위해 자신의 행동과 마음 상태를 분류하고 그 당시 자신의 행위에 대해 생각해 보는 시간을 갖게 하는 것이 중요하다. 언제 자신의 마음이 감정에 의해 지배되었고(emotional mind), 감정적일 때 무엇이 통제할 수 없을 정도로 격렬한 감정을 가지게 하였는가, 어떤 종류의 감정이 자신의 자제력을 잃게 하였는가를 밝히는 작업을 한다. 그리고 난 후 자신이 언제 논리적이며 이성적으로 생각하는지, 어떤 행동을 더하고 어떤 행동은 자제를 해야 하는지를 분별하도록 도와주는 작업을 하여 합리적 마음(reasonable mind)의 단계에 이르도록 한다.[15]

---

15) M. Linehan, & M. Kamins, *Dialectical Behavior Therapy: Psychological Skills Group* (unpublished), pp. 1-41.

이러한 작업을 거쳐 궁극적으로 감정과 사고가 통합된 현명한 마음(wise mind)의 상태에 이르도록 한다. 경계선 인격장애자들에게 상담과정 속에서도 통제할 수 있는 훈련, 교육이 필요하다. 특히 분노 조절 교육이 필요하며 구체적으로 물건을 사는 방법도 조목조목 알려 주고, 대인관계도 훈련함으로써 현명한 마음, 즉 감정과 사고가 통합된 내적 자아를 가질 수 있도록 하는 것이 상담의 목표다. 〈표 6-1〉은 경계선 인격장애자들의 문제 영역과 상담의 목표를 도식화한 것이다.

〈표 6-1〉 경계선 인격장애자를 위한 상담목표[16]

문제 영역	목표
감정의 고통과 불안정	감정의 통제
대인관계의 갈등 혼란	효과적인 대인관계
자해행위	고난을 견디는 힘
혼돈된 자기개념	굳건하고 현명한 자기개념

감정의 고통과 불안정한 상태를 가진 내담자에게는 자신의 감정을 참아 내고 통제할 수 있는 방법을 모색하고 실천하도록 돕는 과정이 필요하다. 또한 이들의 불안전한 대인관계, 즉 신과 같이 따르고 이상화한 대상을 하루아침에 악마나 평가절하된 대상으로 보기 때문에 끊임없이 변하는 인간관계를 적절하게 조절하고 상대편에게서 실망한 것들을 찾아내어 그것이 합리적이고 올바른 판단에 의해서 내린 결정인지 아니면 자신 내면의 나쁜 대상으로

16) Ibid., p. 1.

인한 투사적 동일시의 과정인지 분별하도록 도와주어야 한다. 경
계선 인격장애자들의 자해행위는 주로 지금의 고통을 탈출할 수
있는 탈출구로 시도된다. 무모한 투자, 음주운전, 자살시도를 통
한 현재의 고통을 잊어버리려는 행동에 대한 대안으로서 그 고통
에서 탈출할 수 있는 건전한 방법들을 모색하고 제시해 주어야 한
다. 자해행위의 형태를 상세히 살펴볼 수 있도록 하여 자해행위
전에 행동, 사건, 생각, 감정을 구체적으로 분석하고 자해행위 뒤
에 자신이 원하던 결과를 얻었는지, 다른 사람들의 반응은 어떠한
지 등 자해행위 뒤의 결과에 대해서 성찰하도록 도와준다. 고통을
탈출하는 방법으로 하나님을 의지하게 하며 평안함을 주는 성경
구절을 읽거나 찬송을 하게 하는 것도 한 방법이다.

경계선 인격장애자들은 혼돈된 자기개념을 가지고 있으며 내가
누구인지 확실하지 않다. 선한 대상의 함입(introjection)이 결여된
사람은 현실에 적응하고 인식하며 타협할 수 있는 자아(ego)의 기
능이 약하다. 자아기능 중 통합의 기능이 결여되어 있다고 볼 수
있다.[17] 이러한 약한 자아는 현실을 왜곡하고 분리(splitting)한다.[18]
이러한 자아에 상담자가 보조자아(auxiliary ego)가 되어 내담자 대
신 상황을 분석하고 참아내는 능력들을 보여 주고 그 능력을 내담
자가 다시 재함입(reintrojection)하도록 도와주는 과정이 필요하다.

---

17) J. Greenberg, & S. Mitchell, *Object Relations in Psychoanalytic Theory* (Cam-
bridge: Harvard University Press, 1983), p. 246.

18) H. Hartmann은 자아가 환경에 적응하는 유형에 대해 ① 환경에 자신을 맞추는
Autoplastic 형태, ② 환경 자체를 바꾸는 Alloplastic 형태, ③ 더 좋은 환경을 찾는
형태로 나눈다. Ibid., p. 250.

2) 현명한 마음의 능력 향상

현명한 마음(wise mind)이란 이성과 감정이 조화되어 연결된 평화의 상태다. 다음과 같은 상담과정 구성은[19] 경계선 인격장애자와 같은 성향을 가진 자들에게 적용할 수 있다.

(1) 상담 초기: 이성적 마음(reasonable mind)과 감정적 마음(emotional mind)의 분리

이 시기에는 경계선 인격장애 성향의 내담자가 자신의 마음 상태를 판단하고 진단 내릴 수 있도록 도와주는 과정이 필요하다. 한 사건에 대한 해석으로서 그것으로부터 생긴 경험과 그 경험으로 인한 감정을 파악하도록 한다. 자신의 마음이 감정에 의해 움직인다면 그 장점인 창조성과 돌볼 수 있는 마음 등을 칭찬해 주고, 단점으로 감정에 의해 행동하고 난 뒤의 혼돈과 고통, 그리고 에너지의 고갈 등을 지적함으로써 그것이 별로 효과적인 대응방식이 아니라는 것을 깨닫게 해 주어야 한다. 이 단계를 지나 이성에 의해 움직이는 마음의 상태가 비록 융통성이 없고 자신에게 많은 제약점들을 주지만 논리적이며 통제하는 마음 상태가 되면 인간관계에서 타인을 불안정하고 걷잡을 수 없는 격노의 감정으로 대하지 않게 된다는 사실을 깨닫고 체험하도록 해 준다. 고통을 경험하는 것과 난관을 참을 수 있는 인내지수(Tolerance Quotient)

---

19) M. Linehan, *Skills Training Borderline Personality Disorder* (New York: Guilford Press, 1993), pp. 27-37.

를 증진시키는 것으로 현재에만 노력하고 신경 쓰게 하는 것이다.
지금-여기에서 최선을 다하도록 깨닫게 하는 작업이다.

(2) 상담 중기: 고통 참기 훈련(distress tolerance training)

• 자신의 감정, 생각이 떠오를 때, 말로 표현하기: "지금 슬픈
  감정이 나오기 시작해." "내일 일에 대한 생각이 떠올라." 등
  을 표현하게 하여 생각은 생각, 느낌은 느낌에 불과하다는 것
  을 깨닫고 그 감정과 느낌에 매몰되지 않도록 한다.
• 현재에만 신경 쓰기: 식사할 때는 식사만 하고 일할 때는 일
  만 생각하고, 집단에서 말할 땐 말하고 있는 그 사람에게만
  집중하며 다른 감정이 생기면 있는 그대로 내버려 둘 수 있도
  록 한다.
• 행동의 결과에 대해 생각하기: 자신의 행동을 관찰하고 설명
  하며 다시 재연하도록 한다. 그리고 그 행동들에 대해서 감정
  이 아닌 이성적으로 생각하여 다시 행동하게 하고 효과적이
  며 비판하지 않으면서 관계를 맺고 행동하도록 한다.
• 전적인 수용(radical acceptance): 현재 나의 모습을 인정하도록
  도와주며 있는 것을 있는 그대로 보고 행동하기 위해 나에게
  무엇이 필요한가를 생각하도록 한다.
• 근육이완 훈련(relaxation): 스트레스에 내 몸이 어떻게 반응하
  는가를 볼 수 있도록 한다.

(3) 상담 종결: 탈출하기(leaving)

현재의 충동성을 줄이기 위해서 육체적으로나 정신적으로 그

상황을 떠나서 마음의 평정을 가지고 다룰 능력이 될 때까지 그
상황과 상상의 벽을 쌓도록 하는 작업이다. 상황으로부터 생겨나
는 고통스러운 면을 생각하지 않도록 잘 포장해서 놔두는 작업을
한다. 이를 위해 고통스러운 상황을 접하였을 때 다른 감정을 만
드는 책이나 옛날 편지를 보도록 권하고, 기도하면서 그 감정으로
부터 탈출하도록 한다. 다른 방법으로는 고통스럽거나 분노가 일
어나는 상황에서 알파벳을 거꾸로 외기, 손에 얼음 잡고 있기, 뜨
거운 물로 샤워하기를 들 수 있다. 이상의 상담과정을 종합하여
도표화하면 [그림 6-1]과 같다.

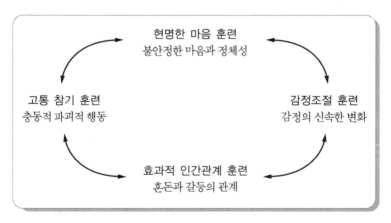

[그림 6-1] 경계선 인격장애자를 위한 심리적 훈련[20]

---

20) M. Linehan, & M. Kamins, Op. Cit., p. 3.

4. 증상에 따른 대처 방법

1) 과대 이상화와 평가절하

상담자나 목회자에게 지나치게 접근하여서 의존하려고 할 때는
뛰어난 조력자로서 옆에 붙어 있지만 의존욕구가 충족되지 않을
때 갑자기 상담자나 목회자를 평가절하한다. 이것은 경계선 인격
장애 내담자들의 내적 경험에 기반하고 있는데 그들은 경험을 합
리적으로 해석하기보다는 자신의 애착욕구와 유기(abandonment)
불안에 근거하여 해석하기 때문이다.[21] 상담자가 이를 문제시하
지 않고 그러한 극적인 변화에 반응하지 않는 것이 필요하다. 평
가절하에 대해 너무 예민해하지 않고 변함없이 꾸준하게 대해 주
는 것이 효과적이다. 그러므로 상담관계를 맺을 때 안정적인 구조
(structure)가 중요하며 내담자와의 경계선(boundary)을 잘 유지하
여 구조화된 범위 안에서 만나는 것이 좋다. 상담자가 밀착할 필
요도 없고 갑자기 돌이켜 다른 태도를 취한다 하더라도 이전과 똑
같이 일관된 태도로 대처하는 것이 이들의 불안정성을 치료하는
방법이다.

---

21) 양은주, 류인균, "경계선 성격장애의 생물 유전적 기질, 현상적 성격 및 방어 기제
   적 특성과 정신 병리와의 연관성 연구," 『정신병리학』, 9 (2000), p. 12.

2) 흑백논리적 생각

경계선 인격장애 내담자들은 어머니에 대한 대상항상성(object constancy)을 형성하지 못했기 때문에 어머니에 대해 통합적인 정서 상태를 유지하지 못한다.[22] 이들의 심리적 구조는 분리(splitting)[23]되어 있기 때문에 애매모호한 것을 참아 내는 능력을 가지고 있지 않다. 왜냐하면 그들의 심리내적 구조에서 선한 나(good me)와 나쁜 나(bad me)가 완전히 나누어져 있기 때문에 현실의 나쁜 상황을 참아 낼 수가 없다. 이들은 현실의 애매모호성 앞에서 그것을 가지고 그대로 살아가는 능력을 배양할 필요가 있다. 이들에게는 내적 대상항상성을 유지시키고, 세상을 보는 관점을 적절히 통합하는 것이 치료의 목표가 되어야 한다.[24]

3) 자해행위

이들은 무모한 운전, 자살시도, 무분별한 성관계를 통해 스스로를 해치는 행동들을 보인다. 그리고 타인에 대한 나쁜 소문을 유포하여 결국에는 자신에게 화살이 돌아오고 많은 사람으로부터

22) 장경준, 정제연, "청소년기의 경계선 인격장애," 『소아 · 청소년정신의학』, Vol. 6(1) (1995), p. 36.

23) 다중 인격장애(multiple personality disorder)가 대상보다는 자기를 분열시키는 반면에 경계선 인격장애 성향의 사람은 자신이 아닌 타인을 조각난 부분 대상으로 보는 대상이 분열된 상태다. G. Gebbard / 이정태 역, 『역동정신의학』 (서울: 하나의학사, 1996), pp. 303-304.

24) 장경준, 정제연, Op. Cit., p. 40.

공격을 받게 된다. 이러한 행동에 대한 상담자의 냉정하고 흔들리지 않는 태도가 중요하며 내담자가 충동을 조절할 수 있는 능력을 키워 주는 것이 필요하다.

4) 정신증적 양상

경계선 인격장애 성향의 사람들은 심한 경우 망상과 자신의 생각을 현실화하여 하나의 실체로 만드는 정신증적 증상을 보일 때가 있다. 교회 안에서 꿈을 꾸어 예언을 하는 사람들이 성도들에게 피해를 주는 경우가 있는데, 많은 경우 이러한 꿈과 환상 예언은 경계선 인격장애자들의 정신증적 양상과 연결되어 있는 것을 볼 수 있다. 자신이 바라는 생각(wishful thinking)이 발현되는 것이 많으므로 그들의 망상과 현실을 분리할 수 있는 능력이 상담자에게 필요하다.

5) 투사적 동일시

투사적 동일시(projective identification)는 경계선 인격장애자들은 외부 현실을 경험할 때 대부분 나쁜 대상(bad object)과의 경험을 통해 내적 현실을 형성하는 경향을 가지고 있다. 이때 외부 현실이 너무 고통스럽거나 내 안에 들어온 나쁜 경험을 내 것으로 만들고 싶지 않을 때, 그 사람의 심리역동은 나쁜 것을 외부로 내보내어 내가 가지고 있는 것이 아니라 내 바깥의 사람이 나쁜 것을 가지고 있다고 생각하는 것이다. 이로 인해 이러한 감정을 받

은 외부의 사람을 자기 자신이 통제하고 조종(manipulation)하는
경향을 보인다.

상담자가 가끔 무기력감이 들고, 화가 나며, 내담자를 만나고
싶지 않고, 불안하게 되는 경우가 있다. 경계선 인격장애자에게는
어렸을 때에 자기를 학대한 자와 같이 상담자나 목회자로 하여금
나쁜 대상, 즉 학대자로서의 역할을 담당하게 하려는 역동
(dynamic)이 있다. 자신 안에 있는 나쁜 대상 경험을 상담자에게
전가하여 상담자에게 학대받은 느낌을 주고 이에 대한 반응으로
상담자나 목회자가 자신을 멀리하거나 안 좋은 감정을 가지게 하
여 결국에는 상담자나 목회자가 학대자 역할을 담당하게 만든다.
이때 상담자는 내담자의 투사적 동일시를 상담자 자신에 대한 공
격으로 받아들여서 반응하지 말고 오히려 내담자의 어렸을 때에
상흔(trauma)이 무엇인지를 알아내고 내가 이 사람에게 느끼는 감
정처럼 다른 사람들도 내담자에게 이런 감정을 느끼는구나 하는
폭넓은 이해심과 인내를 가져야 한다. 판단하는 태도를 가지지 말
고 호기심을 가지고 귀를 기울여야 할 것이다.

6) 혼돈된 자기

경계선 인격장애의 특징은 다른 사람에 비해 자신의 의견, 결
정, 감정이 무가치하다고 생각하는 것이다. 이는 실제적 혹은 상
상에 의한 유기(abandonment)에 대한 필사적 회피 때문인데, 위험

---

25) 양은주, 류인균, Op. Cit., p. 12.

을 회피하고 낮은 자존감을 갖게 한다.[25] 그리하여 자신의 성적 · 직업적 · 신앙적 정체성을 찾지 못하고 혼돈된 생각을 가지고 있다. 이들을 위해서는 혼돈된 자기로 인해서 느끼는 무가치감을 극복하도록 도와주고 상담자와 목회자가 '하나님의 형상(imago dei)'을 보여 줄 수 있는 아버지, 어머니 역할을 해 주어야 한다. 이를 위해 경계선 인격장애 성향을 가진 내담자가 어떤 결정을 내릴 때 존중해 주고 자기를 위한 결정도 내리게 하며, 결정을 내리는 것을 어려워하면 그 결정을 도와주는 과정이 필요하다. 아울러 경계선 인격장애자의 가족 역동 중에서 어머니와의 관계가 특별히 안 좋은 것[26]을 볼 수 있는데 기독(목회)상담적으로 가족들 간의 관계에 개입하여 이들이 어머니와의 관계를 증진시켜 대화하게 도와줌으로써 가족 안에서의 경계선 인격장애자의 자긍심을 높여 주는 것이 필요하다.

5. 변증법적 행동치료

변증법적 행동치료(Dialectical Behavior Therapy: DBT)[27]는 경계선 인격장애 성향의 내담자가 상황으로부터 거리를 두게 한다. 상황을 주의 깊게 관찰하여 상황에 자신이 매몰되는 것이 아니라 상

---

26) 류인균, "Family Environment in Depressed Patients with Borderline Personality Disorder: Differences in Perception between Patients and Parents," 『신경정신의학』 (1995), pp. 1319-1326.

27) M. Linehan, Op., Cit., pp. 63-69.

황 앞에 문지기가 되어 어떤 생각이 들어오는지 통제하는 것이다. 이를 위해 자신의 감정이 무엇인지 밝히게 하고 사람을 평가하지 말며, 한 번에 한 가지 행동만 하도록 하여 필요 없는 스트레스를 줄이도록 한다. 그리고 일을 수행하는 데 있어서 우선순위를 두어 효과적으로 행동하게 한다. 그림으로 정리하면 [그림 6-2]와 같다.

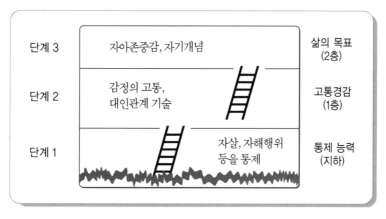

[그림 6-2] 치료의 집[28]

1) 단계 1: 통제 능력

이 단계는 내담자가 충동성에 매몰된 단계에서 그것을 다스리는 단계로 올라가는 과정이다. 내담자들에게 자신은 감정에 사로잡혀서 지하에 있다고 생각하도록 하고 그 지하에서 위로 올라갈

---

28) 이 그림은 M. Linehan의 DBT모델을 적용한 치료 은유로 뉴욕 코넬대학교 부속 Westchester Division 정신병원의 경계선 인격장애 환자들을 위한 치료 매뉴얼에서 발췌한 것이다.

수 있다는 자신감을 갖게 한다. 내담자가 자신이 지하에 머물러 있는 것은 마치 불, 유황이 있는 지옥에 있는 것과 같다고 느끼는 것이 중요하다. 자신을 상해하는 음주, 마약, 불안전한 성관계, 폭식, 고립, 이인화 등은 참을 수 없는 고통으로부터 떨어지고 위안을 얻기 위해서 잠시 동원되는 수단밖에 안 된다는 것을 깨닫도록 한다. 이러한 행동이 고통을 잠시 덜어 줄 수 있으나 결국 지하(단계 1)에서 악순환만 반복하게 한다. 이러한 상황의 돌파구가 자살밖에 없는 줄 알고 있지만 다른 방법으로 탈출할 수 있는 길이 있다는 것을 아는 것이 중요하다. 지하(단계 1)에서 1층(단계 2)으로 올라갈 수 있다. 지하에서 사다리를 밟고 1층으로 올라가려면 자살과 자해행위 등을 통제하는 삶의 기술을 학습해야 한다. 지금 밟고 올라가는 사다리의 과정이 어렵고 고통이 따르지만 1층에 올라가면 큰 기쁨이 있을 것을 기대하게 한다.

그러나 처음에는 지금까지 해 오던 자해행위를 버리고 새로운 행동을 배우더라도 고통을 없앨 수는 없다. 이 고통 때문에 사다리 중간에 올랐던 사람이 도중에 다시 지하로 갈 수 있다. 지금 올라가는 과정에 있는 잠시의 고통을 잊도록 상담자와 동료들이 돕는다.

2) 단계 2: 고통경감

지하에서 고통을 다스리기 위한 자해행위나 불안전한 대인관계를 보이는 모습에서 벗어나 이제는 감정의 고통과 대인관계의 어려움을 다룰 수 있는 기술을 배우는 단계에 올라간다. 그러나 고통은 아직 지니고 있다. 이 단계에서는 자신의 고통의 원천이 무

엇인지 파악하고 이해하며 그것을 바탕으로 자신의 외상후 스트
레스를 극복하도록 돕는다. 상담자는 내담자가 다룰 수 있는 만큼
의 외상에만 노출될 수 있도록 적절히 양을 조절해야 한다. 이 단
계에서는 자해행위를 완전히 근절하도록 결심하고 헌신하도록 하
며, 자신에게 자살이라는 선택은 없다는 확신을 가지고 맹세를 지
키도록 해야 한다.

3) 단계 3: 삶의 목표

이 단계에서는 내담자가 고통스러운 상황을 다스릴 수 있는 기
술들을 습득한 후 자신의 삶의 목표를 정하여 그 목표를 향하여 나
아가며 일종의 성취감을 가질 수 있도록 한다. 그리고 자기를 존중
하여 자아존중감을 가질 수 있도록 하는 것이 중요한 과제다.

6. 맺는말

경계선 인격장애 성향의 내담자들과 성도들을 상담센터와 교회
에서 자주 대면할 수 있다. 먼저 이들에 대한 올바른 이해를 바탕
으로 대면하고 다루어야 하며 그들의 충동성을 조절해 주고 인내
할 수 있는 능력들을 키워 주는 것이 중요하다. 이를 위해 그들에
게 맞는 상담치료적인 방법과 치료방안을 준비하여 그들에게 안
정적인 구조를 제공하여 주는 것이 필요하다. 이 과정은 경계선
인격장애자들을 흑백논리에 의해 이분법적으로 생각하는 것이 아

니라, 그들에게 어떠한 충격이나 변화 속에서도 품어 주는 공간
(holding environment)을 제공해 줌으로써 스스로 자신의 부정적인
면까지 수용하여 승화시킬 수 있는 정신 통합 과정에 이르게 해
주는 작업이다.

토론할 이슈

1. 경계선 인격장애 특성을 가진 내담자가 보일 수 있는 전형적인 증상들
   을 생각해 보시오. 그 특징들이 나타날 때 상담 상황에서 나는 어떻게
   대처할 것인가?
2. 경계선 인격장애의 특성을 가진 성도들이 일으킬 수 있는 문제점들과
   적절한 대처 방식에 대하여 생각해 보시오.
3. 필자가 제시한 경계선 인격장애의 원인 중 본인이 생각하기에 가장 주
   된 원인은 무엇인가 생각해 보고, 소설의 인물이나 영화의 인물, 실제
   상담 상황에서 경계선 인격장애를 보이는 내담자의 발병 원인에 대하
   여 설명하시오.
4. 경계선 인격장애자가 자살시도를 할 때 상담자가 어떻게 조치를 취하
   고 대처해야 할지 생각해 보시오.
5. 경계선 인격장애자를 상담할 경우 발생할 수 있는 사건들에 대해서 생각
   해 보고 본인은 상담자로서 어떻게 대처할지 생각해 보시오.
6. 경계선 인격장애자의 혼돈된 자기감을 치료하기 위해 기독교적인 자
   원을 동원한다면 어떤 것들이 있을지 나열해 보시오.

참고문헌

류인균. "Family Environment in Depressed Patients with Borderline Personality Disorder: Differences in Perception between Patients and Parents," 『신경정신의학』. 1995. pp. 1319-1326.

양은주, 류인균. "경계선 성격장애의 생물유전적 기질, 현상적 성격 및 방어기제적 특성과 정신병리와의 연관성 연구," 『정신병리학』, 9. 2000. pp. 3-15.

유영권. "대상관계이론과 목회상담 I, II," 『기독교사상』, Vol. 40. 1996. 10.

이동수. "청소년기 경계선 장애의 치료-정신분석적 입장에서," 『소아·청소년정신의학』, Vol. 6(1). 1995. pp. 43-46.

장경준, 정제연. "청소년기의 경계선 인격장애," 『소아·청소년정신의학』, Vol. 6(1). 1995. pp. 34-42.

홍강의, 전성일, 신민섭. "청소년 경계선 상태의 임상적 분류," 『소아·청소년정신의학』, 6(1). 1995. pp. 18-33.

홍강의, 이정섭, 신민섭. "아동기 경계선 장애: 8증례," 『소아·청소년정신의학』, Vol. 6(1). 1995.

홍강의. "청소년기의 경계선 인격장애," 『소아·청소년정신의학』, Vol. 6. 1995. p. 23.

홍상황, 김영환. "경계선 성격장애 척도의 타당화 연구: 대학생을 대상으로," 『한국심리학회지: 임상』, Vol. 17. 1998.

American Psychiatric Association / 이근후 외 역. 『정신장애의 진단 및 통계편람 제4판』. 서울: 하나의학사. 1994.

Battegay, R., Huberman, I., Schlosser, C., & Visoiu, C. "Trends in Group Psychotherapy with Borderline Patients," *Group Analysis*, London,

Vol. 25. 1992. pp. 61-73.

Cauwels, J. *Imbriglio: Rising to the Challenges of Borderline Personality Disorder.* New York: Norton & Company. 1992.

Gabbard, G. / 이정태, 채영래 역. 『역동정신의학』. 서울: 하나의학사. 1996.

Gallager, R., Manierre, A., & Castelli, C. "From the Valley of the Shadow of Death: A Group Model for Borderline Patients," *Journal of Pastoral Care, Vol. 48* Spring. 1994. pp. 45-53.

Greenberg, J., & Mitchell, S. *Object Relations in Psychoanalytic Theory.* Cambridge: Harvard University Press. 1983.

Greenman, D. A., & Gunderson, J. G. "An Examination of the Borderline Diagnosis in Children," *Annual Progress in Child Psychiatry and the Development.* 1987. pp. 410-411.

Kelly, T. M., Soloff, P., Lynch, K., Haas, G., & Mann, J. "Recent Life Events, Social Adjustment, and Suicide Attempts in Patients with Major Depression and Borderline Personality Disorder," *Journal of Personality Disorders, 14*(4). pp. 316-326.

Kernberg, O. *Borderline conditions and pathological narcissism.* New York: Jason Aronson. 1976.

Kernberg, O. *Psychotherapy of borderline patients.* New York: Basic Books. 1989.

Lawrence, R. P., Klein, D., Anderson, R., & Crosby, Q. "A family study of outpatients with borderline personality disorder and no history of mood disorder," *Journal of Personality Disorders, 14*(3). 2000. pp. 208-217.

Koenigsberg, H. W., Harvey, P., Mitropoulou, V., New, A., Goodman, M., Silverman, J., Serby, M., Schopick, F., & Siever, L. "Are the

Interpersonal and Identity Disturbances in the Borderline Personality Disorder Criteria Linked to the Traits of Affective Instability and Impulsivity?" *Journal of Personality Disorders, 15*(4). 2001. pp. 358–370.

Linehan, M., & Kamins, M. Dialectical Behavior Therapy: Psychological Skills Group. Unpublished.

Linehan, M. *Skills Training Manual for Treating Borderline Personality Disorder.* New York: Guilford Press. 1993.

Underwood, G., Froming, W. J., & Moore, B. S. "Mood and Personality: A search for the casual relationship," *Journal of Personality, 60.* 2000. pp. 5–23.

Zinkin, L. "Borderline Distortions of Mirroring in the Group," *Group Analysis, London, Vol. 25.* 1992. pp. 27–31.

제7장

나르시시즘과 기독(목회)상담

한국교회는 지난 수십 년 동안 세계가 주목할 정도로 급격한 성장을 경험하였다. 그러나 이러한 성장이 1990년대부터 정체를 겪으면서 현재 마이너스 성장에서 오는 위기감을 느끼지 않을 수 없다. 한국갤럽이 실시한 〈한국인의 종교와 종교의식에 관한 보고서〉에서는 1980년대까지 증가했던 종교인구의 비율이 1990년대에 와서 감소한 것을 지적하고 이 중에 남성, 젊은층 그리고 고학력자들의 탈종교 현상을 분석하였다. 종교를 갖지 않은 사람들을 상대로 조사한 결과 절반 정도가 과거에 종교를 가지고 있다가 그만둔 사람으로 그중 73%가 과거 개신교인들이었다. 이 중에서도 젊은층과 고학력자들의 이탈이 가장 높았는데 그 이유는 기독교가 너무 배타적이라는 것, 물질을 강조한다는 것,

교파 간의 대립, 사회봉사가 적다는 것, 전도 방법이 너무 지나치다는 것을 들고 있다.[1] 이러한 상황 속에서 '어떤 요인이 이러한 결과를 초래하게 하였는가?'라는 질문을 해 본다. 여러 가지 요인이 있을 것이다. 신자본주의의 영향, 세상에서 제대로 역할을 하지 못한 기독교인들의 모습, 모범적인 모습을 보여 주지 못한 교회 등 여러 가지가 있겠지만 필자는 특히 한국교회의 지도자들과 그 지도를 받고 있는 교인들의 나르시시즘(narcissism) 성향 때문이라고 본다.

교회는 교회 창립 예배나 기념식에 초대받는 분들을 모시는 데 있어서 어느 자리에 앉게 하는가, 어떤 대우를 해야 하는가 등에 대하여 불필요한 신경을 많이 써야 한다. 한 순서에 축사가 3명이나 있는 기이한 모습도 나타난다. 초대장을 받지 않았다면서 행사에 참석하여 화를 내는 사람이 있기도 하고, 자기는 왜 단상에 올라가서 못 앉느냐는 항의 속에 간간히 "내가 누군지 알아? 날 우습게 보는 거야!"라는 분노에 찬 말이 들리기도 한다. 식사기도를 맡은 목회자가 자신이 하고 싶었던 설교를 하면서 10분이 넘게 기도를 하는가 하면 대표기도를 하는 한 장로는 목회자의 설교보다 더 긴 기도로 예배의 분위기를 흐트러뜨리는 경우도 있다. '명예' 자가 붙은 직함과 '고문'은 왜 그렇게 많은지 자기를 알아 달라는 이들의 몸부림이 애처롭기까지 하다.

사회현상 속에서도 왕자병, 공주병이라는 유행어가 만들어지는 등 외모지상주의적인 성향이 만연함을 볼 수 있다. 자기애적인 성

---

1) 기독신문(2001. 7. 18.).

향을 가진 지도자들은 각 단체의 장이 되어 명함에 수십 개의 직위를 자랑하고, 자신의 입장과 다른 소리는 전혀 듣지 않음으로 말미암아 대화와 타협이라는 단어는 실종되고 극단적인 대립과 투쟁으로 채워진 시간들을 보내 왔다. 상생이라는 단어는 자기애적인 성향의 지도자에게 자신의 이미지를 좋게 하는 장식물에 불과하며 드러나지 않는 자기애(내현적 자기애)의 모습을 담고 있는 양상이라고 볼 수 있다.

전반적으로 한국사회와 한국교회에는 나르시시즘이 뿌리 깊게 자리 잡고 있다. 담임목회자 중심의 교회 권력구조, 교회의 불투명한 의사소통체계, 투명한 행정체계의 결핍, 단기적 지도력이 가지는 한계 등은 나르시시즘으로 인해 나타나는 역기능일 것이다. 이 장을 통해 우선 나르시시즘의 원인과 그 증상들에 대해 살펴보고 기독(목회)상담적 제언을 하고자 한다.

1. 나르시시즘에 대한 이해

1) 나르키소스 신화

[그림 7-1]은 자기 자신의 모습과 사랑에 빠진 한 젊은 사냥꾼의 이야기다. 나르키소스가 태어나자 어머니는 예언자인 테이레시아스에게 어떻게 해야 아들이 오래 살 수 있는가 물었다. 예언자는 "자기 자신을 모르면 오래 살 것이다."라고 하였다. 나르키소스는 아름다운 청년으로 성장하였다. 나르키소스는 타인의 어

John W. Waterhouse, 〈에코와 나르키소스(Echo and Narcissus)〉, 1880.

[그림 7-1] 나르키소스 신화

떤 사랑도 받아들이지 않았다. 그러던 중 사냥에 나갔다 지친 나
르키소스는 샘에 와서 물을 마시기 위해 몸을 굽혔는데 그 샘물에
비친 자신의 아름다운 모습을 보면서 샘물의 요정이라고 생각했
다. 이 모습에 반해 키스하려고 입술을 대려는 순간 그 모습은 없
어졌다가 다시 모습을 드러냈다. 나르키소스는 그곳을 떠날 수 없
었고 자신의 모습 곁에서 서성이고 있었다. 나르키소스는 혼자 가
슴을 태우다 날로 쇠약해지고 결국 죽게 되었다. 그가 죽은 곳에
꽃 한 송이가 피었는데 그 꽃을 수선화라 부른다.

2) 정신분석학적 접근

프로이트[2]는 그의 저서 『On Narcissism』을 쓰면서 나르시시즘
(narcissism)에 대한 연구를 시작하였다. 그는 자기애(self-love)를 설

명하기 위해 나르시시즘이란 단어를 사용하면서, 이 나르시시즘
은 아이가 가지는 자연적인 자기사랑이 훼손당할 때 생긴다고 보
고 있다. 부모가 자신에게 깊은 관심과 애정을 주면 아이는 자신
이 소중한 존재라고 느낀다. 이 경험은 아이로 하여금 유아적 자
기애, 다시 말해 일차적 자기애3)를 가지게 한다. 아이가 점점 외
부 세계를 발견하고 대상애(object love)가 생기면서 타자에 대한
사랑을 나타내는 정상적 자기애로 발전해야 하는데 그렇지 못하
고 리비도 에너지가 어떤 대상(object)에 카텍시스(cathexis: 리비도
에너지가 한 부분에 점유된 상태)되었다가 그 대상이 수용해 주지 않
는 경우 자신에게 다시 돌아와 이차적 자기애를 유발한다. 프로이
트가 이해하는 나르시시즘은 대상애를 통해 정상적 자기애를 발
전시키지 못하고 성숙하기 전 상태로, 다시 자기를 향해 퇴행하는
것이다.

하인즈 코헛(Heinz Kohut)4)은 정상적 자기애와 비정상적 자기
애를 구별하여 모든 인간에게 자기애가 있지만 정상적으로 발달

---

2) S. Freud, "On Narcissism: An Introduction," In A. P. Morrison (Ed.), *Essential
Papers on Narcissism* (New York: New York University Press, 1986), pp. 17-43.

3) 자기애의 가장 초기 형태로서 어린이의 리비도가 자신의 신체와 그 신체기능의 만
족감에 지향하고 있고, 외부 환경이나 대상에는 지향하고 있지 않는 것을 말한다. 이
단계에서의 어린이들은 부분적으로 자신의 조그마한 몸짓이 공복감의 만족을 충족
시켜 주게 한다는 사실과, 부분적으로는 점차 증가하는 그의 능력 혹은 부분적으로
는 무능감과 불안감에 대한 반동형성 등에서 일어나는 완전감과 전능감으로부터 연
유하는 자기애적 이상자아를 형성하게 된다. 이병훈, 『정신의학사전』 (서울: 일조각,
1990), p. 342.

4) H. Kohut, *The analysis of the self: A systemic approach to the psychoanalytic
treatment of narcissistic personality disorders* (New York: International University
Press, Inc., 1974), pp. 3-4.

하면 활발한 인간관계를 맺게 된다고 주장한다. 하지만 그렇지 못
하고 외부 세계로부터의 공감이 없을 경우 비정상적인 자기애로
발전하게 된다. 그는 나르시시즘의 구조가 인간 모두가 가지고 있
는 구조라는 것을 지적하여 나르시시즘의 개념을 확장하였다.

어린아이는 정상적인 발달 과정에서 부모와의 관계에서 생성된
과장된 자기(grandiose self)를 형성하게 된다. 아이는 내가 원하는
대로 어머니가 나타나는구나 상상하게 되고 자기 자신을 상당히
중요한 존재로 인식한다. 이런 아이가 성장 과정에서 자기상과 부
모상에 대한 좌절을 경험하게 되면서 자신이 전지전능한 존재가
아니라는 것을 깨닫게 된다. 이런 과정을 통해 아이는 현실적인 한
계를 받아들이게 된다. 이 과정을 그림으로 표시하면 다음과 같다.

어머니의 공감 부족이나 결핍으로 인하여 아이는 적절한 좌절
(optimal frustration)을 경험하게 되고 이 아이는 손상된 자기애를
극복하려고 자신을 달래는 어머니의 기능을 담당하는 자기구조

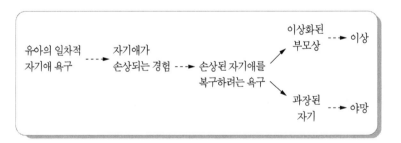

[그림 7-2] 자기애의 발전 양상[5]

5) A. M. Siegel, *Heinz Kohut and the Psychology of the Self* (London: Routledge, 1996), p. 68.

(self-structure)를 형성하게 된다. 이 자기구조는 두 가지의 나르시시즘적인 구조물을 만드는데 이상화된 부모상(idealized parental imago)과 과장된 자기(grandiose self)이다. 이상화된 부모상은 긴장을 견디고 안정된 정신적 구조물을 형성하고 성숙한 나르시시즘으로 변형된다. 과장된 자기는 좌절의 경험에 대해 수치감을 경험하고 병리적인 자기애를 발전시켜 착취하며 공감하지 못하는 성향을 갖게 된다.

컨버그6)에 의하면, 자기애는 부모의 거부로 인한 결과로 아이가 방어적이 되어서 자기철수(withdrawal)를 하여 세상에 대한 불신감을 갖게 되는 것이라고 한다. 그는 초기 대상관계의 병리학적인 면을 중요시하였고 이 중요한 병리는 왜곡되거나 빈약한 대상관계들이 내담자의 내적 세계의 부분이 되어서 나오는 결과라고 한다. 컨버그는 냉정한 부모의 거부나 방임의 결과로 전체 대상관계를 성취하는 데 실패하고 그것에 대한 방어적 반응(defensive response)으로 자기애 성향이 나타난다고 보고 있다.

어릴 적에 부모의 거부나 악한 대상(bad object)의 경험이 있으면 이 아이는 방어적 작동으로 분열(splitting)하며 자기를 보호한다. 이로 인해 자기애적 인격 성향은 사랑하는 대상을 무의식적으로 평가절하하며, 다른 사람에 대해 관심을 가질 수 있는 능력이 결핍되어 있다.

이상의 여러 학자들의 의견을 종합하면 인간은 태어나면서부터

---

6) O. Kernberg, *Object Relations Theory & Clinical Psychoanalysis* (New York: Jason Aronson, 1984), pp. 66-68.

자기사랑을 형성해 가는 과정에서 외부 세계에 있는 대상(object) 으로부터의 경험에 바탕을 두어 자기애를 형성해 나간다. 아이는 외부 세계에 대한 사랑(object love, 대상애)을 표현하지만 이 표현 에 적절한 반응을 경험하지 못하고 좌절의 경험(optimal frustration) 을 하게 되면서 나름대로 생존하고자 방어 작용을 하는데 악한 대 상(bad object)과 선한 대상(good object)을 분리(splitting)하여 내 안 에 있는 선한 대상을 보호하려는 노력을 하게 된다. 즉, 사랑의 에 너지를 외부 대상에 적절하게 나타내지 못하고 철수하여 나를 보 호하려는 처절한 노력을 하는 것이다.

악한 대상의 경험으로 가득 찬 자기는 외부 대상을 자신을 위협 하는 대상으로 생각하게 되고 외부 대상에 대한 공격과 방어를 거 듭한다. 이 과정 중에 공격한 대상이 선한 대상의 한 부분인 것을 경험하는 전체 대상표상이 생기면 자기는 공격한 그 대상에 대해 함께 아파하는 공감(empathy) 능력을 키우게 되지만, 선한 대상의 경험이 결핍된 상태에서는 당연히 나에게 나쁜 대상의 경험을 제 공하는 외부 대상에 공격을 가하여도 죄책감이나 공감을 느낄 수 없게 되는 것이다. 자기애성 인격장애자에게 공감의 능력이 결핍 되어 있고 반사회성 인격장애자와 공통된 증상을 가지고 있는 것 도 대상에 대한 공감 능력의 부족으로 설명할 수 있을 것이다.

2. 자기애 증상

자기애성 인격장애(narcissistic personality disorder)를 진단하는

2. 자기애 증상   **223**

기준으로 『정신장애의 진단 및 통계편람 제4판(DSM-IV)』에서는 다음과 같은 진단 기준을 제시한다.

전반에 걸친 과대망상적 환상이나 행동, 존경에 대한 요구, 공감의 결핍 등이 청년기에 시작되고 여러 측면에 존재하며 다음 중 적어도 다섯 가지 이상이 나타난다.

1. 자신의 중요성에 대한 과대망상적 느낌을 갖는다. 예를 들면, 자신의 성취한 재능을 과장하고, 그에 합당한 성취가 없음에도 불구하고 우월한 사람으로 인식되기를 기대한다.
2. 끝없는 성공, 권력, 훌륭함, 아름다움 혹은 이상적인 사랑에 집착한다.
3. 자신이 특별한 사람이고 독특하며 단지 특별하고 높은 지위의 사람이나 기관에 의해서만 이해될 수 있다고 믿는다.
4. 지나친 존경을 요구한다.
5. 특별한 권리가 있다고 느낀다. 즉, 아주 특별한 대우라든지 자신의 기대에 대한 자동적인 충족 등 불합리한 기대를 갖는다.
6. 대인 간 착취, 즉 자신의 목적을 위하여 타인들을 이용한다.
7. 공감의 결핍, 즉 타인들이 어떻게 느끼든지 인식하거나 알아보려 하지 않는다.
8. 타인을 질투하거나 타인들이 자신을 질투하고 있다고 믿는다.
9. 거만하고 도도한 행동이나 태도를 취한다.

DSM-IV에서 보여 주는 자기애성 인격장애의 특성은 전반적으로 거만하고 자신감에 찬 태도를 가지고 있어서, 어떤 일에 항상

과도한 자신감에 넘쳐 있다는 것을 나타내고 있다. 자기를 내세우고 자랑을 늘어놓으며 허풍에 가까울 정도로 지나친 자기과시를 보인다. 그리고 자신은 특별한 존재라는 생각이 있어서 자신을 특별하게 대해 주지 않는 사람이나 기관에 적대적인 감정을 갖게 된다.

이들의 정서 상태를 보면 항시 즐거운 기분으로 가득 차 있거나 다른 사람이 가진 것에 대한 시기와 질투의 감정을 가지고 있고, 자신이 당연히 받아야 할 것을 받지 못한 것에 대한 분노감도 가지고 있다. 다른 사람에게 칭찬받으려는 강한 욕구가 있고 지루함과 공허감을 자주 느껴서 항상 자극적인 것을 찾으려 한다. 자신이 한 일이 기준에 안 맞으면 쉽게 우울해하거나 불안해한다. 자신의 감정을 적절하게 표현하지 못한다. 만약 감정 표현을 한다 하더라도 정제된 표현이 아니라 극적인 표현을 써서 논쟁이나 싸움에 이르게 된다.

이만홍[7]은 나르시시즘의 핵심 병리가 자기, 또는 원초적이고 나르시시즘적인 자기대상(archaic narcissistic self-object)에 있다고 본다. 이 에너지를 고갈시키는 원초적인 나르시시즘 구조물에 있어서 아직도 불안정하고 통제력이 미숙한 자아가 느끼는 불안은 일차적으로 '자아의 붕괴에 대한 위험'이다. 즉, 자기가 일시적으로 그 통합성을 잃고 조각이 나거나(fragmentation), 과대적 원초적인 자기대상(self-object)이 성숙한 자기 안으로 침입해 들어올 것 같은 불안이 나타난다. 따라서 자아는 자신의 자존감을 정상 수준으로

7) 이만홍, "정신분석적 자기심리학에서의 나르시시즘 이해," 『정신병리학』, 4(1) (1995), p. 18.

통제하지 못하게 될까 봐 불안해하는 것이다. 그 결과 나르시시즘적인 불안과 결핍은 불안한 과대성과 흥분(anxious grandiosity and excitement)에서부터 혼란(embarrassment), 자기의식(self-consciousness), 심한 수치감(sever shame), 건강염려증, 우울 등 여러 다양한 증상으로 나타난다.

인지적 특성으로는 자신에 대해 현재의 업적보다 더 크게 부풀리는 과대평가를 함으로써 항상 특별한 대우를 받아야 하는 특권의식을 가지고 어떤 일의 성공에 대해 자기 자신의 공으로 돌린다. 겉으로는 외향적이고 사교적이나 공감 능력의 부족으로 불안정한 대인관계의 모습을 보인다.

컨버그[8]는 자기애성 인격장애자가 다른 사람과 부드러운 관계를 맺을 수 없고, 통합된 자아개념과 타자에 대한 개념이 없다고 지적한다. 그럼으로 인해 사회적으로 고립되고 성적인 욕구를 자위행위적 환상을 통해 만족한다. 전반적으로 사랑에 빠지지 않지만, 사랑을 할 수 있는 능력이 있는 사람은 난잡한 성 관계를 맺는다고 한다.

3. 자기애 유형

DSM-IV는 외현적 자기애의 특성을 반영하지만 내현적 자기애 특성은 나타내고 있지 않다. 내현적 자기애의 특성은 다른 사람의

---

8) O. Kernberg, Op. Cit., pp. 192-193.

반응에 매우 민감하고 수줍어하며, 지나치게 감정을 억제하고 사람들의 관심이 나에게 집중되는 것을 불편하게 여긴다. 다른 사람들이 나를 좋아하고 있는지에 대하여 늘 예민해져 있다. 외현적 자기애 성향을 가진 사람은 다른 사람들에 대해 무감각하지만 내현적 자기애 성향을 가진 사람들은 다른 사람의 반응에 상당히 민감하고 자신을 낮추는 겸손한 모습을 보인다. 그리고 자기의 자존감을 유지하기 위해 수치심을 유발할 수 있는 환경을 처음부터 회피한다. 외현적 자기애자는 다른 사람을 '나의 위대함을 인정하고 칭찬해 주는 존재'로 인식하고 내현적 자기애자는 다른 사람을 '나를 받아들여 주고 좋아해 주는 존재'로 인식한다.

테오도르 밀론(Theodore Millon)[9]은 자기애적 양상에 따라 엘리트형(elitist) 자기애, 보상형(compensatory) 자기애, 무절제형(unprincipled) 자기애, 호색형(amorous) 자기애로 나눈다. 엘리트형 자기애는 항상 사람들로부터 받는 찬사와 인정에 집착하고 꽤 성공한 지위에 있는 경우가 많다. 보상형 자기애는 항상 뭔가 부족하고 열등하다는 결핍감을 가지고 있다. 이러한 자신의 모습을 보상하기 위해 과장한 자기상(grandiose self)에 집착한다. 이들은 자신을 인정해 줄 사람들을 필사적으로 찾아 나선다. 무절제형 자기애자는 반사회적 성향도 지니고 있으며 자기중심적이며 착취성이 강하다. 호색형 자기애는 이성을 성적으로 유혹하고 정복하려는 성적 취향을 지닌 사람들이다. 진실성이 부족하며 성적 관계에

---

9) T. Millon, *Personality Disorders in Modern Life* (New York: John Wiley & Sons, 2000), pp. 277-280.

서 우월적 능력을 과시하려 하며 사기와 거짓말을 반복한다.

자기애의 다른 유형으로 무감각형 자기애와 과민형 자기애가 있다. 무감각형 자기애는 타인의 반응에 무관심하고, 잘난 체하며 공격적이다. 스스로에게 도취되기 쉬우며 항시 관심의 초점이 되기를 원한다. 의사소통에 있어서 자신의 뜻을 나타내기만 하지 다른 이의 뜻을 받아들이는 능력이 없다. 그리고 타인에 의해 상처를 받아도 무감각하다. 이에 반해 과민형 자기애는 타인의 반응에 민감하고, 부끄러워하며 자기를 내세우지 않는다. 자신보다 타인에게 주의를 기울이고 다른 사람의 관심의 초점이 되는 것을 피한다. 타인의 말에 귀를 기울이다가 쉽게 모욕감을 느껴 상처를 잘 받는다.

한국교회 성도와 지도자들을 관찰해 보면 착취하며 자신의 주장을 관철하려 하며 공격적이고 스스로에 도취되어 타인의 반응에 무관심한 외현형, 엘리트형, 무감각형 자기애는 낮은 비율로 나타난다. 일반적으로 다른 사람들의 평가에 대해 매우 예민하고 상처를 쉽게 받는 내현적 자기애 형태를 가지고 있으며, 엘리트형 자기애보다는 자기의 부족한 면들을 보상하기 위해 과장된 자기를 표현하려는 보상형 자기애 성향을, 무감각형 자기애보다는 과민형 자기애의 성향이 높은 비율을 차지하고 있다.

4. 자기애와 리더십

프로이트[10]는 집단의 역학 속에서 지도자의 자기애적 집단 구성원은 자신의 자아가 약하기 때문에 지도자에게서 이상적 자아

(ego-ideal)를 발견하고 자신의 갈등으로부터 탈출한다고 하였다. 하지만 지도자는 누구도 사랑할 필요가 없다. 프로이트는 이것을 "오늘날까지도 집단의 구성원들은 그들의 지도자에 의하여 평등하고 공평하게 사랑받고 있다는 환상을 필요로 하고 있다. 그러나 그 지도자 자신은 누구도 사랑할 필요를 느끼지 않는다. 그는 지배자적인 성격을 가지고 있으며 절대적으로 나르시시즘적이고, 자신만만하고, 독립적일 것이다."라고 하여 지도자의 그늘 안에 있는 나르시시즘적인 성향을 지적하고 있다.

집단역학에서 집단 구성원들은 지도자에게서 이상적 자아(ego-ideal)를 찾으려고 노력하고 지도자에게 의존하고자 하는 '의존적 전이'를 항상 가지고 있다. 집단의 성향상 자연적으로 지도자는 집단 구성원들의 지도자에 대한 전이로 인하여 자아도취적이고 자기애적인 성향을 가지기 쉽다. 특히 한국인에게 있는 자기의사를 표현하지 못하고 감정을 억제하며 권위에 의존하고자 하는 경향으로 인하여 어느 단체의 지도자든 자아도취형으로 만들어질 환경에 쉽게 노출된다. 특히 교회에서는 지도자에 대한 의존욕구와 하나님에 대한 의존욕구가 융합이 되어 신의 전지전능(omnipotency)의 속성이 목회자에게 전이되어 나타나는 경향이 보인다. 이러한 환경 속의 리더십은 자연적으로 카리스마적인 리더십의 형태를 띠게 된다. 카리스마를 가진 지도자는 집단원들에게 막대한 영향력을 끼친다. 한국 기독교에서 소위 말하는 '성장한 교회의 지도자의 유형'은 카리스마적인 형태를 많이 띠었으며, 이것이 교회의 양적 성

---

10) S. Freud / 박영신 역, 『집단심리학』 (서울: 학문과 사상사, 1980), p. 96.

장에 적지 않은 영향을 미쳤음을 부인할 수 없다.

마이클 맥코비(Michael Maccoby)와 양동훈[11]은 자아도취형 리더는 비전을 제시하고 큰 그림을 볼 줄 알며 말로 사람을 움직일 수 있는 언변을 가진 카리스마적 재능을 가지고 있다고 했다. 하지만 이런 지도자들에게는 항상 자신을 찬양해 줄 추종자들이 있어야 한다. 이들은 자신의 추종자들에게는 매우 의존적이다. 자아도취형의 지도자들에게 비판적 반응을 하면 그들은 견디지 못한다. 자신이 원하는 정보만 받아들이려 하고 자신의 생각을 다른 사람들에게 주입시키려 한다. 이로 인하여 그의 주변에는 항상 예스맨들이 포진하고 있고, 훌륭한 인재나 부교역자들이 지도자를 떠나게 만든다. 이러한 현상은 한국교계에도 나타나는데, 카리스마를 지닌 지도자가 개척한 교회를 자연스럽게 승계할 수 있는 후계자가 나타나기가 어려운 것도 이러한 지도자의 성향 때문일 것이다. 또한 이들은 공감 능력이 부족하여 다른 사람을 이해하거나 그들의 감정을 헤아리지 못하고 구성원들의 분노를 일으키는 결정을 하는 경향이 있다. 또한 경쟁심이 강하여 자신의 이익을 위하여 도덕적 규칙이나 양심을 따르지 않고 무조건적인 승리에 집착한다. 자기애적인 리더십의 소유자는 절망과 위기의 상황에서 정서적으로 불안하고 인내력이 없으며, 방어가 강하며 그 상황을 효과적으로 대처할 능력이 없어서 좌절하거나, 그 상황에 맞지 않는 결정을 내려서 그 위치에서 물러나게 되는 결과를 초래할 수도 있다.

---

11) M. Maccoby, & 양동훈, "왕자병에 걸린 최고 경영자: 진단과 처방," *Sogang Harvard Business* (2000), pp. 110-114.

5. 기독(목회)상담적 제언

한국문화는 부모와 자식 간의 양육 형태로 볼 때 아이가 성장하면서 자기애적 성향을 보일 수밖에 없는 특성을 가지고 있다. 한국의 정치지도자들과 종교계의 지도자들도 전반적으로 한국문화적인 자기애 성향을 보인다. 필자는 이 장의 처음 부분에서 한국교회 성장의 둔화와 개신교에서 이탈하는 사람들이 증가하는 현상에 대해 한국교회와 지도자들의 자기애적인 성향이 큰 원인이라고 지적하였다. 이러한 자기애적 문화 속에서 다시 한 번 한국교회의 질적 성장을 위해 필자는 다음과 같은 기독(목회)상담적 제언을 하고자 한다.

첫째, 목회자들의 자질을 향상시킬 필요가 있다. 앞의 '4. 자기애와 리더십'에서도 지적하였듯이 한국교회의 지도자들은 내현적 자기애, 과민형 자기애, 보상형 자기애 성향을 띠고 있는데 그것은 자신 안의 자존감과 연결되어 있다는 가설을 세워 볼 수 있다. 목회자의 자존감이 낮으면 그것의 보상 심리로 특권의식과 착취의 대인관계 양상을 보일 수 있다. 잘못하면 이단·사이비 종교의 교주가 될 가능성도 높고 영적 권위라는 포장에 자기를 감추고 성도에게 심각한 상처를 줄 수도 있다. 이러한 현상을 예방하기 위해 목회자나 기독(목회)상담자를 선발할 때에 심리검사를 통하여 신중하게 선발할 필요가 있고 목회자 자신의 모습을 비춰 볼 수 있는 상담을 의무화하는 등 다방면으로 목회자들의 심리·정서적 자질을 향상시킬 필요가 있다.

둘째, 상담자의 자기애적 성향을 줄이기 위해서는 상담훈련과 영적 훈련이 병행될 필요가 있다. 영적인 훈련이 잘 되어 있다면 자존감도 높아질 것이고 이렇게 되면 자존감이 낮아 생기는 착취성과 특권의식의 정도를 줄일 수 있을 것이다. 신학대학의 교육과 상담자 교육에 있어서 이론신학, 성서신학, 상담 이론에 관한 제반 교육도 중요하지만 영적인 훈련이 함께 준비되지 않으며 지위를 활용해서 특권의식으로 무장하여 목회활동에 착취적인 성향을 가지는 목회자가 되거나 상담 상황에서도 내담자의 아픔을 진정으로 반영(mirroring)하거나 공감하지 못하는 가해적 상담자가 될 것이다.

셋째, 자기애적 성향이 나타나지 못하도록 하는 제도적 안전장치가 필요하다. 상담훈련 과정에서처럼 목회자에게도 수퍼비전이 필요하다. 멘토와의 관계를 통해 기성 교회의 당회장이 되어서 자신의 왕국에 갇혀 있지 않도록 총회나 연회에서 의무적으로 멘토의 관계를 부가하여 자신에 갇혀 있지 않고 스스로를 객관적으로 볼 수 있도록 하는 제도적인 장치가 있어야 하겠다. 자기애적 지도자는 지시하고 가르치는 것에는 익숙하지만 배우는 것에는 익숙하지 않다. 이들이 평생에 걸쳐 배우도록 하는 제도를 마련할 필요도 있다고 본다. 상담자 양성에 있어서도 상담훈련 과정 몇 학기를 마치고 나서 과감하게 상담소를 개설하는 것을 막고 시간이 걸리더라도 심도 있게 자기를 바라볼 수 있는 훈련과 수퍼비전이 병행된 상담교육이 진행되어야 할 것이다.

넷째, 평신도 지도력을 향상시킬 필요가 있다. 근로자의 희생에 바탕을 둔 경제 성장처럼 한국교회의 성장도 평신도의 헌신에 바탕을 둔 교회 성장이었다. 한국교회는 계획성 없는 양적 성장 운동에 매몰되어 교인 수에 집착하게 되고 목회신학의 형성 없이 목회가 이루어지고 양적 성장 논리에 희생되어 실생활에 적용되어야 할 기독교 정신의 실천이 없었다. 목회자 자신에 대한 의식뿐만 아니라 우리에 대한 의식, 관계성 등에 대한 인식이 높아질 필요가 있다. 조윤경[12]은 '나' 의식과 '우리' 의식이 높을수록 심리사회적 성숙도가 높다고 지적한다. 이제 교회 성장에서 어떤 개인의 야심과 과대화된 자기의 실현 때문에 구성원의 질적 성장이 희생되는 일은 없어야 한다. 목회자가 자신의 은사로 모든 교인들을 먹이는 형태가 아니라 성도들이 자신의 은사를 인식하도록 도와주는 목회적 돌봄 능력이 있어야 할 것이다. 평신도의 지도력을 키우기 위해 목회자가 자신에게 들이는 시간 중 20% 정도만이라도 할애한다면, 한 지도자의 나르시시즘이 활성화되는 환경을 제도적으로 방지하는 체계가 갖추어질 것이다.

자기애 성향을 가지는 지도자는 여성성에 대하여 평가절하하는 경향이 있다. 컨버그[13]는 자기애 성향을 가진 사람은 여성에게 의존해야 하는 욕구를 부정함으로써 여성과 진지하고 깊은 관계를 맺기 어렵다고 한다. 좋은 엄마에게는 의지하고 나쁜 엄마 부분은 보복하고자 하는 각오가 무의식에 자리 잡고 있다. 사랑과 증오의 모순된 감정을 관용할 수 있는 능력이 없는 것이다. 자기애적 성향으로 인한 한국교회의 여성지도력 훼손을 회복해야 한다. 의도

---

12) 조윤경, "한국인의 나의식-우리의식과 개별성-관계성, 심리사회적 성숙도 및 대인 관계문제와 관계," 『한국심리학회지: 상담 및 심리치료』, 15(1) (2003), pp. 91-109.
13) O. Kernberg, Op. Cit., p. 186.

적으로라도 교회 내에서 여성지도력을 키워야 하고, 적극적으로
여성을 지도자적 위치에 적절하게 배치해야 한다.

다섯째, 양육태도의 전환이 필요하다. 밀론[14]은 부모의 자녀과
잉보호가설로 부모가 자녀를 과대평가하고 너무 많은 관심을 기
울이기 때문에 자녀들이 자신에 대한 믿음을 완벽하게 키우고 비
현실적인 자기에 대한 과장된 느낌을 갖게 된다고 평가한다. 제임
스 매스터슨(James Masterson)[15]은 동양 문화권에서는 부모의 엄한
가정교육 환경 때문에 아이의 자기애적 과시 성향이 억압된 상태
로 남아 있다고 한다. 부모가 아이를 과대평가해서 부모 자신의
약점을 극복하고 잊어버리기 위해 아이에게 완벽을 요구하는 경
향도 있다. 부모가 아이를 자신의 결점을 극복하고, 자기보다는
더 나은 삶을 살게 될 것이라는 기대를 가지고 못 다 이룬 꿈을 실
현해 줄 인물로 보는 것이다.

불안전한 부모(insecure parent)의 불안정한 심리와 자신의 약점
을 극복하고 자신을 대체하고자 하는 그릇된 욕망 때문에 아이를
과잉보호하는, 즉 자신의 욕구 충족을 위해 자녀들을 양육하는 형
태에서 벗어나야 한다. 자녀들의 참된 모습을 인정하지 않기 때문
에 독립적 · 자율적이고 개별화된 사람으로 성장하는 데 부모가
가장 큰 걸림돌이 되는 경우가 있다. 자율적이고 독립적인 성향을
장려하고 자녀가 부모로부터 개별화되도록 하는 가정교육의 변화
가 있어야 한다.

---

14) T. Millon, Op. Cit., pp. 288-293.
15) J. Masterson, *The narcissistic and Borderline Disorders: an integrated develop-mental approach* (New York: Brunner/Mazel, 1981).

여섯째, 과거와 미래의 연결을 원만하게 할 수 있는 지도력이 필요하다. 교회를 개척한 지도자가 그 당시 개척공신과 함께 교회를 자신의 소유인 것처럼 착각하며 행동할 때가 있다. 그리하여 자신이 개척한 교회에서 떠나는 데 어려움을 겪는다. 자기애적인 성향의 지도자는 내가 아니면 조직이 운영되지 못한다는 자아도취에 빠져서 그 기관의 후계자를 키우는 일을 등한시한다. 비판에 민감하므로 주변에는 예스맨만 포진시키고 자신의 능력과 권위를 후계자에게 이양하는 일을 순조롭게 진행하지 못한다. 또한 자기애적 지도자는 과거로부터 분리하려고 부단히 노력한다. 자신의 능력이 과거의 인물 때문에 가려지는 것을 참지 못하는 것이다. 올바른 교회 성장이 이루어지려면 과거의 업적과 경험을 받아들이고 내가 없는 자리를 채울 다른 지도자를 훈련시키고 양육하는 일이 절실히 필요하다.

일곱째, 공감할 수 있는 목회자와 평신도 리더십이 필요하다. 상담 상황에서도 자기애적인 성향의 내담자에게는 공감 능력의 회복이 가장 우선되는 치료의 목표가 될 것이다. 나르키소스 신화 속에서도 나르키소스는 자기애 성향 때문에 다른 사람의 사랑을 받아들이지 못했다. 즉, 다른 사람의 사랑에 대한 공감 능력이 부족함을 알 수 있다. 사랑이란 다른 사람의 감정에 대해 반응하고 내 감정이 어떻게 다른 사람에게 비춰지는가를 느끼면서 진행되는 감정의 소통인데 나르키소스는 그 능력이 부족했던 것이다. 나르시시즘의 어원인 'narke'가 무감각하다는 단어에서 나온 것처럼 나르시시즘의 대표적인 현상 중 타자에 대하여 무감각하고 무감동적인 모습을 볼 수 있다.

맥코비와 양동훈16)은 자아도취적 리더가 자신이 원하는 정보만
을 받아들이려 하는 것에 주목한다. 그들은 타인으로부터 쉽게 배
우려 하지 않는다. 그들은 배우는 것보다 자신의 생각을 주입시키
려 하거나 말하기를 좋아한다. 병적으로 '과장된 자기'를 가지고
있는 지도자는 공감하려 하지 않는다. 다른 사람의 아픔을 느끼지
않고 오히려 그 아픔이 심화되는 결정을 내리게 된다. 상담과정에
서도 자기애적인 상담자는 내담자의 고통이나 아픔을 느끼지 못
하고 오히려 사변적으로 해석하여 내담자에게 자신의 해석을 강
요하는 경향이 있음을 볼 수 있다. 목회나 상담 상황에서 신앙의
이름으로 모든 것을 덮어씌우지 말고 공감하는 능력을 개발하여
타인에 대한 이해의 폭과 수용 능력을 키워야 할 것이다.

마지막으로 자기를 비우는 종의 형체를 추구하는 겸손의 모습
을 회복해야 한다. 실존주의 심리치료자인 얄롬17)은 그의 책
『Existential Psychotherapy』에서 인간의 실존적 현상으로 죽음,
고립, 무의미, 자유를 들고 있는데 그중 죽음에 대한 공포가 가장
절실하고 모든 정신병리에 죽음에 대한 공포가 자리 잡고 있다고
했다. 인간은 자신의 죽음을 두려워한다. 왜냐하면 자신이 이 세
계에서 없어지는 것에 대한 공포가 극명하게 부각되는 것이 바로
죽음을 경험하는 순간이기 때문이다.

죽음에 대한 공포는 전지전능한 자기 이미지에 손상을 받고 침
해를 받는 데서 생기는 자기 방어적 형태의 감정이다. 죽음은 과

16) M. Mccoby, & 양동훈, Op. Cit., pp. 110-114.

17) I. Yalom, *Existential Psychotherapy* (New York: Basic Books, 1980).

장된 자기(grandiose conception of self)에 대한 치명적 위협인 것이다. 인간의 원죄 때문에 죽음이 들어왔고, 그 죽음에서 인간은 원죄의 씨앗이었던 교만과 자기애의 정체를 선명하게 보는 것이다.

　프레드 알포드(Fred Alford)[18]는 나르시시즘은 병적인 것과 정상적인 것, 퇴행적인 것과 진취적인 것의 양면성이 있다고 했다. 나르시시즘은 병적인 것도 정상적인 것도 아닌 '인간적 상태(human condition)' 그 자체라고 했다. 모든 인간은 자기애적 성향을 가지고 있다. 문제는 그 자기애를 어떻게 승화하고 제어하느냐의 문제일 것이다. 이러한 자기애의 문제를 해결하고 구원을 주시려고 예수가 이 땅에 오셨다. "그는 근본 하나님의 본체시나 하나님과 동등됨을 취할 것으로 여기지 아니하시고 오히려 자기를 비어 종의 형체를 가져 사람들과 같이 되었고(빌립보서 2장 6-7절)"라는 말씀에서 알 수 있듯, 예수는 원죄의 씨앗을 끊는 해결의 방법으로 종의 형체를 가진, 즉 자기를 부인하는 모범을 보여 주었다. 상담자 · 목회자로서 자기를 비우는 진정한 종의 형체를 입을 필요가 있다. 비판하고 지도하고 가르치는 목회의 형태에서 성도와 내담자들에게 결핍된 공감과 반영(mirroring)에 대한 욕구를 만족시켜 주는 목회 형태로의 전환이 필요하다. 종의 형체를 가진 안아 주는(holding) 능력, 그리고 참을 수 있는 능력인 인내지수(Tolerance Quotient)를 향상시켜야 한다. 그래서 스트레스를 견딜 수 있는 능력을 겸비한 통합된 지도자가 양성되어 그 지도자가 한국교회를 이끌어 나간다면, 한국교회는 진정으로 구성원들에게 질적 성

---

18) F. Alford, *The Self in Social Theory* (New Haven: Yale University Press, 1991).

장을 제공하여 새로운 성장의 발판을 마련해 줄 수 있을 것이다.

토론할 이슈

1. 병리적 자기애를 형성하는 가장 큰 원인은 무엇인가?

2. 손상된 자기애를 복구하려는 욕구를 충족시키기 위해 돌봄과 상담 상황에서 어떤 작업이 필요한가?

3. 자기애성 인격장애를 가진 내담자를 상담할 경우 벌어질 수 있는 상황을 상상해 보시오. 그리고 그 상황에 상담자로서 어떻게 상담계획을 수립하고 진행할 것인지 생각해 보시오.

4. 반사회성 인격장애자와 자기애성 인격장애자의 공통점은 무엇인가?

5. 상담 상황에서 자기애성 인격장애자가 적절한 좌절(optimal frustration)을 경험하고 상담자로부터 적절하게 공감받는 경험이 필요하다. 적절한 좌절과 공감을 어떻게 제공할 수 있을지 생각해 보시오.

6. 내현적 자기애 성향을 가진 사람들의 특성을 떠올려 보시오. 이들을 상담할 때 주의할 점은 무엇이고 상담의 목표는 무엇이 되어야 하는가?

7. 건강한 자기애와 병리적 자기애의 차이는 무엇인가? 그리고 자녀들의 건강한 자기애를 발달시키기 위해 가정과 교회에 무엇이 필요한가?

참고문헌

김미자. "자기애적 성격 장애에 관한 고찰," 『학생연구』, 35(1). 2001. pp. 25-45.

김윤주, 한성열. "자기애적 성격과 자기복합성의 관련성에 대한 연구," 『한국심리학회지』, 7(1). 1993. pp. 28-36.

김지연, 김정희, 천성문. "자기애적 성격특성과 대인관계유형 및 대인관계 적절성간의 관계," 『대학상담연구』, 9(1). 1988.

이만홍. "정신분석적 자기심리학에서의 나르시시즘 이해," 『정신병리학』, 4(1). 1995. pp. 17-23.

이병훈. 『정신의학사전』. 서울: 일조각. 1990.

조윤경. "한국인의 나의식-우리의식과 개별성-관계성, 심리사회적 성숙도 및 대인관계문제와 관계," 『한국심리학회지: 상담 및 심리치료』, 15(1). 2003. pp. 91-109.

기독신문. 2001. 7. 18.

Alford, F. *The Self in Social Theory*. New Haven: Yale University Press. 1991.

American Psychiatric Association / 이근후 외 역. 『정신장애의 진단 및 통계편람 제4판』. 서울: 하나의학사. 1995.

Brown, A. Narcissism, "Identity, and Legitimacy," *Academy of Management Review, 22*(3). 1997. pp. 643-686.

Emmons, R. A. "Relationship between narcissism and sensation seeking," *Psychological Reports, 48.* 1981. pp. 247-250.

Emmons, R. A. "Factor analysis and construct validity of the Narcissistic Personality Inventory," *Journal of Personality Assessment, 48.* 1984.

pp. 291-300.

Emmons, R. A. "Narcissism: Theory and measurement," *Journal of Personality and Social Psychology, 52*. 1987. pp. 11-17.

Freud, S. "On Narcissism: An Introduction," In A. P. Morrison (Ed.), *Essential Papers on Narcissism*. New York: New York University Press, 1986. pp. 17-43.

Freud, S. / 박영신 역. 『집단심리학』. 서울: 학문과 사상사. 1980.

Halligan, F. R. "Narcissism, Spiritual Pride, and Original Sin," *Journal of Religion and Health, 36*(4). 1997. pp. 305-319.

Kets de Vries, M., & Miller, D. "Narcissism and Leadership: An Object Relation Perspective," *Human Relations, 38*(6). 1985.

Kernberg, O. *Borderline conditions and pathological narcissism*. New York: Jason Aronson. 1975.

Kernberg, O. "Regression in organizational leadership," *Psychiatry, 42*. 1979. pp. 29-39.

Kernberg, O. *Object Relations Theory and Clinical Analysis*. NJ: Jason Aronson. 1984.

Kernberg, O. *Internal World and External Reality: Object Relations Theory Applied*. New York: Jason Aronson. 1985.

Kohut, H. *The analysis of the self: A systemic approach to the psychoanalytic treatment of narcissistic personality disorders*. New York: International University Press, Inc. 1974.

Kohut, H. *The restoration of the self*. New York: International University Press, Inc. 1977.

Kohut, H. *The search for the self*. In P. Ornstein (Ed.). New York: International Universities Press, Inc. 1978.

Kohut, H. *How does analysis cure?* Chicago: University of Chicago Press. 1984.

Lasch, C. *The Culture of Narcissism, American life in an age of diminishing expectation.* New York: W.W. Norton. 1978.

Masterson, J. *The Narcissistic and Borderline Disorders: and integrated developmental approach.* New York: Brunner/Mazel. 1981.

Maccoby, M., & 양동훈. "왕자병에 걸린 최고 경영자: 진단과 처방," *Sogang Harvard Business.* 2000. pp. 110-114.

Millon, T. *Personality Disorders in Modern Life.* New York: John Wiley & Sons. 2000.

Raskin, R., & Terry, H. "A Principal-Components Analysis of the Narcissistic Person Inventory and Further Evidence of Its Construct Validity," *Journal of Personality and Social Psychology, 54*(5). 1988. pp. 890-902.

Siegel, A. M. *Heinz Kohut and the Psychology of the Self.* London: Routledge. 1996.

Sturman, T. S. "The Motivational Foundations and Behavioral Expressions of Three Narcissistic Styles," *Social Behavior and Personality, 28*(4). 2000. pp. 393-408.

Underwood, L. G., & Teresi, J. A. "The Daily Spiritual Scale: Development, Theoretical Description, Reliability, Exploratory Factor Analysis, and Preliminary Construct Validity Using Health-Related Data," *The Society of Behavioral Medicine, 24*(1). 2002. pp. 22-33.

Wink, P. "Three Types of Narcissism in Women from College to Mid-Life," *Journal of Personality, 60*(1). 1992. pp. 7-30.

Yalom, I. *Existential Psychotherapy.* New York: Basic Books. 1980.

제8장

이단 · 사이비 종교 교주와 신도들의 심리 이해

　한국인들은 세계 어느 민족보다 열정적이고 다양한 종교성을 보여 준다. 이러한 정열적인 종교성 때문에 한국의 사이비 종교와 이단들은 적극적인 포교 활동으로 많은 사람들을 현혹하고 있다. 국제종교문제연구소의 자료에 따르면, 현재 100만 명 이상이 200여 종의 이단 · 사이비 종교1)에 빠져 있다고 한다. 전통적인 샤머

---

1) 국제종교문제연구소에서는 한국의 신흥종교를 다음과 같이 분류하여 조사하였다; 신비주의 계열에 성락교회(베뢰아아카데미), 레마선교회, 한국예루살렘교회(땅끝예수전도단), 부활의교회(그레이스아카데미), 산해원부활의교회, 변화산교회, 부산제일교회, 서초제일교회가 있다. 신유중심 및 신비주의 기도원 분파로는 할렐루야기도원, 세계신유복음선교회, 대한수도원, 용문산기도원, 강북제일교회, 대복기도원, 대구밀알기도원이 있고, 직통계시파에 만민중앙교회, 대방주교회, 주현교회, 아가동산, 중앙예루살렘심정교회, 해성교회, 승광교회, 시온교회, 에덴원 공동체, 천국중앙교회, 칠사도교회, 하나님인장교회, 한님교, 샛별남원교회, 명인교회가 있다. 전도

니즘은 한국인의 종교성과 결합되어 신비한 능력을 동경하게 만
드는데, 이 성향은 이단·사이비 종교의 교주들을 신격화하고 절
대화하는 요인으로 작용하게 된다. 또한 유교적인 성향이 경전에
관심을 두게 하여 성경공부와 성경 해석에 대한 욕구를 갖게 하는
데 이단·사이비 종교들은 이러한 욕구를 잘 파악하여 성경에 대
한 철저한 공부를 빌미로 사람들에게 접근한다. 이 장에서는 이
단·사이비 종교의 교주들과 이단·사이비 종교 신도들의 심리를
분석하고, 이러한 심리적 이해를 바탕으로 하여 상담과 돌봄에 있
어서 유의해야 할 사항들을 언급하고 예방적인 차원에서 몇 가지
제안을 하려 한다.

관 분파로 한국천부교전도관, 세계연합승리제단(영생교), 광주삼천년성, 한국기독
교에덴성회, 한국중앙교회, 목단교, 이불교가 있고, 장막성전 분파로 이삭교회, 신천
지예수교증거장막성전, 증거장막성전, 무지개증거장막, 실로등대중앙교회, 천국복
음전도회, 기독교청수교회(구 이스라엘수도원), 세계기독교통일신령협회(통일교),
기독교복음선교회(J. M. S.), 생령교회, 대성교회, 진천상산교회, 만교통화교, 영관교
회(구 임마누엘 교회)가 있다. 종말론 계열에는 여호와새일교 분파로 새일중앙교회
(부활파), 스룹바벨교회, 서울중앙교회, 예루살렘교회(여주성산기도원), 한국중앙교
회(이천성), 시온산이 있고, 시한부 종말론 분파(휴거파)로 새하늘교회(다미선교회),
사자교회, 강림휴거교회, 신세계교회, 생명수선교회, 새생명교회, 시흥은행중앙교
회, 새노래선교회, 세계종말복음선교회, 종말복음연구회, 혜성교회, 기독교대한에
덴수도원이 있다. 외국 유입 신흥종파 계열에 안식교 분파로 제칠일안식일예수재림
교회, 하나님의교회, 엘리야복음서원이 있고 몰몬교 분파로 말일성도예수그리스도
의교회, 복원예수그리스도의교회. 일본 유입 종교로 한국 SGI, 일련정종이 있다. 기
타 외국 유입 종교로 여호와의증인, 지방교회, 기독교과학교회, 서울그리스도의교
회, 말씀보존학회 등이 있고 세칭 구원파로 기독교복음침례회, 대한예수교침례회서
울중앙교회, 대한예수교침례회한밭중앙교회, 한국기독교독립침례교회서울중앙침
례교회가 있다. 국제종교문제연구소, 『한국의 종교단체 실태조사 연구』(서울: 국제
종교문제연구소 · 월간현대종교사, 2001), pp. iii-ix.

1. 이단·사이비 종교 교주들의 심리

1) 자기애적 성향

인간은 누구나 자신이 인정받기를 원하는 욕구인 자기애를 가지고 태어난다. 이러한 자기애적인 욕구는 아기의 일차적인 돌봄자의 반응과 돌봄의 형태에 따라서 충족되기도 하고, 손상을 입기도 한다. 자기애가 손상된 경우 이를 회복시키기 위한 계속적인 노력으로 이상화된 부모상을 형성하여 이를 통해 손상된 자기애를 다시 찾으려는 작업이 이루어지기도 한다. 하지만 자신의 자기애가 충족되지 못하고 극복할 수 없을 만큼 심각한 심리적 상흔이 있을 경우에는 긍정적 자기애로 발전되는 것이 아니라 자신을 과대하게 부상시키는 부정적 자기애를 발전시켜서 그릇된 야망을 가지게 만들어 과대망상적인 자기로 키워 나가게 된다.

자기애적 성향[2]의 대표적인 증상은 자신의 중요성에 대한 과대망상적 생각을 가지고 다른 사람의 평가에 대하여 과민 반응을 보이는 것이다.[3] 이단·사이비 종교 교주들의 심리적 역동의 기저에는 웅대한 자기 혹은 과장된 자기(grandiose self)가 형성되어 있

---

[2] 자기애성 인격장애를 진단하는 기준을 자세히 보려면 이 책의 제7장 내용을 참조하시오.

[3] 이러한 자기애는 착취적이고 웅대한 자기상을 보이는 외현적 자기애와는 차이가 있으며 다른 사람의 반응에 민감하고 다른 사람들의 판단에 정서적 상태가 심하게 흔들리는 내현적 자기애의 유형이다.

는데 자신을 메시아로 생각하고 억압받는 세상을 구원할 구세주
라고 믿는 과대망상적 사고를 하는 경향이 있다. 과대망상적인 사
고는 교주 일인의 독재 체제를 구축하여 절대적 권력을 갖고 자신
의 신격화를 추구하게 한다. 세계평화통일가정연합(통일교)의 문
선명은 자신을 참아버지, 재림주라 부상시키고 천부교 박태선은
자신을 동방의 의인, 감람나무, 재림주로, 엘리야복음선교원의 박
명호는 새 심판장으로, 기독교복음선교회의 정명석은 재림 메시
아로 자신을 웅대한 사람으로 부각시킨다.

   자기애적 성향을 가진 사람들의 정서 상태를 보면 항시 즐거운
기분에 들떠 있거나 다른 사람이 가지고 있는 것에 대한 시기와
질투의 감정을 지니고, 자신이 당연히 받아야 할 것을 받지 못한
것에 대한 분노감을 보인다. 또한 다른 사람에게 칭찬받으려는 강
한 욕구를 지니고 있고 지루함과 공허감을 자주 느끼게 되어 항상
자극적인 것을 찾으려 한다. 이들은 자신의 감정을 적절하게 표현
하지 못하고 쉽게 우울해하거나 불안해한다. 만약 감정표현을 하
더라도 정제된 표현이 아닌 극적인 표현으로 논쟁이나 싸움에 이
르게 된다. 절대적인 카리스마를 가진 존재로 우상화된 교주는 항
상 칭송받으려는 욕구를 지니게 되고 공허감을 달래기 위해 자극
적인 교리나 의식(ritual)을 추구하는 경향을 가지게 된다.

   이단 · 사이비 종교의 교주들은 자기애 성향의 착취성과 특권의
식, 지도력과 권위의식, 우월성과 거만, 자기몰입과 자기동경 등
의 요소들을 골고루 지니고 있어서 특권의식으로 교인들의 재산
을 착취하기도 하고 성적으로 착취하기도 한다. 호색적 자기애의
형태는 정욕적이고 호색적인 성향을 취하는데 혼음, 섹스안찰은

이러한 호색적 자기애의 한 표현이다.

2) 암울한 가정 배경

교주들의 성장 배경을 살펴보면 많은 경우 정상적으로 사랑을 받는 양육 과정이 결핍되어 있거나 성장할 때 받은 심각한 심리적 상흔을 성인이 되어서도 잊지 못하고 있음을 볼 수 있다. 각 교주의 가정 배경이 심리 · 정서에 어떻게 영향을 주었는지 살펴본다.

(1) 아버지의 부재

아버지의 부재는 특히 아들의 심리적 성장 과정에 큰 영향을 미친다. 성장기인 어린 시절에는 역할모델인 아버지와의 동일시를 통하여 건전한 인격이 형성되어야 한다. 그러나 이 시기에 아버지의 부재로 인한 역할모델의 결핍은 심리적인 부작용을 가져올 수 있다. 다음은 교주 P씨의 어린 시절에 대한 이야기다.

> 그(아버지)는 아내와 자녀를 버려둔 채 돈을 가지러 오는 때 이외에는 집에 들리지 아니하고 어린 P씨는 5세 때부터 모친의 괴로움과 고통을 피부로 느끼면서 자라났다. P씨의 나이 7세 때 모친은 신경쇠약에 걸렸고 급기야 2년 후에 세상을 떠났다. 모친이 병석에 있을 때 7세의 P씨가 2세 위인 형과 함께 캄캄한 밤중에 십오 리 길도 넘는 주막집에 찾아가 부친에게 집으로 가자고 하면 여자들을 끼고 술을 마시던 그의 부친은 두 형제를 야단을 쳐서 쫓아 보내기 일쑤였다. 이때 어린 P씨는 결코 술을 입에 대지 않겠다고 맹세했으며 자신의 가난에 한을 품고 돈을 벌어

야 되겠다는 결심을 했다.[4)]

아버지의 부재는 아들로서의 자신의 위치를 과대하게 부상시켜 대리자로서의 아버지 역할을 하게 하였고 어머니를 돌보지 않는 아버지에 대한 분노와 공격성을 가지게 했다. 이러한 공격성을 잘 해결하지 못하면 아버지와 같은 권력의 상징인 기존 사회시스템에 대해 공격적인 성향을 가지고 새로운 세계에 대한 염원을 갖게 된다. 아버지의 부재로 인한 어머니에 대한 애틋한 보호본능은 다른 여성에 집착하게 만들고 이는 주변에 항상 여성들이 있어야 마음이 편안한 심리를 갖게 한다. 많은 이단·사이비 종교의 교주들이 여성들에 대한 집착을 보여서 여성성을 동경하고 여성들과의 성적인 접촉을 합리화하는 교리를 만드는 것은 이러한 심리적 기제에서 기인한다고 볼 수 있다.

(2) 너무 엄한 아버지

아버지의 부재뿐만 아니라 아버지가 지나치게 엄격하여 강압적인 양육태도로 아들에게 언어적·신체적 폭력성을 보인 아버지였다면 그들은 이러한 대상에 대한 증오심과 공격성을 보이게 된다. 한 이단의 교주인 Y씨의 어릴 적 성장 과정에 대하여 탁명환은 다음과 같이 기술한다.

---

4) 탁명환, 『기독교이단연구』 (서울: 한국종교문제연구소, 국제종교문제연구소, 1986), p. 162.

Y씨의 아버지는 아들 Y씨에 대해서 매우 엄격한 교육을 시켰고 때로 Y씨가 잘못을 저지르면 매질을 하고 묶어서 천장에 매달아 놓을 정도로 가혹했다고 한다. 부친의 엄격한 교육을 받고 자란 Y씨는 후일 교주가 되어서 부친을 배척하는 반항가가 되었다.5)

부재하는 아버지와 마찬가지로 너무 혹독한 아버지도 공격성의 대상이 된다. 이러한 아버지의 모습은 이와 동일한 권력을 가진 대상으로 대체되어 점차적으로 복수심을 키워 나가게 된다. 이와 같은 복수심은 세상과 자신의 공동체를 분리시켜서 자신의 공동체는 선하지만 세상은 악하다고 보는 이분법적인 사고 방식의 심리적 역동을 제공해 준다.

(3) 정신증적 가족력

정신병적 소인 중 유전적인 요인과 가족의 환경이 결합되어 정신증적 양상을 유발시킨다. "교주 M씨는 나이 열다섯 살 때 그의 형이 정신병으로 사망했고 둘째 누이도 정신이 미치게 되자 그 일가가 기독교에 입교했다."6) 즉, 정신병적인 소인이 있는 다른 가족을 보호해야만 하는 스트레스는 다른 가족 구성원에게 무거운 짐으로 작용하였을 것이다. 정신분열증적인 소인을 지닌 가족과의 대화는 피상적이고 감정과 사고가 일치되지 않는 이중 메시지를 통한 이중 구속(double binding)의 형태를 취하는 경향이 많다.

---

5) Ibid., p. 342.
6) Ibid., p. 126.

이러한 가족 환경 속에서 성장하면 정상적이라기보다는 정신증적 양상인 망상적 사고로 세상을 바라볼 수 있는 소지가 있다는 것이다. 따라서 자신을 메시아나 재림주로 보게 되는 교주들의 과대망상적 사고는 정신증을 앓고 있는 가족들과의 관계와 무관하다고 할 수 없을 것이다.

(4) 신세비관 및 자살시도

집안의 부도, 좌절, 신세비관 등은 이들로 하여금 세상에 대한 부정적인 감정과 보복하려는 마음을 가지게 만든다. 한 이단의 교주 L씨는 실패와 그로 인한 좌절을 다음과 같이 기록한다.

집안에 큰 환란이 닥쳐와 이 더러운 세상! 살기 싫다면서 자살을 결심하고 산으로 가던 중 환상을 체험하였고 계속적으로 시냇가에서 이상한 신비 체험을 하였다. 그는 세상을 버릴 목적으로 산으로 향했다.[7]

이러한 좌절은 급기야 자살시도로 이어진다. 또 다른 이단의 교주인 N씨는 좌절 심리와 자살시도를 보여 주고 있다.

N씨는 술에 만취가 되어 평양 시가지를 걸으면서 술타령을 하였다. "술아! 깨지 마라. 나 돈 없다. 술아! 깨지 마라. 나 돈 없다." 그 후 N씨는 대동강 인도교에서 생을 비관하고 자살하려 했었다.[8]

---

7) 이대복, 『한국교회 100주년 기념 이단 종합연구』 (서울: 기독교이단문제연구소, 2000), p. 142.
8) Ibid., p. 612.

다른 이단 · 사이비 종교의 교주인 C씨도 "1970년대 중반 서울 남대문 주변에서 무역업을 하다가 부도를 내고 한동안 도피생활을 했다"[9]고 하였다. 부도나 집안의 불상사, 개인적인 좌절 및 환란 등으로 인하여 어려움을 견디지 못하여 그 어려움으로부터 탈출하고자 다른 신천지를 꿈꾸게 되는데 이러한 희망은 종교적 망상을 생성시켜서 사이비 종교를 만드는 원동력을 제공하였다. 또한 아버지의 부재로 인하여 가정에서 심리적으로 아버지의 역할을 대신해야 하는 경우 어머니를 보호하고자 하는 보호본능을 가지게 되고 이는 여성에 대한 집착과 의존의 심리적 형태로 드러나게 된다. 아버지에 대한 미움과 분노가 강하면 강할수록 어머니에 대한 정서적 갈망은 더 집요해지고 이러한 심리적 기제도 교주가 되어서 항상 주변에 여성들을 두고 그들에게 의존하려는 심리와 연결된다.

3) 이분법적 세상관

교주들의 사회에 대한 인식은 전반적으로 부정적이고 이분법적 세상관(dualism)을 보인다. 기존 교회에 대한 비판은 신도들에게 공격의 대상을 분명이 설정해 주어 현재 교회에는 희망이 없음을 강조한다. "나라와 자신들이 처한 현실적 상황에서 변화의 가능성을 기대하지 못하며 희망이 끊어져 있다."[10]와 같은 시각을 가지고 있는데 자신들이 성장 과정에서 경험한 악한 경험들로부터 자

---

9) Ibid., p. 539.

10) 기독사상 편집부, 대한기독교서회, "한국교회와 이단적 종말론의 실상," 『기독사상』, 306 (1991), pp. 86-93.

신을 보호하기 위해 악한 것들을 분리시켜 악한 것들이 나에게 있
는 것이 아니라 다른 외부 대상에 있다고 설정한다. 인간은 자신
안에 있는 좋지 않은 경험들이 자신 안에 있는 것이 아니라 다른
대상 때문이라고 생각하여 자신을 보호하려는 본능을 갖는다. 즉,
내 안에 남아 있는 선한 대상, 선한 자기표상을 보호하려는 생존
본능으로 선한 대상을 악한 대상으로부터 분리한다. 이 현상을 그
림으로 표현하면 다음과 같다.

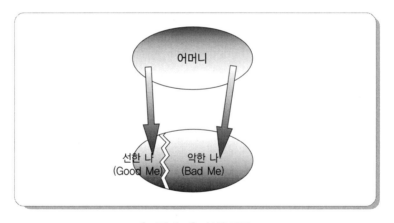

[그림 8-1] 분리 과정

이단 · 사이비 종교에 빠진 사람은 "내가 최고의 진리를 갖고 있
다고 생각하기 때문에 다른 사람들이 불쌍하게 느껴지며 우월감
을 가지고 생활한다."[11]라고 고백한다. 이러한 분리는 병리적 선
민사상을 가지게 하여 세상과 나를 분리시켜서 악한 세상에 군림

---

11) 〈'이단에서 빠져나온 사람들' 특별좌담〉(http://sdcmd.egloos.com/76132)에서 인용.

하도록 하는 자기대상(self-object)을 형성한다. 교주들도 그리스도가 아니라 자신이 하나님으로부터 직통계시를 받으며 자신을 통해서만 구원을 얻는다는 과대한 자기대상을 형성하여 자신을 신격화하면서 세상과 분리한다. 교주들은 자신을 악한 경험과 분리시켜 바깥 세계를 공격의 대상으로 설정한다. 이와 같은 분리는 자신만이 구원을 얻는다는 배타성[12]과도 연결된다. "여호와의 증인만이 하나님의 참 백성이요, 다른 모든 사람들은 예외 없이 악마의 추종자들"[13]이라는 것이다. 자신의 종교만 옳다는 우월주의는 이러한 이분법적 분리에 의하여 생성된다. 이러한 이분법적인 분리는 자신들을 사회와 격리시켜서 신앙촌이나 천년왕국 등에서 자신들만의 정체성을 추구하게 만든다. 그리고 신도들로 하여금 자신들이 속한 공동체와 가족으로부터 고립되게 하여 이단 · 사이비 종교에만 집중하도록 강요한다.

4) 가해적 공포

한 사람이 태어나면 양육 과정에서 자신이 경험한 대상(object)에 대해서 다양한 경험을 하게 된다. 이때 자신의 욕구를 충족시켜 주는 외부 세계로부터의 선한 대상에 의한 경험을 하게 되면

---

12) R. Enroth는 이단의 특성으로 권위주의적, 적대적, 배타적, 형식주의적, 주관적, 핍박에 대한 의식, 처벌 지향적 · 밀교적 · 반 성직제도주의적 성향을 지적한다. R. Enroth, *A Guide to cults and new religions* (Doners Grove: Inter-Varsity Press, 1983); 전호진, "이단의 특징과 이단전도전략," 「고신대학논문집」, 18 (1990), pp. 126-127에서 재인용.

13) A. A. Hoekema / 박기호 역. "이단의 특징," 『신학지남』, 169 여름 (1975), p. 80.

아기는 그 선한 대상과 자신을 동일시하고자 한다. 반면 바깥 세계에서 자신의 욕구를 충족시켜 주지 않는 악한 대상을 경험하게 된다면 아기는 환상(fantasy) 속에서 그 악한 대상을 공격한다. 아기는 환상 속에서 악한 대상을 파괴하려는 행위를 하려 한다. 이러한 공격적 행위가 반복되는 경우 아기는 자신이 공격한 그 악한 대상이 자신을 다시 공격하리라는 불안을 가지게 되는데 이것이 가해적 공포다. [그림 8-2]에서는 자신을 작은 고기로 표현하고 큰 고래에게 잡아먹히는 것으로 표현함으로써 자신의 불안을 나타내었다. 이 그림은 자신이 공격한 그 악한 대상(이 경우 어머니)이 자신을 다시 공격할 것이라는 불안을 표현하고 있다.

[그림 8-2] 가해적 공포

이단·사이비 종교의 교주는 이처럼 악한 대상과의 경험으로 바깥 대상에 대한 공격적인 환상을 수없이 시도했을 것이다. 그들이 악한 대상을 공격한 횟수가 많으면 많을수록 가해적 공포를 더 심하게 느낀다. 이와 같이 가해적 공포(persecutory anxiety)가 심할 경우 이단 · 사이비 종교는 점점 외부 세계로부터 멀어지면서 은 둔하게 되고 점차 바깥의 공격으로부터 자신을 보호하려는 집단 히스테리적 성향을 보이게 된다. 바깥 대상이 악함으로 가득하다 고 생각할수록 생존하기 위해 당연히 바깥 대상을 공격하려 하는 것이다. 선한 대상에 대한 경험이 있을 때 내가 공격한 대상이 선 한 부분도 공존하고 있다는 생각을 할 수 있고 또한 거기에서 공격 대상이 얼마나 아플까 하는 공감 능력이 생기고, 선한 대상의 부분 을 공격했다는 죄의식도 생기게 된다. 그러나 선한 대상의 경험이 결핍되어 세상에 대한 적대감과 증오심이 가득하게 되면 악한 경 험만 제공되어 악한 대상을 공격하고 그 공격한 대상이 다시 자신 을 공격할 것이라는 가해적 공포에 휩싸이게 된다. 교주들은 개인 적 · 사회적 절망에 대한 반응으로 사회나 개인에게 적대적인 감 정을 가지고 있다.

　　적대충동은 공격적인 성향으로 발전하게 된다. 특히, 욕구의 대상에 대한 박탈감의 정도에 따라 공격적 성향은 수동적이고 도피적인 단계에 서 적극적이며 파괴적이다. 이러한 적대감의 처리는 집단 외부로 투사 되지 않고 집단 내부로 향해질 수도 있다. 그 경우 적대감의 처리방식은 대체로 두 가지 형태로 나타나게 된다. 한 가지 방향은 사회로부터 도피 하여 내적 응집력을 강화시키는 방법이다. 이러한 경우 산속에 은둔하 여 자신들만의 공동생활을 영위한다. 자신들의 박탈감과 적대충동을 기 존 사회에 대한 비난과 냉소, 그리고 내 집단의식의 강화를 통해 해소하 려고 시도한다.[14]

이러한 공격성은 이단·사이비 종교집단에서 집단적 히스테리의 양상으로 변화되고 박탈감, 단절감, 공격성 등으로 이어진다. 가해적 공포를 가지게 된 교주들은 자신이 공격한 대상들이 자신을 향하여 항상 공격적인 태세를 취하고 있다고 생각하여 사회로부터 도피하여 자신만의 안전한 둥지를 찾으려고 한다. 이들은 적극적으로 공격성을 표시하기보다 철수(withdrawal)하여 자신만의 세계를 구축하려 한다. 이러한 가해적 공포에 휩싸이게 되는 심리기제를 가진 교주들은 공통적으로 자기애적인 성향과 결부되어 다른 대상(사람)들의 아픔에 대한 공감 능력을 결여하고 있고, 사회통념에서 벗어나는 행동을 하고서도 죄의식을 느끼지 못하는 행동 양태를 보이게 된다.

2. 이단·사이비 종교 신도들의 심리

한국의 개신교는 이 땅에 들어온 지 얼마 안 되는 짧은 기간 동안 괄목할 만한 양적 성장을 이루었다. 밤이 되면 거리마다 십자가의 불빛이 반짝이는 이 시대에 교회가 진정으로 빛과 소금의 역할을 담당하고 있는지, 그리고 각 교회 교인들이 건전한 믿음으로 사회를 올바르게 변혁시키는 역할을 담당해 왔는지 돌이켜 생각해 본다. 얼마 전 사이비 종교의 교주로부터 성폭행당한 이야기를

---

14) T. Parsons, & E. Shils (Eds.), *Toward a general theory of Action* (Cambridge: Harvard University Press, 1951), p. 13; 노길명, 『한국신흥종교연구』 (서울: 경세원, 1996), pp. 244-245에서 재인용.

하며 괴로워하는 여성들의 모습과 한 이단 교회 신도들의 폭력적
인 모습들을 보면서 그들도 한때는 기존 교회에 출석하던 순진한
교인들이었을 것이라는 생각과 함께 안타까운 마음을 금할 수 없
었다. '과연 이들은 어떤 이유로 이단 · 사이비 종교에 빠지게 되
었을까?' '기존 교회의 어떤 면이 부족했기 때문에, 아니 기존 교
회에 대하여 어떤 불만을 가졌기 때문에 사이비 종교로 옮겨 갔을
까?' 라는 질문을 하게 된다.

1) 소속감의 결여

우선 기존 교회의 폐쇄적인 성향으로 인해 소속감을 느끼지 못
하거나, 기성 교회 지도자들에 대해 심리적 상처를 받게 되어 이
단 · 사이비 종교에 빠지는 경향을 보인다. "기성 교회가 교인들의
감정적 · 심리적 · 사회적 욕구를 충족시켜 주지 못하면 이단 · 사
이비 종교는 이 기회를 놓치지 않고 기성 교인들을 그들의 추종자
로 만든다."[15] 어느 교회의 구역 공동체에서는 자신의 수준에 맞
는 사람들끼리 모여 경제적 수준이 낮거나 자신들의 문화와 맞지
않는 새 구역원은 일부러 들어오지 못하도록 방해하기도 한다고
한다. 교회의 대형화로 공동체에 소속되기가 쉽지 않은 구조적인
어려움 때문에 힘들어하는 교인들에게 이단 · 사이비 종교는 교묘
하게 접근하여 심리적 위안과 강력한 소속감을 제공해 준다. 현재

---

15) 박종삼, "사이비 이단 발생에 대한 사회과학적 접근: 한국기독교와 사이비이단운
    동," 『한국기독교연구논총』, 8(1995), p. 380.

남한에서 생활하는 탈북자들 대부분은 기독교인인데 이들이 기존 교회의 폐쇄성으로 인하여 교회에서 소속감을 느끼지 못하게 된다면 이들도 이단·사이비 종교의 목표가 될 것이다.

2) 교회에 대한 실망

한국교회의 제도적 편법주의도 이단·사이비 종교에 빠지도록 하는 심리적 환경을 조성해 준다. 한완상은 이러한 교회에 대하여 다음과 같이 날카롭게 비판한다. "교회가 노리는 목적은 무엇인가? 말은 복음이요, 구원이요, 영생이라고 하지만 사회 현상으로 볼 때 기존 교회가 이룩하려고 하는 과녁과 목표는 개교회의 물량적 확장이다. 개교회의 이기주의다. 종교가 집단이기주의의 주체가 될 때 올바른 의미에서 종교성은 이미 떠난 것이다."[16] 한국교회는 한민족에게 글자를 가르쳐 주었고 20세기 초 서구문명을 도입하여 개화하는 과정에서는 주도적인 역할을 했었다. 그러나 최근의 한국교회는 세상 사람들에게 존경보다는 비난을 더 많이 받고 있다. 교회의 대형화로 인한 소속감 결여와 세상의 소금과 빛이 되지 못하는 틈을 이용하여 이단·사이비 종교는 기성 교회를 적절히 비판함으로써 자신들의 도덕성을 드러내며 순수한 교인들에게 접근하는 것이다.

---

16) 한완상, "사회병리 현상과 이단," 『연세대학교 연합신학대학원 목회자 신학세미나 강의집』, 12 (1992), p. 120.

3) 체계적 교리교육의 부재

한국인의 전통적인 유교 사상은 성직자나 상담자를 현자로 인식하게 하는데 이는 자신들의 문제에 대하여 해답을 아는 사람이라는 긍정적 전이를 하게 한다. 그래서 그들이 자신의 문제를 신비롭게 통찰하고 있기에 정확한 해답을 줄 것이라 믿는다. 이러한 심리에서 믿음이 좋다 하는 권사들마저 인생의 난관 해결과 자녀들의 결혼을 위하여 사주팔자를 보는 일이 종종 있다. 이러한 행동은 비이성적인 행위이지만 감성적(ethos)인 측면에서 무엇인가 확실한 답을 얻고자 하는 심리를 대변하는 것이라고 생각한다. 하지만 기독교의 접근 방식은 교인들에게 자율성을 주어 기도와 말씀을 통하여 스스로 해답을 찾을 수 있도록 권면하고 있다. 어느 정도 자아가 강한 사람들에게는 이와 같은 자율적인 접근이 가능하지만 불안이 심하거나 자아가 약한 경우는 자기 혼자만 있다는 외로움을 느끼고 무기력한 느낌을 가지게 된다. 자신에게 주어진 자율성이 오히려 불안감을 조성하는 부담스러움으로 느껴질 수 있다.

이단·사이비 종교의 특징은 성경을 자의적으로 해석하여 자신들의 이익을 위해 성경을 활용한다는 것이다. 이들은 체계적이고 열성적으로 자신들의 교리를 정당화시키려고 노력한다. 이단·사이비 종교에 빠지는 사람들 중 일부는 기존 교회에서 성경공부의 부족함을 많이 느꼈기 때문에 항상 성경공부에 대한 열망과 열정이 넘치던 사람들이다. 이단·사이비 종교는 이들의 이러한 열망에 적절히 부응하여 성경공부라는 도구로 이들이 평소에 지니고 있던 성경에 대한 궁금증을 해소시켜 주는 것이다.

이단·사이비 종교에 빠지는 사람들은 많은 경우 초청을 받아 성경공부를 하다가 자신이 평소에 궁금해하던 점들에 대해 가려운 곳을 시원하게 긁어 주듯이 명확하게 해석하는 이단들의 편협한 성경 해석에 쉽게 넘어가게 된다. 왜 지식인이라는 이들도 그렇게 편협한 성경 해석에 속아 넘어갈까? 그 이유 중 하나는 기존 교회가 체계적인 성경공부를 하지 않기 때문일 것이다. 이단·사이비 종교는 매우 체계적인 성경공부 조직을 가지고 있다. 그들은 철저한 지도자 교육을 위해 교육방법론을 가르치고 어떤 질문에 어떻게 대답해야 하는지 등에 대한 매뉴얼을 구비함으로써 철저하고 체계적으로 교인들을 이단화시킬 준비를 갖추고 있는 것이다.

또한 그들의 성경공부는 자체가 단지 교육을 위한 것뿐만 아니라 집단상담적 요소가 강하여 구성원들 간에 단단한 응집력을 형성해 준다. 필자는 상담 도중에 이단에 빠진 어떤 신도가 이단인 줄 알면서도 그곳의 사랑과 소속감 때문에 빠져나오지 못한다고 고백하는 것을 들었다. 집단상담적 요소가 가미된 성경공부에서는 지금까지 토로하지 못하였던 자신들의 비밀스러운 이야기도 나눌 수 있는, 신뢰할 수 있다고 느끼는 분위기가 조성되고 이러한 분위기를 바탕으로 자신만 문제 있는 것이 아니라 다른 사람도 비슷한 인생의 짐을 지니고 있는 것을 보면서 자신이 가지고 있는 문제의 보편성(universality)을 확인하여 안도하면서 위로를 받게 된다.

4) 샤머니즘적 양상과 맹목적 의존성

정행업은 한국인의 의존성에 대하여 다음과 같이 지적한다.

한국인은 운명에 맞서 도전하려는 것보다는 운명에 순응하여 안주하려고 하는데, 이러한 운명신앙은 개인적 · 사회적 어려움에 맞닥뜨릴 때 퇴행하여 은둔하는 경향이 있다. 도피심성에 기인한 이단 · 사이비 종교 운동은 사회현실을 외면하고 심산유곡이나 음성적인 면으로 은둔하는 경향이 있다. 두 번째로 혼합심성을 지적한다. 한국의 사이비 종교들은 유불선이 합쳐진 혼합적 교리를 가지고 있다. 셋째로 기복심성이다. 한국인들이 기복적인 성향을 띠고 있다는 것이다. 이러한 기복적 신앙의 형태를 가진 사람들이 이단에 들어가서 기복적인 요구를 가지고 있기 때문에 한국의 이단 · 사이비 종교는 축복을 난발하고 있다. 머리에 손을 얹고 축복기도하는 것을 좋아하고 또 "예수님의 이름으로 축원합니다."라는 말을 너무 남용하고 있다. 네 번째로 신비심성를 든다. 이단 · 사이비 종교를 주도하는 자들은 신비를 무기로 하여 사람들을 미혹한다. 많은 교주들이 투시, 예언, 안찰, 안수, 방언, 축사, 환상, 치병, 몽시, 입신들의 신비 능력을 자랑한다. 다섯 번째로 의존심성을 든다. 한국인의 심성에 자리 잡고 있는 의존심성은 교주에게 전적으로 의존하는 맹목적인 의존성을 보인다.[17]

---

17) 정행업, 『세계교회사에 나타난 이단논쟁』 (서울: 한국장로교출판사, 1999), pp. 133-137.

한국은 자유민주주의 사회이지만 국민들은 다른 한편으로 예전 박정희 대통령의 독재정치 시대의 효율성을 그리워하기도 한다. 즉, 지금 주어진 자율성보다는 확실하게 자신을 얽매어 주고 속박해 주는 틀을 선호하는 것이다. 자기학대적(masochistic)인 성향을 가지고 있어서 타인을 학대하고 남의 탓으로 돌리기보다는 자신의 운명을 탓하고 강력한 타인에게 의존하여 속박받고자 하는 경향이 있다. 이러한 한국인들의 심리를 이용하려는 이단 · 사이비 종교는 분명한 대답과 확신으로 사람들에게 접근한다. "당신은 구원을 받았습니까?"라는 질문에는 확신을 가지고 대답을 하더라도 다시 한 번 "몇 날 몇 시에 받았습니까?"라는 질문을 받게 되면 머뭇거릴 수 있다. 이단 · 사이비 종교는 구원에 대한 확신과 종말에 대한 구체적인 날짜를 제시함으로 속박 속에서 더 편안함을 느끼는 한국인의 심리를 잘 이용하고 있다. 뿐만 아니라 이단 · 사이비 종교에 빠진 사람들은 낮은 자존감을 가지고 있고 사랑하는 사람으로부터 버림받을 것에 대한 유기공포가 있는데 이러한 유기공포는 교주에게 의존하여 총애를 받고자 하는 심리로 발전하게 된다.

5) 대인관계 갈등과 개인적 상흔

진로에 대한 불안과 정체성에 대한 혼란으로 고민하는 대학생들은 확실한 미래와 대답을 제공해 주는 이단 · 사이비 종교로부터 심리적 위안을 받고자 한다. 필자가 상담한 이단에 빠진 사례들을 보면 가족들 간의 관계가 좋지 않음으로 인하여 가족들로부터 받지 못하는 심리적 위안을 이단 · 사이비 종교를 통해서 얻으려고 했던 경향을 볼 수 있었다. 다음은 이단·사이비 종교에 빠졌다가 나온 사람의 말이다.

> "우리 가족들은 나에 대해 너무 모르는데 이 단체 사람들은 나를 이렇게 잘 이해해 주는구나 하는 감동을 받았다. 가족들은 미워지고 계속 이 단체 사람들을 의지하게 된다. 가족들을 벗어나 이 단체로 와야 위로를 얻으니 가족과는 멀어지게 됐다." 18)

가족관계가 양육적이고 안아 주는 환경이었다면 이단·사이비 종교에 빠졌더라도 다시 나오는 데 훨씬 수월한 경향을 보여 줄 것이다.

한편 개인적으로 성폭력을 당한 경험이 있거나 잊을 수 없는 큰 상흔을 가지고 있을 경우 이러한 심리적 상처를 치유하기 위해 신비하고 마술적인 힘들에 의지하려는 경향이 두드러진다. 무의식적으로 그가 자신 안의 개인적 상흔들을 치유해 줄 것이라는 환상을 가지고 교주가 자신을 비극적 현실을 초월한 이상의 세계로 이끌 수 있는 초능력을 가지고 있다고 투사(projection)한다. 한 개인에게 있는 열등감과 가족으로부터 받지 못하는 자긍심에 대한 보상을 원할 때 자신들이 원하는 부모상을 이단·사이비 종교에 들어가서 투사하게 된다. 이들은 교주를 따듯하고 인자하여 자신의 모든 어려움을 미리 알고 충족시켜 줄 수 있는 존재로 인식하려고 한다. 이와 같이 교주들이 가지고 있다는 신비하고 마술적인 힘은

---

18) 〈'이단에서 빠져나온 사람들' 특별좌담〉(http://sdcmd.egloos.com/76132)에서 인용.

이단 · 사이비 종교에 빠지는 사람들이 무의식적으로 지니고 있는 환상적 생각(자신의 어려움이나 사회적 곤경을 마술적인 힘으로 극복하고자 하는 욕구)들이 투사되어 반영된 것이다. 자신에게 있지 못한 것, 즉 결핍을 교주에게 투사하여 자신에게 없는 것이 있을 것이라는 환상을 가지게 된다.

6) 정신분열증적 양상

프로이트는 세계 멸망의 환상(fantasy of world-destruction)과 세계 재건의 환상(fantasy of world-reconstruction) 개념을 언급한 바 있다.[19] 이단 · 사이비 종교에 빠지는 사람들은 개인의 상처와 좌절 그리고 경제적 고통으로 절망감을 가지게 하고 고통을 주는 그들의 세계를 멸망시키고 새로운 시대를 재건해야 한다는 정신분열증적 망상을 가지는 경우가 많다. 이러한 특징에 대해 김광일은 자세히 설명하고 있다.

> 정신분열증 초기에는 모든 세상이 무너지는 것 같고 멸망에 처해 있는 것으로 느껴진다. 이것은 불만스러웠던 자신의 과거를 모두 부정하는 심리이며, 자신의 심리적 죽음이 외계로 투사된 상태를 의미한다. 세계의 종말이란 형태로 나타난 자신의 죽음은 극복할 수 없는 괴로움이다. 그래서 이 심리적 죽음 다음에는 부활이 와야 한다. 자신의 부활은

---

19) S. Freud, trans. by Joan Riviere, *Collected Papers Vol. III* (London: Hogarth Press and Institute of Psychoanalysis), pp. 1948–1950.

신화에서 재탄생의 모티브(motive)로 나타나기도 한다. 또한 이것은 샤머니즘의 입문 과정의 핵심이기도 하다. 자기 내부의 심리 내용을 외계로 투사해 버리는 정신분열의 사고에서는 '세계 재건의 환상'으로 전환된다. 즉, 불만스럽던 이 세상은 멸망하고 만족과 보람에 찬 새 세계, 즉 유토피아가 곧 온다는 생각, 그리고 자기는 그 새 세계를 향한 어떤 위대한 사명을 띠고 왔다는 망상에 빠지게 된다. 그래서 자신은 예언자 또는 메시아라는 자기 신격화가 나타나게 되는 것이다. 이것은 철저한 자기 부정과 함께 거기에서 유래되는 세계 부정의 결과다. 왜냐하면 이 세계의 재건과 자기의 사명은 현실이 아니라 하나의 환상이며, 그 환상은 현실 부정의 결과이기 때문이다.[20]

새로운 세상을 세우고자 하는 욕망은 자신이 현실에서 적응하지 못하고 좌절한 상태를 극복하려는 욕구에 의해 생겨난 것이다. 현실에서의 좌절은 적극적으로 해결하지 못하는 수동적인 성향을 가지게 되고 이 수동성은 현실에 대한 분노와 공격성으로 결합되어 수동-공격성(passive-aggressive)의 형태를 띠게 된다. 이단 · 사이비 종교에 빠진 사람의 고백을 들어 보자. "강박관념이 가장 큰 고민거리였다. 이만큼 하면 잘한 것 같은데 더 잘해야 할 것 같았다. 사람들이 인정해 주지 않고 있다는 생각을 하면서 마음속으로는 늘 조금만 더, 조금만 더를 외치고 살았다. 나는 더 욕심을 부리고 더 높아지고 싶은데 그 마음을 채울 수가 없었다."[21] 여기서 현

20) 김광일, "한국 신흥종교의 사회심리학적 고찰," 『월간대화』, pp. 66-67; 노길명, 『한국신흥종교연구』 (서울: 경세원, 1996), pp. 238-239에서 재인용.

21) 〈'이단에서 빠져나온 사람들' 특별좌담〉(http://sdcmd.egloos.com/76132)에서 인용.

실에 적응하지 못한 좌절감을 극복하기 위해 더 높아지고 무엇인가 통제하려고 하는 수동-공격성을 볼 수 있다.

7) 경제적 곤란과 스트레스

IMF 이후 경제적 상황의 위기로 인한 스트레스를 가지고 현재의 어려운 상황으로부터 탈출하고자 하는 심리 때문에 이단·사이비 종교에 빠져 드는 경우가 있다. 현대인들이 지니고 있는 특성 중에 하나는 인내력의 부재와 충동성인데 이로 인하여 한 개인이 위기나 스트레스를 이기는 능력이 점점 약해지고 있다. 이러한 인내력의 부족은 자신을 파멸로 이끌 수 있는 이단·사이비 종교에 빠지게 만든다. 자신의 문제에 대하여 깊게 고민하며 자신이 처한 스트레스 상황에서 벗어나려는 노력을 하는 것이 아니라 충동적으로 우선 현실로부터 벗어날 수 있는 자극을 제공하는 곳을 찾게 된다.

3. 기독(목회)상담적 제언

이단·사이비 종교에 빠지게 되는 요인들에 대하여 교회에서 제공할 수 있는 대처 방안을 몇 가지 제안하고자 한다.

1) 소 공동체 활동 증가

교회 내의 소 공동체 활동은 교인들로 하여금 교회 내에서 소외

감을 느끼지 않도록 해야 한다. 현재 이단·사이비 종교에 빠지는
사람들 중에는 경제적 하위 계층이나 학력이 낮은 사람들뿐만 아
니라 학력이 높고 경제적으로 부유한 사람들도 있음을 볼 수 있
다. 왜 부족한 것 없는 사람들이 이단·사이비 종교에 빠질까? 이
들은 한국의 자유경쟁의 현실 속에서 받게 되는 스트레스로 인하
여 어디엔가 소속되어 정서적 안정감과 충족감을 받고 싶은 것이
다. 교회가 사회에서 스트레스를 받는 사람들에게 영적 안녕과 심
리적 평안감을 주어야 하지만 현실적으로 교회조차도 총동원 주
일, 장로투표 등 경쟁의 논리로 운영되는 모습으로 인하여 위안을
받기보다는 오히려 교회에서 받는 스트레스로 인하여 더 긴장과
경쟁의 느낌을 가지게 된다. 점점 고립되고 개인화되어 가는 한국
사회에서 교회만큼은 그들에게 위안과 평안을 주어 소속감을 느
끼게 해 줄 수 있어야 한다.

2) 체계적 성경공부 강화

교회에서 성경적 가르침을 실생활에 어떻게 적용할지에 대한
구체적 사례를 연구하고 교인들의 생활에 적용 가능한 성경공부
내용을 개발할 필요가 있다. 또한 내용 전달만 하는 성경공부가
아닌 집단상담의 요소를 가미하여 자신의 이야기를 드러내어 서
로 들어 주고 치유해 줄 수 있는 성경공부 분위기를 조성해야 한
다. 자신의 이야기를 혼자만 알고 있다가 다른 사람과 나누면 무
게를 줄일 수 있고 다른 사람의 문제와 고민을 들으면서 자신의
문제에 대한 심각성과 민감성도 줄어들게 되어 어려움을 이겨 나

갈 힘을 얻게 된다. 이렇게 집단원 중 가족관계에서 어려움을 겪고 있는 사람이 있다면 집단상담적 요소가 가미된 성경공부 모임에서 교정적 가족 체험을 할 수 있어 심리적 긴장감을 완화하게 도울 수 있을 것이다.

3) 따듯한 수용

이단·사이비 종교에서 나온 사람들에게는 사랑과 인내로 감싸주는 따듯한 환경을 조성해 주어야 한다. 이단·사이비 종교에 빠져 있는 사람들에게 교리를 가르치고 신학적인 논쟁을 하다 보면 벽에다 대고 소리를 지르는 것처럼 답답함을 느낄 때가 있다. 교리적 가르침도 필요한 일이지만 이들에게는 든든하게 자신을 믿어 주고 이해받는다는 느낌을 줌으로써 이단·사이비 종교에 대한 의구심이 생길 때 빠져나올 수 있는 지지대를 만들어 주는 것이다. 교인들 중 누군가 이단·사이비 종교에 빠진 사실이 알려졌을 때 비난하고 정죄하기보다는 잃은 양 한 마리를 위해 가시덤불을 헤매고 애쓰면서 기다리는 목자의 심정이 절실하게 필요하다고 본다. 요즈음 한 이단의 전략 중 하나는 기존 교회에 들어가서 열심히 봉사하고 신앙생활을 하다가 자신이 이단에 빠졌다고 고백했을 때 목회자가 이단에 빠진 자신을 대하는 태도에 대해 '어떻게 목회자가 교인에게 이렇게 소홀하게 대할 수 있느냐, 우리 목회자는 사랑이 없다'고 비난하면서 교인들 간 분열을 조장하는 것이라고 한다.

만약 이단·사이비 종교에 빠졌던 사람이 다시 교회에 돌아가

더라도 기존 교인들이 이들을 향한 따듯한 수용(postvention group)
이 없이 냉랭한 태도를 보인다면 이들을 다시 이단·사이비 종교
에 가게 만드는 요인이 될 것이다. 아직까지는 이들이 다시 돌아와
서 교회에 설 땅이 별로 없다. 이들이 다시 돌아올 때 마치 돌아온
탕자를 맞이하는 아버지의 마음처럼 너그럽게 포용하고 안아 주
는 태도와 환경을 조성한다면 다시 이단·사이비 종교에 빠지지
는 않을 것이다. 이들이 신분 노출에 대한 위험 없이 안전하게 상
담할 수 있는 이단·사이비 종교 상담센터를 초교파적으로 운영
하는 것도 제안한다.

4) 예방교육

예방적인 교육이 필요하다. 평신도들은 어떤 교회가 정통인지
어떤 교회가 이단인지 구별할 줄 모른다. 심지어 목회자들도 이
단·사이비 종교에 대해서는 언론을 통해서 소식을 알게 되는 경
우가 있어서 정작 전문가여야 할 목회자들과 기독(목회)상담자들
마저 이단·사이비 종교에 대한 정보와 전문적 지식이 결여되어
있음을 볼 수 있다. 목회자와 기독(목회)상담자들의 연장교육에서
이단·사이비 종교에 대한 정보와 교육이 제공되어야 하고 일반
교인들에게도 교회에서 정기적으로 이단·사이비 종교에 대한 교
육을 실시할 필요가 있다. 소 잃고 외양간 고치는 것보다 잃기 전
에 미리 예방하는 것이 더 중요하다. 그리고 평상시 교인들의 스
트레스 지수를 낮추고 행복한 삶을 살 수 있도록 가정의 소중함도
일깨워 주어 행복한 가정을 꾸릴 수 있도록 부부상담 프로그램,

가족관계 증진 프로그램, 대화 방법 프로그램, 아버지학교, 어머니학교 등의 교육이 개발되고 실시되어야 한다. 이단·사이비 종교에서는 집단의 사람들에게 가족에게 사탄이 들어 있다고 세뇌 교육을 시킨다. 이렇게 함으로써 가족과 멀어지게 하여 고립(isolation)되도록 만든다. 만일 평상시 가족관계가 원만하거나 신뢰를 바탕으로 한 의사소통이 있었다면 이러한 고립의 정도는 덜할 것이다. 행복한 가정에 기반하고 있다면 이단·사이비 종교에 빠지는 확률을 줄일 수 있을 것이다.

4. 맺는말

한국교회는 지금까지 앞만 보고 성장을 향해서 달려왔다. 마치 1970~1980년대 고도의 경제 성장 시대처럼 한국교회와 목회자도 밤낮을 가리지 않고 뛰어왔고 그로 인해 양적인 결실을 맺기도 하였다. 그러나 이러한 성장 위주의 교회 성장은 마치 한국사회의 가파른 경제 성장으로 인하여 사회에 상처와 좌절의 흔적들이 많이 생긴 것처럼 성장의 그늘에 묻힌 질적인 돌봄의 부재로 상처와 좌절의 흔적을 남겼다. 필자는 그 흔적 중에 하나가 이단·사이비 종교라고 생각한다. 현재 한국의 이단·사이비 종교의 팽창이 기존 교회에서 해야 할 일이 무엇인지 일깨워 주는 하나님의 사인이 아닌지 생각해 본다. 우리는 이러한 하나님의 사인에 적극적으로 응답할 필요가 있다. 이 장에서 살펴보았듯이 이단·사이비 종교에 빠지는 사람들에게는 문화적·심리적·영적 이유가 있다. 이러한 이유들을 파악하였다면 그들에게 다가가야 한다. 소극적으로 이단·사이비 종교가 생기면 문제가 심각해진 다음에 많은 시간과 과정을 들여 사이비대책위원회를 통해 뒷북치듯이 이단·사이비 종교에 대한 성명서를 발표하는 그런 방식보다는, 적극적으로 미리 앞서 가서 예방적인 차원에서 교인들이 이단·사이비 종교에 빠지지 않도록 노력을 해야 할 것이다.

토론할 이슈

1. 이단·사이비 종교에 빠지는 신도들의 심리에 대하여 필자가 제시한 요소 외에 추가할 다른 것들을 생각해 보시오.

2. 필자가 가해적 공포를 설명했는데 이단·사이비 종교에 빠지는 신도들의 심리에 가해적 공포가 구체적으로 어떻게 나타나는지 설명해 보시오.

3. 이단·사이비 종교에 빠진 신도들이 거기에서 빠져나온 뒤 가질 수 있는 심리와 불안에 대해서 생각해 보고 상담적으로 어떻게 돌볼 수 있는지 설명해 보시오.

4. 이단·사이비 종교에 빠진 내담자를 상담하는 것도 중요하지만 필자는 예방과 교육을 더욱 강조하고 있다. 성도들이 이단·사이비 종교에 빠지지 않도록 예방하기 위해 교회와 사회에서 어떤 역할을 해야 할지 생각해 보시오.

참고문헌

강희천. "이단 현상과 교회 교육,"『연세대학교 연신원 목회자 하기 신학
    세미나 강의집』, 12. 연세대학교 신과대학 · 연합신학대학원. 1992.
    pp. 159-169.

국제종교문제연구소.『한국의 종교단체 실태조사연구』. 서울: 국제종교문
    제연구소. 2001.

기독교대한감리회 신학정책 및 이단대책위원회.『감리교회의 입장에서
    본 이단문제』. 서울: 기독교대한감리회 신학정책 및 이단대책위원
    회. 2006.

기독사상 편집부, 대한기독교서회. "한국교회와 이단적 종말론의 실상,"
    『기독사상』, 306. 1991. pp. 86-93.

노길명.『한국신흥종교연구』. 서울: 경세원. 1996.

민경배. "한국교회사 속의 이단 문제,"『연세대학교 연신원 목회자 하기
    신학세미나 강의집』, 12. 연세대학교 신과대학 · 연합신학대학원.
    1992. pp. 87-91.

박종삼. "사이비 이단 발생에 대한 사회과학적 접근: 한국기독교와 사이
    비이단운동,"『한국기독교연구 논총』, 8. 1995. pp. 351-386.

유영권. "한국교회와 나르시시즘,"『목회와 상담』, 6. 2005. 1. pp. 43-64.

이대복.『한국교회 100주년 기념 이단 종합연구』. 서울: 기독교이단문제
    연구소. 2000.

이후정. "세계교회사 속의 이단 문제,"『연세대학교 연신원 목회자 하기
    신학세미나 강의집』, 12. 연세대학교 신과대학 · 연합신학대학원.
    1992. pp. 75-85.

장석만. "한국기독교와 이단 생산의 사회," Nuri Media Co., Ltd.

전호진. "이단의 특징과 이단전도전략,"『고신대학논문집』, 18. 1990. pp.

121-135.

정동섭. "문제성 종교의 폐해와 그 극복방안," 『교육교회』. 2001. pp. 9-15.

정진홍. "정통과 이단의 논의: 그 문화적 위상의 서술을 위하여," 『기독교
사상』, 362. 서울: 대한기독교서회. 1989. 2.

정행업. 『세계교회사에 나타난 이단논쟁』. 서울: 한국장로교출판사. 2000.

탁명환. 『기독교 이단연구』. 서울: 한국종교문제연구소, 국제종교문제연
구소. 1990.

탁지원. "한국교회의 이단의 실태 및 대처방안," 『교육교회』. 2001. pp. 2-8.

한완상. "사회병리 현상과 이단," 『연세대학교 연합신학대학원 목회자 신
학세미나 강의집』, 12. 1992. pp. 115-123.

〈'이단에서 빠져나온 사람들' 특별좌담〉. http://sdcmd.egloos.com/76132.

American Psychiatric Association / 이근후 외 역. 『정신장애의 진단 및 통
계편람 제4판』. 서울: 하나의학사. 1994.

Enroth, R. / 오희천 역. 『신흥종교와 이단들』. 서울: 생명의 말씀사. 1983.

Hoekema, A. A. / 박기호 역. "이단의 특징," 『신학지남』, 169 여름. 1975.
pp. 68-83.

Freud, S. trans. by Joan Riviere. *Collected papers. Vol. III.* London:
Hogarth Press and Institute of Psychoanalysis. pp. 1948-1950.

제9장

이단 · 사이비 종교에 빠진 내담자를 위한 상담 전략

　한국의 개신교는 이 땅에 들어온 지 얼마 안 되는 기간에 괄목할 만한 양적 성장을 이루었다. 밤마다 거리에는 십자가의 불빛이 반짝이고 있지만 진정으로 이 사회에 빛과 소금의 역할을 담당하고 있는지, 질적으로 성장한 모습을 갖추고 각 교회 교인들이 건전한 믿음으로 사회를 올바르게 변혁시키는 역할을 담당해 왔는지 반성해 본다. 이단 · 사이비 종교 교주로부터 성폭행당한 이야기를 하는 여성들의 괴로워하는 모습, 그리고 한 이단 교회 신도들의 폭력적인 모습들을 보면서 그들도 한때는 기존 교회에 출석한 순진한 교인들이었을 것이라는 생각과 함께 안타까운 마음을 금할 수 없었다. 과연 이들이 어떤 이유로 사이비 종교에 빠지게 되었을까? 기존 교회의 어떤 면들이 부족했기 때문에 그리고 어떤

불만을 가졌기 때문에 사이비 종교로 옮겨 갔을까? 라는 질문을
가진다. 이 장을 통해 사이비 종교에 빠지는 심리에 대한 분석과
함께 이들을 돌보는 상담적 방안들을 제시하고자 한다. 이단·사
이비 종교에 빠진 사람들과 빠져나온 사람들 그리고 그 가족들과
상담을 진행할 때 어떤 과정을 경험하고 또한 어떤 점들에 유의해
야 할지에 대한 상담적 전략을 살펴볼 것이다.

1. 이단·사이비 종교에 빠지는 심리적 요소

1) 가치관 부재로 인한 혼돈감

현재 한국에는 200여 종의 이단·사이비 종교가 존재하는데 그
원인은 여러 가지 면에서 찾아볼 수 있다. 정치적·사회적·경제
적 불안으로 인하여 불안한 심리를 안정시키려는 욕구에 의해 생
성된다. 정보의 홍수와 산업자본의 발달을 통하여 소중히 여겨지
는 가치가 없어지고 더 많은 것을 이룩해야 하고 더 많은 것을 가
져야 한다는 소유욕 또한 가치관의 혼돈을 만들어 왔다. 고등학교
까지 공부만 하다가 가치관을 형성하지 못한 채 대학교에 입학하
고 이단·사이비 종교의 접근이 있을 때 별 생각 없이 휩쓸리는
성향도 볼 수 있다. 이러한 가치관의 부재 속에서 다시 인간성을
찾고자 몸부림치고자 하는 노력으로 이단·사이비 종교를 접할
때 무비판적으로 휩쓸려 들어가듯 흡수당하는 것이다. 사회적 가
치관의 부재와 신앙적 정체성의 부족은 안정된 자아감의 부재로

이어지고 이 혼란스러움 속에 이단과 사이비가 침투할 수 있다. 기존 교회에서 보여 준 신학의 부재와 체계적인 성경공부의 부재로 인하여 정통교리에 대한 확고한 신학적 입장이 흔들리기 때문에 무리한 성경적 해석이나 왜곡된 신학적 입장에도 쉽게 흔들린다. 이단 · 사이비 종교에 빠진 사람들은 "어떻게 내가 구원받는지 확실하게 길을 제시해 줬다."라는 고백을 많이 한다. 자신의 구원관에 대해 확신이 없고 혼돈된 정체감과 가치관이 흔들리는 틈을 타서 이단 · 사이비 종교가 영향을 미칠 수 있는 것이다.

2) 일차적 고립감과 이차적 고립감

이단 · 사이비 종교는 기존 교회가 담당하지 못하여 생긴 부작용으로 그림자의 한 모습이다. 기존 교회가 부패하고 경직된 조직에 매달려 권력화되면 교회에서 상처를 받고 그 상처에 시달리는 사람들이 사이비 종교나 이단의 유혹에 넘어가기 쉽다. 기존 교회에 대한 상처로 인하여 고민하고 힘들어하다가 교회를 떠나가게 되고 점점 위축되어 사회적 대인관계를 끊거나 자신 안에만 갇혀서 헛된 생각들을 하는 일차적 고립감을 가지게 된다. 이런 고립감에 빠져 있는 사람에게 이단 · 사이비 종교는 새롭게 자신을 발견할 수 있는 공동체의 느낌을 제공해 주고 자신으로부터 나와 이단 · 사이비 종교 공동체 속에서 원만한 대인관계를 가지는 듯한 착각에 빠지게 한다.

하지만 이단 · 사이비 종교에 빠지게 되면 이들은 가족에게 사탄이 들어 있다고 세뇌교육을 받고 이로 인해 가족들이 이단 · 사이비 종교에 빠진 사람을 구출하는 노력이 헛되이 돌아가게 만든다. 부모나 가족이 가장 큰 적으로 간주되어 자신의 신앙을 지키기 위해서는 가족과 점점 단절하고 고립되어 간다. 이것은 이차적 고립감이다. 일차적 고립감을 극복하기 위해 이단·사이비 종교가 제공해 주는 공동체에 들어가지만 사회와 격리된 폐쇄적인 공동체(신앙촌, 천년왕국 등)에서 일반 사회와 고립되는 이차적 고립감을 가지게 된다.

세상에 대한 적대감을 가지게 되어 그 적대하는 세계가 자신을 공격할 것이라는 가해적 공포는 바깥세상에 대한 두려움과 세상이 나를 몰라 준다는 섭섭함을 가지게 하여 자신들만의 갑옷을 만들어 안전한 곳에 철수하게 만든다. 가해적 공포로 인한 자기 보호본능은 이분법적인 성향을 갖게 하여 세상은 악하여 부정하니 유토피아적 세상을 향해야 한다는 극단적인 세계관을 갖게 한다. "내가 최고의 진리를 갖고 있다고 생각했기 때문에 다른 사람들이 불쌍하게 느껴졌고 우월감을 느끼며 생활했다."라고 이야기하는 이들의 극단적인 생각은 자신이 가지고 있는 생각을 절대화하여 다른 사람의 생각은 모두 틀렸다는 흑백논리적 사고를 가지게 한다.

3) 교정적 정서 체험

이단·사이비 종교에 빠지는 경우 대인관계의 상흔이 있거나 가족 간의 의사소통 단절, 학업 부적응, 근친상간의 경험, 심한 좌절감 등 무의식적으로 억압하여 누르려고 하는 기억들과 경험들이 있는 경우를 많이 볼 수 있다. 이들은 자신의 억눌린 감정을 담아주고 수용해 줄 사람을 찾아 나서면서 착취적이고 의존적인 관계에 빠지게 된다. 이들이 이단·사이비 종교집단에 들어가게 되면 그 안에서 수용받는 느낌을 받고 응집성 있는 집단에서 그동안 털어놓지 못했던 자신의 억압된 기억들을 내놓을 수 있는 장이 마련된다. 즉, 감정 정화를 할 수 있는 공간을 제공해 주는 것이다.

이들이 이단·사이비 종교단체가 잘못되었다는 것을 깨달아 가면서도 빠져나오려는 생각을 하고 싶지 않을 수 있다. 왜냐하면 그곳에서 주는 정서적 체험들이 지금까지 본인들이 겪었던 감정적 상처들을 수용해 주고 정화시켜 주는 새로운 교정적 정서 체험[1]을 제공하기 때문에 이들에게는 세상에 다시 나가는 것이 마치 어머니 배 속에서 나오는 과정처럼 불안하고 두려운 경험으로 생각된다.

4) 분열적 방어와 도덕적 방어

만족을 주는 어머니는 이상적 대상과의 경험을 통해 만족스러운 부분을 내면화하여 중심자아를 형성한다. 반면 박탈하는 어머니는 반리비도적(anti-libidinal) 대상과의 경험을 통해 박탈하는 측면을 내면화한다. [그림 9-1]은 대상관계 심리학자인 페어번의 자아구조[2]를 보여 주고 있다.

---

1) I. Yalom, *The Theory and Practice of Group Psychotherapy* (New York: Basic Books, 1995), pp. 71-72.

2) J. R. Greenberg, & S. Mitchell, *Object Relations in Psychoanalytic Theory* (Harvard University Press, 1993), pp. 163-169.

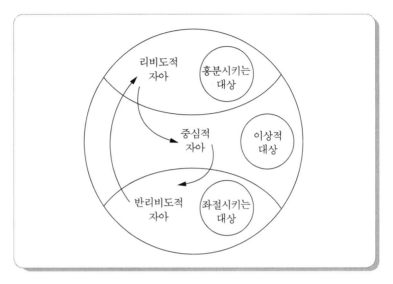

[그림 9-1] 페어번의 자아구조

부모의 실망적인 면에 대해 그것을 제거하려는 것이 아니라 그 실망적인 부모와도 관계를 맺으려는 시도로, 박탈하는 대상조차 내재화하여 바깥 대상을 선하게 만들고 악한 대상은 나이지 바깥 대상이 아니라는 도덕적 방어를 하게 된다. 도덕적 방어를 하는 경우 실제 부모에 대한 선한 환상을 보존하기 위해 자신이 나쁜 대상이라는 생각을 가지게 된다. 이러한 경우 과도한 죄책감으로 인해 권위를 가진 사람이 하는 말에 지나치게 순종적이고 의존적으로 될 수 있다. 억압받은 경험을 한 자아가 억압하는 바깥 대상에 병리적인 이끌림을 가지게 되어 자신을 확 끌어 주며 카리스마 능력을 소유한 사이비 교주들에게 맹목적으로 의존하게 된다. 신흥종교에 빠진 사람들의 경우 대인관계의 갈등이나 개인적인 성장과정에서의 상흔적인 경험들을 통하여 이러한 도덕적 방어를 가지고 있는 경우를 볼 수 있다.

이단 · 사이비 종교에 빠질 때 자신의 죄사함받는 것에 대해 과도한 민감성을 보이는데 이러한 도덕적 방어로 인하여 "당신은 구원받았습니까?"라는 질문에 자신의 구원에 대한 확신을 갖지 못하고 불안하여 죄사함을 받을 수 있는 방법을 끊임없이 모색한다. 자신은 악하고 구원의 소식을 전해 주는 사람은 선한 것을 가지고 있어 그 선한 것을 주는 대상을 이상화하고 맹목적으로 따르는 경향을 가지게 한다.

나쁜 대상과의 경험은 대상에 대하여 좋고 나쁨을 분명하게 분열하여 인식하는 분열적 방어를 조성한다. 이단 · 사이비 종교에 소속된 사람들과 교주를 이상화하여 선한 대상(good object)으로 인식하고 기존 교회와 자신을 이단 · 사이비 종교로부터 구출하려고 하는 사람들을 나쁜 대상(bad object)으로 생각하여 저항하고 받아들이려 하지 않는다. 이들은 교주를 따듯하고 인자하고 자신들의 모든 어려움을 미리 알고 충족시켜 주는 존재로 인식하려고 한다. 사이비 교주들이 가지고 있는 신비하고 마술적인 힘들은 사이비에 빠지는 사람들이 무의식적으로 가지고 있는 환상적 생각(마술적인 힘으로 자신의 어려움이나 사회적 곤경을 극복하고자 하는 욕구)들이 투사되어 반영된 것이다.

언급한 네 가지 심리적 요소 이외에도 정서적 불안, 낮은 자존감, 유기불안 그리고 삶에 대한 부적절감 등이 이단 · 사이비 종교에 빠진 사람들의 주로 호소하는 핵심감정들이다.

2. 이단 · 사이비 종교에 빠진 내담자 상담의 단계 및 전략

1) 평가 단계

이단 · 사이비 종교에 빠진 내담자와 상담을 시작할 경우 우선 내담자의 상황을 총체적으로 평가하는 것이 필요하다. 심리적 평가에 있어서 다양한 심리검사 도구를 통하여 망상이나 우울은 없는지 살펴보아야 한다. 이단 · 사이비 종교집단인 Divine Light Mission에 있던 사람들을 대상으로 한 조사에서 38.5%가 이 이단 · 사이비 종교에 소속하기 전 전문적인 심리적 도움을 받았고 9%가 정신과에 입원한 경력이 있다고 밝힌다.[3] 이단 · 사이비 종교에 빠진 내담자들의 정신건강과 심리건강 측면에서 적절한 평가가 필요하다. 이단 · 사이비 종교에 빠지는 사람들의 심리적 취약성을 고려한다면 최근에 가까운 사람의 죽음이나 상실한 경험이 없는지, 성적 학대, 알코올 약물남용, 실직, 부모상실, 퇴직 등이 없는지 살펴보아야 한다. 이것을 살피기 위해서는 "당신에게 일어났던 최악의 사건은 무엇이었습니까?" "당신의 기억들 중 최초의 기억은 무엇입니까?"[4]라는 물음을 통해 내담자의 최근 심리

---

3) M. Galanter, "The "Moonies":A Psychological Study of Conversion and Membership in a Contemporary Religious Sect," *American Journal of Psychiatry*, 1979, 136(2), pp. 165-170.

4) R. Bufford / 오성춘 역. 『귀신들림과 상담』 (서울: 두란노, 2000), p. 214.

적 상실과 불안이 이단 · 사이비 종교에 빠지게 된 계기와 연관이 있는지 파악할 필요가 있다. 그리고 최근의 대인관계에서 좌절이나 고립감이 얼마나 심한지도 평가할 필요가 있다.

두 번째로 영적인 평가를 위해 내담자의 종교적 체험이 어떤 양상을 띠고 있는지 살펴볼 필요가 있다. 이를 위해 상담자가 내담자에게 종교적 현상이나 종교적 문제에 관해서 다룰 준비가 되어 있고, 개방적이라는 말을 해 줄 필요가 있다. 이러한 라포형성 과정을 통해 내담자는 자신의 종교 체험과 삶에 대한 의미와 실존적인 질문을 수치스러워하지 않고 상담자에게 노출할 수 있을 것이다.

상담 초기에 내담자가 하나님과 어떤 관계에 있는지 알아내는 데 초점을 맞추는 것이 필요하다.5) 많은 경우 분열적 방어를 통한 나쁜 대상 이미지로 인해 강압적이고 지배적이며 끝까지 추적하여 죄를 묻는 하나님 이미지를 소유하고 사소한 감기도 귀신에 의해 사로잡힌 것이라고 생각한다. 영적 평가에서 전우택6)은 신흥종교에 언제 가입했고, 활동기간, 집단에 들어간 후 개인의 삶의 질에 대한 변화 즉 개인의 사랑하고 일하는 능력에 어떤 변화가 생겼는지 측정하며, 과거의 종교 경험의 질과 이단 · 사이비 종교 집단에 들어간 후 종교 경험의 질은 어떻게 다른가, 신흥종교집단에 머물러 있는(있던) 이유를 스스로 무엇이라 이야기하는가? 등을 살펴볼 필요가 있다고 말한다. 그리고 영적 평가에 있어서 내담자가 생각하는 기독론, 종말론, 구원론에 대하여서 물어볼 필요

5) G. R. Collins / 장태기 역, 『기독교 상담 사례 연구』(서울: 두란노, 2000).
6) 전우택, "신흥종교집단에 대한 정신의학적 이해," 『정신병리학』, 1994, 3(1), pp. 23-33.

가 있다. 이는 잘못된 신학적 가치관을 평가하여 확고한 신학적 개념을 가질 수 있도록 돕는 데 필요한 자료가 될 것이다. 그리고 가족 간의 관계와 대인관계에 대한 평가와 사회적 지지망은 있는 지 평가하여 이단·사이비 종교에서 나온 뒤 지지해 줄 그룹이나 자원이 있는지 파악하는 것이 필요하다. 그리고 이단·사이비 종 교에서 받은 학대나 폭력이 법에 어긋나는 것인지 파악하도록 하 여 필요한 법적 조치도 취할 수 있도록 한다.

2) 라포형성 단계: 꾸준한 사랑, 인내 그리고 감정적 지탱

이단·사이비 종교에 빠진 사람들은 분열(splitting)을 통해 자신 이 속한 이단·사이비 종교의 사람들을 선하게 보고 상담자를 악 하게 보아 나쁜 사람으로 간주하는 분열적 방어를 보인다. 이 분 열적 방어로 내담자가 상담자에게 저항하고, 폭력적인 언어를 서 슴치 않고 내뱉는 경우도 많다. 또 자신이 속한 단체에 대해 이단 이라는 말을 하는 경우 분노하기도 하고 짜증을 내며 상담자를 무 시하기도 한다. 이런 내담자의 반응에 대해 상담자 역시 짜증을 내거나, 참지 못하고 가르치려 하고 분노하는 등 내담자를 쉽게 놓아 버리는 역전이 반응을 할 수 있다. 이런 내담자에게 상담자 가 가르치거나 교리적인 것을 수정하려는 역할을 해서는 치료적 효과를 얻기 힘들다.

"저는 최대한 상담자들을 짜증나게 만들었고 무시했고 비웃었습니 다. 상담 내내 일관된 태도로 사람들을 대했고 웃지도 않았고 말도 하지 않았고 청년들이 교제하러 다가오면 잠을 자거나 자리를 피했습니다. 목사님 앞에 성경책을 던지는가 하면 오경식(가명) 전도사님에게는 축사하라고 대들었습니다. 그러나 그분들은 이러한 행동을 한 저를 항상 따뜻하게 맞아 주셨고 항상 제 영혼에 대해서 걱정해 주셨습니다."[7]

　내담자의 저항에 치료적으로 지탱하는 사랑(sustaining love)을 보여 주고 안전하고 지지받고 있다는 느낌을 주는 것이 다른 내담자들에 비해서 더 강하게 필요하다. 이들은 지나친 죄책감으로 자신의 구원에 대해서 불안감을 가지고 있다. 구원파들이 "당신은 구원받았습니까?"라고 묻는 질문에 선뜻 "받았습니다."라고 대답하지 못하는데, 이들의 구원관이 흔들리고 하나님 이미지가 불안정한 것을 볼 수 있다. 한 번 믿고 구원받으면 하나님의 은혜로 구원이 지속된다는 것을 인식하는 것이 중요하다. 이런 구원관은 다른 사람과의 지속적인 안정된 사랑관계에서 느낄 수 있고 확인할 수 있는데 이렇게 안정된 하나님 이미지를 소유하고 있지 않은 내담자에게는 상담자와의 지속적이고 안정된 사랑의 경험이 필수적이다. 구원은 하나님의 은혜로 받은 놀라운 선물이지 인간의 노력과 공로에 의해서 일어나는 것이 아니라는 것을 상담자와의 안정적이고 수용적인 관계를 통해서 경험하고 받아들이게 된다.

　이들에게 불안정한 대인관계에서 생긴 불안함, 특히 다른 사람들이 나를 버리고 도망갈 것 같은 유기불안에 대해서 이단·사이

7) 〈이단회심간증〉(http://www.kedancc.kr).

비 종교집단이 우리는 너와 같이 있어 준다는 안정감으로 교정적 정서 체험을 제공하였듯이 상담자도 이러한 안정된 교정적 정서 체험을 제공해 주어야 한다. 이단·사이비 종교에 빠진 것에 대하여 교화하거나 논쟁하여 비판적이나 비판적으로 접근하지 말고 시간과 인내심을 가지고 든든하게 내담자 편이라는 느낌을 주어야 신흥종교 안에서 이상한 점을 발견하고 의심을 가질 때 빠져나올 수 있는 계기가 마련될 것이다.

> "신천지에서 느낀 사랑과 정보다 가족들의 더 큰 사랑과 가족의 가치를 알면 조금이라도 대립이 완화될 것이라고 생각한다." [8]

교리적인 가르침을 주려고 하기보다는 우선 내담자가 빠진 신흥종교에 대해서 이야기를 하도록 격려하고 이단·사이비 종교에서 얻었던 유익했던 측면[9]도 드러낼 필요가 있다. 상담자가 내담자의 경험에 대해 인정하고 그렇게 경험할 수도 있다는 느낌(validation)을 제공해 주면서 잠시 가치적 판단을 유보하고 해석학적 유보(hermeneutical suspension)의 태도를 가질 필요가 있다. 정신분열증 내담자와의 상담에서도 내담자의 망상에 도전하고 깨뜨리기보다 상담자가 내담자의 망상 속에 같이 뛰어들어 내담자가 망상을 통해 얻고자 하는 욕구가 무엇인지 현실 속에서는 어떤 불안이 있어서 망상의 세계에서 안전을 추구하는지 파악하는 것처

---

8) 〈이단에서 빠져나온 사람들' 특별좌담〉(http://sdcmd.egloos.com/76131)에서 인용.
9) 전우택, Op. Cit.

럼 이단·사이비 종교에 빠진 내담자에게도 해석학적 유보를 통해 내담자의 잠재된 욕구를 파악하는 것이 필요하다. 이렇게 될 때 상호 호혜적 대화가 되어 내담자는 자신이 가지고 있는 궁금증이나 속마음을 노출하기 시작한다.

3) 핵심문제 탐색 단계

내담자가 이단·사이비 종교에 빠지게 되는 데는 여러 가지 심리적 요인들과 대인관계적 요소들이 존재하는데, 이러한 심리적 요인들을 파악하여 이단·사이비 종교에 빠질 수밖에 없는 역동을 찾아 심리적 외상의 흔적들을 말로 표현하도록 도와줄 필요가 있다. 다음은 사탄 숭배에 빠진 내담자의 심리적인 곳에 차지하고 있는 근본적 원인에 대해 파악하고 탐색하는 축어록의 일부분이다.

> 내담자: 물론 아버지가 내게 했던 일 때문에 미워하지요.
>
> 치료자: (잠깐 쉬었다가) 아버지가 리처드에게 어떻게 했는데요?
>
> 내담자: (울면서) 아버지는 나를 잡아당겨서 성기를 내게 집어넣었어요. 정말 아팠어요.
>
> 치료자: 그랬을 거예요. 무척 아팠을 거예요. 리처드가 지금 자기 몸에 대해서 느끼고 있는 느낌은 그때의 아픈 기억 때문일 거예요. 정말 무척 아팠을 거예요. 리처드는 어렸고 아버지는 리처드에 비하면 거인이었으니까요.
>
> 내담자: 내가 무척 더럽다는 느낌이 들어요. 왜 내가 그때 도망을 가지 않았을까요? 하나님은 왜 그걸 막아 주지 않았을까요?[10]

여기서 아버지에게 당한 성폭행의 경험이 악한 대상에 대한 경험으로 기억되고 그 악한 대상을 내재화하여 자신에 대한 수치심과 과도한 죄책감을 갖게 된다. 이러한 과도한 죄책감은 도덕적 방어를 가지게 하고 사탄 숭배라는 사교에 빠져 내재화된 악한 대상과 일치하려고 하는 심리적 역동을 보이며 사탄 숭배에 심취하게 만드는 핵심문제로 드러났다. 이단·사이비 종교나 사교에서 빠져나오도록 하기 전에 이러한 심층적인 문제의 근원을 파악하고 내담자로 하여금 심리적 외상이나 해결되지 않은 자신의 미해결된 과제를 탐색하고 해결할 수 있도록 돕는 과정이 필요하다.

4) 왜곡된 인지 수정 단계: 윤리적 가치관 확립

JMS 등 이단·사이비 종교는 예수 그리스도를 기묘자, 모사라고 표현하는 성경 구절을 이용하여 목적을 위해서는 수단과 방법을 가리지 말고 거짓말을 해도 된다는 사고를 가지고 있다. 이단·사이비 종교에서 범법적 행위를 하는 이유도 성경 구절을 자기 위주로 해석하기 때문이다. 이단·사이비 종교에 빠진 내담자들은 말씀에 대한 갈증이 있고 혼돈된 자신의 정체감을 확실하게 해 줄 확실한 말씀에 절대적으로 의존한다. 이들은 거짓된 성경에 대한 해석과 신학적 사고로 인해 무너진 사람들이기 때문에 건강한 성경 해석과 말씀으로 다시 서게 해야 한다. 이를 위해 상담자는 성경적 지식과 구원론, 성령론, 종말론 등에 대해서 명확한 신

---

10) R. Bufford, Op. Cit., p. 311.

학적 관점을 가지고 있어야 한다.

이때 주의할 점은 도덕적 방어의 성향을 보이는 내담자는 이단 · 사이비 종교의 교주에게 절대 의존하고 순종하였듯이 자율성을 잃어버리고[11] 상담자의 강력한 지도력에 다시 순종하고 상담자를 교주처럼 절대시하는 경향을 가질 수 있다. 상담구조에서 내담자의 이야기를 듣고 관계를 형성하여 공감과 조언을 해 주는 행위들에는 종교적 요소가 내포되어 있기 때문에 상담자를 이상화된 부모로 보거나 절대시하는 경향을 볼 수 있다. 이렇게 절대적인 이상화를 하지 않도록 성경적 · 신학적 사고의 수정을 내담자가 자율적으로 성찰할 수 있도록 촉진하고 돕는 역할이 필요하다.

예를 들어 구원파는 구원받은 날짜를 분명히 알아야한다고 하며 영적 생일을 알아야 구원을 받았다는 증거가 확실하다고 하면서 접근한다. 이때 확고한 구원관이 없는 경우 쉽게 이 질문에 넘어가서 '깨닫고 거듭나는'[12] 구원을 받아야 한다는 설득에 동요되기 쉽다. 구원에 대한 확신이 없는 내담자에게 상담자는 구체적으로 성서에서 구원은 전적으로 하나님의 은혜이고 예수 그리스도를 주라고 고백하고 영접하는 자에게 하나님의 자녀가 되는 권세를 주셨다(요한복음 1장 12절)는 사실을 주지시키고 확실하게 내담자의 구원받음에 대해 안정감을 주고 확고한 가치관을 가질 수 있도록 도와야 한다.

---

11) 전우택, Op. Cit.
12) 최병규, 『상담을 통해 본 이단의 모습』(서울: 은혜출판사, 2006), p. 38.

5) 외상과 상처 명료화 단계: 기억하기

이단 · 사이비 종교에서 있었던 일이 부정적일수록 이야기를 꺼려할 경우가 많다. 하지만 표현하지 못하고 기억 속에 묻어만 둔다면 그 사건과 관련된 감정으로 인하여 우울감이나 과도한 공격성으로 대인관계가 파괴되어 고립감을 가지고 지낼 수도 있다. 드러내기 싫은 기억이라도 안전한 환경을 제공하는 상담자 앞에서 이단 · 사이비 종교나 사교 안에서 자신의 어두운 기억들을 드러내는 것은 그 자체만으로도 치료적 효과가 있다. 다음은 사탄 숭배에 빠진 내담자가 드러내는 기억의 한부분이다.

> 내담자: 나는 땅속에 있는 상자 안에 누워 있어요. 아버지와 사제와 두 남자가 내 위에 서서 무언가 말도 되지 않는 말을 중얼거리고 있어요. 그들은 다시 사탄에게 이야기를 하고 있어요. 정말 무서워요. 예수님도 거기 계시는데 그들에게 무척 화를 내고 계세요. 예수님은 그들이 그런 짓을 그만두기를 바라세요. 나는 잠자코 있어야 했어요. 그렇지 않으면 그들이 나를 해치리라는 것을 알고 있었으니까요. 아버지가 상자 뚜껑을 닫아요. 그리고 그들이 내 위에다 삽으로 흙을 떠서 붓는 소리가 들려요. 나는 정말 무서워요. (울면서) 아무도 나를 사랑하지 않아요. 상자 밖으로 영원히 나갈 수 없을 거예요. 여기서 죽고 말 것 같아요. 그들이 웃고 있어요. 그들이 떠나가요. 마음이 좀 진정되는 것 같아요. 밖으로 나갈 수 없다면 차라리 잠을 자는 게 낫겠다고 생각했던 기억이 나요. 그래서 잠을 잤어요. 그것이 가능하다고 생각하세요?

....

치료자: 무엇이 보이는지 말해 줄 수 있어요?

내담자: 나는 바닥을 쳐다보고 있습니다. 바닥에 흙이 있어요.

치료자: 리처드는 사탄의식에 같이 하고 싶지 않은 것처럼 보이네요.

내담자: (흐느끼면서) 정말 하고 싶지 않아요. 정말 하고 싶지 않아요.[13]

대부분의 사람은 이단 · 사이비 종교에 빠져서 겪었던 경험에 대해서 드러내려고 하지 않는다. 보복에 대한 두려움과 자신의 경험들에 대해 어리석었다는 수치감으로 숨기려 한다. 하지만 안전하고 수용적인 분위기 속에서 기억하게 함으로써 자신의 경험에 대한 감정적 정화를 할 수 있고 더 이상 수치심과 과도한 죄책감을 느끼지 않도록 자유롭게 할 수 있다. 과거의 기억하고 싶지 않은 기억을 치료적 환경에서 방출할 수 있도록 그리고 전문적 도움으로 해방감을 가질 수 있도록 돕는 과정이다.

6) 중간 단계의 치료 공동체 형성

이단 · 사이비 종교에 빠진 사람들은 시간이 지나감에 따라 잘못된 것도 알고 이상한 점들을 발견하면서 회의감을 가질 때도 있으나 그 단체가 주는 소속감과 따뜻함 때문에 나오지 못하는 경우를 볼 수 있다. 교리는 틀릴지라도 자신이 인정받는 집단에 소속하고자 하는 욕구가 있기 때문이다. 이러한 소속감을 제공해 주는

---

13) R. Bufford, Op. Cit., p.316.

집단을 떠나는 것은 마치 알코올이나 마약을 끊으려고 하면 금단현상이 일어나는 것처럼 심각한 불안감과 두려움이 따르는 일이다. 이단·사이비 종교에 빠져나온 사람들이 기존 교회에서의 비난과 눈총 때문에 적응하지 못하고 다시 또 다른 이단·사이비 종교에 빠지는 보헤미안 신드롬을 보일 수 있다.

> '시간이 지나면 아, 이거 정말 아니구나!' 라고 생각하게 된다. 이렇게
> 6개월 동안 움츠러든다."[14]

이들에게는 이단·사이비 종교보다 더 따뜻함과 수용을 느끼게 해 주고 인정을 보여 주는 치료적 공동체가 필요하다. 이단·사이비 종교에서 나온 사람들이 기존 교회에 돌아가기 전 안식처처럼 머물면서 상담을 받고, 신학적 교육도 받고 집단을 통해 지지도 받은 안정된 중간 단계의 조직이 필요할 것이다. 현재 이단·사이비 종교에 빠진 사람들이 상담할 곳도 드물고 신흥종교에서 빠져나온 뒤 갈 곳이 없다는 것이 문제로 제기된다. 이단·사이비 종교에서 나온 사람들을 받아들일 준비가 안 되어 있는 가족 공동체나 신앙 공동체로 곧바로 돌아가기보다는 중간 단계로 이러한 치료적 공동체에서 생활하다가 실제 공동체에 들어가도록 돕는 것이 필요하다.

이단·사이비 종교에 빠진 내담자들은 기존 교회에 대한 상처와 실망감으로 가득 차 있을 경우가 있는데 이들이 건강한 종교

---

14) 〈'이단에서 빠져나온 사람들' 특별좌담〉(http://sdcmd.egloos.com/76132)에서 인용.

체험을 할 수 있도록 건강한 교회에 소속하여 신앙생활을 지속하
도록 격려하고 의뢰할 수 있는 전문적 네트워크를 갖추고 있어야
한다.

일차적 고립감, 이차적 고립감으로부터 벗어나기 위해서 앞에서
언급한 중간 단계의 치료 공동체(transitional therapeutic community)
가 필요하고 개인상담뿐만 아니라 이단·사이비 종교에서 빠져나
온 사람들을 집단으로 만들어 서로의 경험을 나눌 수 있도록 하는
집단상담이 필요하다.

> "나도 밖에서 항상 떳떳하지 못했다. 사람들이 나를 이단이라고 알게
> 될까 봐. 내가 혹시라도 이단이라는 거 알까 봐 굉장히 의식하고 항상 숨
> 어야 하고 움츠러들었다." 15)

이들이 움츠러들지 않도록 자신을 사랑하는 사람이 많다는 인
식을 심어 줄 필요가 있다. 집단 프로그램에서 기존 종교에서 받
은 상처, 이단·사이비 종교에서의 실망감 등을 함께 나누는 단계
부터, 자신의 외로움과 고립감으로부터 나올 수 있는 대인관계 경
험을 제공해 주는 집단상담 프로그램이 필요하다. 또한 집단상담
에서 기존 교회와 이단·사이비 종교에 대한 분노를 표출할 수 있
도록 도와주며 자신들의 이야기를 공유하고 지지받는 경험을 제
공할 필요가 있다.

---

15) Ibid.

7) 가족지원 체계 강화

이단·사이비 종교에 빠진 사람들 중 좋은 가족관계를 유지한 자들은 그만큼 이단·사이비 종교에서 빠져나올 수 있는 가능성이 높다. 상담자는 가족들이 내담자를 포기하지 않도록 격려하며 내담자를 위해 좋은 정서적·영적 지원자로서 계속 남아 있도록 도와야 한다.

"신천지에서 느낀 사랑과 정보다 가족들의 더 큰 사랑과 가족의 가치를 알면 조금이라도 대립이 완화될 것이라고 생각한다."[16)

이러한 가족의 힘은 이단·사이비 종교에 빠진 내담자에게 커다란 자원이 된다. 개인상담을 진행하다 가족들을 불러서 가족치료 형식으로 내담자의 소리를 가족이 들을 수 있도록 하고, 상담자는 가족의 소리가 내담자에게 잘 수용되도록 역할한다. 많은 경우 가족들은 이단·사이비 종교에 빠진 내담자를 정죄하고 비판적으로 대하며 못난 자식으로 취급할 때가 있다.

"우리 가족들은 나에 대해 너무 모르는데 이 단체 사람들은 나를 이렇게 잘 이해해 주는구나라고 생각을 하면서 감동을 받았다. 가족과는 멀어지고 계속 이 단체 사람들을 의지하게 된다. 가족들을 벗어나 이 단체로 와야 위로를 얻으니 가족과는 멀어지게 됐다."[17)

16) 〈이단에서 빠져나온 사람들' 특별좌담〉(http://sdcmd.egloos.com/76131)에서 인용.
17) 〈이단에서 빠져나온 사람들' 특별좌담〉(http://sdcmd.egloos.com/76132)에서 인용.

이러한 경우 상담자는 첫 단계에서 라포형성을 할 때와 마찬가지로 가족들이 내담자의 이단 · 사이비 종교 경험에 대해 비판적이지 않고 경청할 수 있도록 치료적 개입을 해야 한다. 가족과 한자리에서 내담자가 가족에게 답답하게 느꼈던 것을 털어놓을 수 있고, 내담자의 욕구가 무엇인지 소통하도록 돕는다면 내담자가 굳이 이단 · 사이비 종교에서 이해받고 수용받는 느낌을 추구하지 않고 실제 생활이나 가족 환경에서 인정받고 수용받는 경험을 가지려고 할 것이다.

8) 종결 단계

내담자가 더 이상 유기불안을 느끼지 않고 사랑으로 수용하시는 안정된 하나님 이미지를 가지며, 고립되지 않고 바깥으로 나와 다른 사람과 교류할 수 있을 때, 다시 이단 · 사이비 종교에 빠지지 않고 안정적으로 교회생활과 친교를 할 수 있는 능력이 생길 때 상담을 종결할 수 있을 것이다. 버포드[18]는 이단 · 사이비 종교에 빠진 내담자와의 상담치료 과정에서 긍정적 변화는 내담자의 생각과 행동에서의 새로운 해방감, 평화와 사랑의 능력이 새로워짐, 잘못된 행동을 비난하거나 미움과 폭력을 부추기는 마음의 소리에서 해방됨, 자살충동과 우울증에서 자유를 얻음, 귀신의 영향으로 앓던 병이 나음, 자기의 가치감과 정체감 회복, 선택의 능력을 얻음, 결혼관계 등 사회관계의 향상, 그리스도에 대한 신뢰와

---

18) R. Bufford, Op. Cit., p. 323.

존중감이 성장함, 악에 해한 인식과 저항력이 향상됨 그리고 가장 중요한 영적 성장이 촉진됨을 지적한다.

반면 상담 종결 시 이단·사이비 종교에서 나올 때 가졌던 불안을 다시 가질 수 있다. 이단·사이비 종교의 강력한 카리스마를 가진 지도자에게 의존하였듯 상담과정 중에 카리스마를 가진 상담자에게 의존하다가 상담을 종결하면 예전에 이단·사이비 종교에서 나올 때와 같은 불안이 야기될 수 있다. 상담관계와 상담과정에 내재되어 있는 이단·사이비 종교 안에서의 역동과 비슷한 점들을 상담자가 인식하고 내담자의 불안을 미리 감지하고 알려 주며 인정해 주는 것이 필요하다. 그리고 상담 종결 3개월 후 추수면접을 약속하고 언제든 문제가 있으면 다시 상담할 수 있다는 것을 알려 준다.

3. 맺는말

한국의 이단·사이비 종교는 점점 늘어나고 있고 그곳에 빠져서 상처를 받는 사람들이 증가하고 있다. 이들이 이단·사이비 종교에서 나오고 싶어도 나오는 과정에서 겪는 금단증상과도 같은 극심한 불안과 두려움을 안아 주고 인도해 줄 단체나 기관이 없다. 기존 교회의 부패와 권력화로 인해서 제대로 수용되지 못한 사람들이 상처를 받고 이단·사이비 종교에 들어갔는데 그곳에서 상처를 받고 다시 나오려고 해도 다시 그들을 수용해 줄 기관이 없다. 이중으로 버림과 상처를 받는 경험을 하게 되는 것이다. 한국교회와 기독상담 영역은 이러한 이단·사이비 종교 회복자들이 재활의 기회를 가질 수 있도록 제도적 장치를 제공할 필요와 의무가 있다. 예방적인 측면에서 각 교회에서 이단·사이비 종교에 대한 교육을 실시하고 기독대학의 교목실에서는 적극적으로 이단·사이비 종교에 대한 정보를 제공할 필요가 있다.

이 장을 통해 이단·사이비 종교에 대한 체계적 연구가 많이 부족하다는 것을 절실히 느꼈다. 이단·사이비 종교에 대한 실태조사뿐만 아니라 이단·사이비 종교에 빠진 사람들의 상처가 무엇이고 그들이 어떤 요인으로 빠져들게 되는지 과학적 연구를 실시해야 한다. 그리고 이단·사이비 종교 안에서의 집단 역학과 과정은 어떻게 진행되는지에 대한 연구도 필요하다. 이러한 연구와 관심으로 이단·사이비 종교에 빠지는 사람들이 줄어들고 이단·사이비 종교가 발붙일 틈이 없어져서 건강한 종교생활을 누리고 건강한 관계를 맺으며 건강한 종교 속에서 느끼는 행복감과 안녕감을 누리기를 바란다.

토론할 이슈

1. 필자가 제시한 이단·사이비 종교에 빠진 내담자를 위한 상담 전략을 자신의 내담자에게 적용해 보시오. 어떤 점을 더 보완하고 더 추가해야 할지 생각해 보시오.

2. 이단과 사이비에 빠진 내담자들에게 파괴된 가족관계를 치유하기 위해

어떤 가족치료적 방법이 적절할지 생각해 보시오. 이 책의 4장에 설명된 가족치료 방법론 중 어떤 것을 적용하여 상담하면 더 효과적일지 생각해 보시오.

3. 이단 · 사이비 종교에 빠진 내담자들의 도덕적 방어 과정을 사례를 들어 설명해 보시오.

4. 내담자 라포형성 단계, 핵심문제 단계, 왜곡된 인지 수정 단계, 외상과 상처 명료화 단계에서 저항하는 내담자를 상담하는 경우 어떻게 대처해야 할지 생각해 보시오.

참고문헌

국제종교문제연구소. 『한국의 종교단체 실태조사연구』. 서울: 국제문제연구소. 2000.

기독교이단 · 사이비연구대책협의회. 『이단 사이비 규정 자료집: 2000년 ~2007년』. 서울: 큰샘출판사. 2007.

신현기. 『사회적 하나님: 교회는 왜 사회에 관심을 둘 수밖에 없는가』. 서울: 청림출판. 2009.

안명복. 『이단에 미혹된 성도, 어떻게 회심시킬 것인가?』. 파주: 한국학술정보. 2007.

윤민구. 『신흥종교와 이단 1』. 서울: 한국천주교중앙협의회. 1992.

이대복. 『한국교회 100주년 기념 이단 종합연구』. 기독교이단문제연구소. 2000.

정행업. 『(한국교회사에 나타난) 이단논쟁』. 서울: 한국장로교출판사. 1999.

전우택. "신흥종교집단에 대한 정신의학적 이해," 『정신병리학』. 1994. 3(1), pp. 23-33.

종교자료집. 『한국의 종교단체 실태조사연구』. 서울: 국제종교문제연구소. 2001.

정동섭, 이영애. 『(박옥수 · 이요한 · 유병언의) 구원파를 왜 이단이라 하는가?』. 서울: 죠이선교회. 2004.

최병규. 『상담을 통해 본 이단의 모습』. 서울: 은혜출판사. 2006.

탁명환. 『기독교이단연구 (The) Research for christian cults』. 서울: 국제종교문제연구소. 1996.

탁지일. 『사료 한국의 신흥종교: 탁명환의 기독교계 신흥종교운동 연구』. 서울: 현대종교. 2009.

탁지원. "한국교회의 이단의 실태 및 대처방안," 『교육교회』. 2001, pp. 2-8.

한국기독교총연합. "한국교회 이단논쟁 그 실체를 밝힌다: 이단시비 대상자를 중심으로," 『한국기독교총연합』. 서울: 한국기독교연합회. 2007.

한국기독교총연합회 이단사이비문제 상담소 편. 『이단 사이비 연구: 종합자료 2』. 서울: 한국교회문화사. 2007.

현대종교 편집국 편. 『신천지와 하나님의 교회의 정체』. 서울: 국종출판사. 2007.

현대종교 편집국 편. "(올바른 신앙, 건강한 삶을 위한) 이단 바로알기," 『현대종교』. 2011.

'이단에서 빠져나온 사람들' 특별좌담. http://sdcmd.eglos.com/76131

'이단에서 빠져나온 사람들' 특별좌담. http://sdcmd.eglos.com/76132

한국기독교이단상담소. http://www.jesus114.net

Bufford, R. / 오성춘 역. 『귀신들림과 상담』. 서울: 두란노. 2000.

Collins, G. R. / 장태기 역. 『기독교 상담 사례 연구』. 서울: 두란노. 2000.

Enroth, R. et al. / 오희천 역. 『신흥종교와 이단들』. 서울: 생명의말씀사. 1983.

Galanter, M. "The "Moonies" : A Psychological Study of Conversion and Membership in a Contemporary Religious Sect," *American Journal of Psychiatry, 136*(2). 1979. pp. 165-170.

Galanter, M. "Psycholgical Induction Into the Large-Group: Findings from a Modern Religious Sect," *American Journal of Psychiatry, 137*(12). 1980. pp. 1574-1579.

Galanter, M. "Moonies Get Married: A Psychiatric Follow-Up Study of a Charismatic Religious Sect," *American Journal of Psychiatry, 143*(10). 1996. pp. 1245-1249.

Galanter, M. *Cults and New Religious Movement.* Edited by Galanter, M. 1999. pp. 25-42.

Greenberg, J. R. & Mitchell, S. A. *Object Relations in Psychoanalytic Theory.* Harvard University Press. 1993.

Hoekema, A. A. "이단의 특징," 『신학지남』. 1975. pp. 68-83 .

Joyner, R. / 박미가 역. 『동산 안의 두 나무』. 서울: 은혜출판사. 2011.

McGrath, A. E. / 홍병룡 역. 『그들은 어떻게 이단이 되었는가』. 서울: 포이에마. 2011.

Sutamm, H. / 송순섭 역. 『사이비 종교』. 서울: 홍성사. 1997.

Ungerleider, T. "Coercive Persuasion (Brainwashing), Religious Cults, and Deprogramming," *American Journal of Psychiatry, 136*(3). 1979. pp. 279-282.

Yalom, I. *The Theory and Practice of Group Psychotherapy.* New York: Basic Books. 1995.

제10장

탈북자를 위한 기독(목회)상담

현재 한국에서 기독(목회)상담학은 왕성하게 학문적 정체성을 확립하고 학문적 영역을 확장하고 있는 과정에 있다. 미국의 기독(목회)상담학 영향을 지대하게 받았기 때문에 개인의 자율성과 독립성을 강조하는 개인주의적인 성향의 색채를 가져온 것이 사실이다.[1] 즉, 다양한 상담심리적인 방법론과 도구들을 사용하여 개인의 문제와 증상을 제거하는 미시적인 차원(micro-counseling)의 기독(목회)상담의 모델을 적용하였고 지금도 미시적

---

1) 한국 기독(목회)상담학의 흐름에 대한 비판은 유영권, "목회상담학의 새모델,"『신학논총』, 24(2), pp. 223-247; 유영권, "Critical Review of Carl Rogers' Concept of Self,"『신학논단』, 24 (1996), pp. 251-275; 유영권, "A New Concept of Self,"『현대와 신학』, 22 (1997), pp. 241-259을 참조하시오.

인 차원에서 머물러 있는 상황이라고 판단된다. 이런 기독(목회)상담의 흐름 속에 사회의 전반적인 구조와 함께 한 개인의 문제를 진단하고 치료하며 예방적 차원의 치료 프로그램을 교회뿐만 아니라 사회 구조에도 제시하는 거시적인 차원(macro-counseling)의 기독(목회)상담 모델은 비교적 덜 제시되고 있는 현황이다.

이에 이 장을 통해 한국이 시급하게 당면한 이슈인 통일과 관련하여 기독(목회)상담 측면에서 이미 남한에 이주한 탈북자[2]들에 대한 돌봄과 상담의 문제를 다루고자 한다. 한국교회는 통일을 미리 앞서서 준비할 필요가 있다. 동·서독이 통일되기 전에 이미 동·서독 국민들은 경제적·문화적 교류를 통해 먼저 사람 간의 이해와 문화적 공유의 기회를 가졌다. 남한에서 직접적으로 북한 주민들에게 교육이나 상담의 기회를 제공할 기회는 없지만 대한민국에 정착한 탈북자들을 만나는 것은 문화적 차이를 극복하고 통일을 미리 앞서 경험하는 훌륭한 기회라고 생각한다. 이러한 기회를 통해 통일을 준비하고 미리 문제점들을 점검하고 그들이 겪는 스트레스가 무엇인지, 그리고 적응하는 과정에서 생기는 스트레스에 신앙이 어떤 역할을 하는지 조사할 필요가 있다. 이 장은 탈북자들이 한국에서 일반적으로 그리고 신앙적으로 어떻게 적응하는지에 대한 필자의 관심으로부터 시작되었다. 이 과제를 위해

---

2) 북한이탈주민의 보호 및 정착지원에 관한 법령(제2조 1항)에 의하면 탈북자는 "북한에 주소, 직계가족, 배우자, 직장 등을 두고 있는 자로서 북한을 벗어난 후 외국의 국적을 취득하지 아니한 자"이다. 현재 공식적으로 '새터민'이란 명칭을 사용하도록 권장하지만 탈북자들은 새 명칭인 '새터민'을 별로 선호하지 않았다. 이 장에서는 새터민 대신 탈북자로 통일하여 사용할 것이다.

심층면담을 통해 탈북자들에 대한 기본적 이해를 탐구하고 그것
을 바탕으로 한국교회와 기독(목회)상담학 영역에 구체적인 제안
을 하고자 한다.

1. 탈북자의 현황

현재 대한민국에는 7천여 명의 탈북자가 있고 그 숫자는 매년
급격하게 증가하고 있다. 다음의 표는 국내의 탈북자 현황을 말해
주고 있다.

〈표 10-1〉　국내 입국 현황(2012. 12. 30 현재)

구분	'98	'01	'02	'03	'04	'05	'06	'07	'08	'09	'10	'11	'12	합계
남 (명)	831	565	511	472	624	423	512	571	608	671	589	797	405	7,579
여 (명)	116	479	632	810	1,272	959	1,510	1,977	2,197	2,258	1,813	1,909	1,097	17,029
합계 (명)	947	1,044	1,143	1,282	1,896	1,382	2,022	2,548	2,805	2,929	2,402	2,706	1,502	24,608

국내 거주 6,019명, 사망 등 285명
출처: 통일부 자료마당(www.unikorea.go.kr).

〈표 10-2〉　연령별 현황(~'12. 12월 입국자 기준, 입국 당시 연령)

구분	0~9세	10~19세	20~29세	30~39세	40~49세	50~59세	60세 이상	계
남	506	1,344	2,101	1,818	1,120	390	300	7,579
여	511	1,530	4,630	5,702	2,968	874	814	17,029
합계(명)	1,017	2,874	6,731	7,520	4,088	1,264	1,114	24,608

출처: 통일부 홈페이지(www.unikorea.go.kr).

〈표 10-3〉 직업별 현황(2012. 12. 현재)

구분	관리직	군인	노동자	무직부양	봉사분야	예술체육	전문직	기타	계
남	301	570	3,264	3,068	60	62	174	80	7,579
여	95	73	5,996	9,390	865	138	316	156	17,029
합계(명)	396	643	9,260	12,458	925	200	490	236	24,608

출처: 통일부 홈페이지(www.unikorea.go.kr).

38% 정도에 해당되는 9,260명이 북한에 있을 때 노동자 신분이었고, 무직이나 학생 등이었던 경우가 12,458명이었다. 그 밖에 관리직과 전문직에 종사했던 이들도 많았으며 예술·체육 분야는 물론 군인 출신도 28명 포함되어 있어 계층의 구분 없이 북한이탈주민들의 수가 증가하고 있음을 알 수 있다.[3]

2012년 12월 기준으로 탈북자는 26,124명이 대한민국 전 지역에 거주하고 있다. 이들은 많은 문화적 충돌과 적응 과정을 경험하면서 남한에 정착할 것이고, 한국교회는 이들에게 목회적 돌봄과 상담을 제공해야 한다.

2. 심층면담

탈북자의 현재 대한민국 경험과 적응 과정에서 겪는 스트레스 그리고 신앙과 종교 활동이 어떤 도움을 주는지 알아보기 위한 심층면담을 계획하고 대상자를 탐색하였다. 필자가 연세대학교상담

3) 통일부 홈페이지(www.unikorea.go.kr).

센터에서 인도하는 집단상담 프로그램인 '자유·성장을 위한 집
단상담'에 참여한 탈북자들, 2년 전부터 간헐적으로 상담을 했던
탈북자들에게 심층면담을 요청하였는데 모두 이에 기꺼이 응하여
주었다. 집단상담 프로그램에 참석한 탈북자들은 모두 연세 통일
한마당이라는 동아리의 회원이다. 이들은 동아리가 만들어질 당
시에는 서로에 대한 신뢰감 부족으로 잘 모이지 않다가 최근에 매
주 모이는 동아리 모임으로 발전하면서 모임에 적극적으로 참여
하는 모습을 보이고 있다.

심층면담 대상자는 26~31세에 걸친 연령대로, 현재 연세대학교
에 재학 중이거나 졸업한 학생들이다. 이들과 2005년 4월 4일부터
8일까지 개인별로 1시간 30분 내지 2시간씩 필자의 연구실에서 심
층면담[4]을 실시하였으며 대상자의 동의하에 면담 내용을 녹음하
였다. 각 면담 대상자와 필자 사이에는 집단상담 시에 쌓아 놓은
신뢰가 있었기 때문에 면담의 분위기는 차분했고 면담 대상자들
은 적극적으로 참여하는 모습을 보여 주었다. 개방적으로 질문하
려 하였고 형성된 라포를 바탕으로 숨김없이 이야기하도록 분위
기를 만들었다. 가끔 상담적인 이슈가 나오면 녹음기를 끄고 상담
적으로 접근하였고 이번 면담으로 계속 상담을 받겠다고 하는 학생
들도 있었다. 심층면담이 끝난 후 도서상품권을 주어 답례하였다.
〈표 10-4〉는 심층면담 대상자의 일반적 특성을 종합한 것이다.

---

4) 다음과 같은 질문을 가지고 심층면담을 하였다.

　〈일반 적응〉
　1. 한국에는 언제 오셨나요? 한국에 오게 된 동기는 무엇인가요?
　2. 한국에 온 과정에 대해서 말씀해 주시겠습니까?

〈표 10-4〉 심층면담 대상자의 일반적 특성

이름(가명)	이화선	지영철	독고민	소지만	이미자	심수지	김태용
나이	26	31	29	23	30	22	27
성별	여	남	남	남	여	여	남
학력	대재	대재	대졸	대재	대재	대재	대재
정착 기간	3년	3년	1년	3년	5년반	5년	3년
동거 가족	아버지, 어머니	없음	없음	무연고	남편	어머니	무연고
교회 출석	매주 참석	매주 참석	매주 참석	매주 참석	매주 참석	매주 참석	매주 참석
교회 봉사	하지 않음	하지 않음	적당히 봉사	하지 않음	적당히 봉사	하지 않음	적당히 봉사
사례	받지 않음	받음 (2004)	받지 않음	받음 (1998)	받음 (1999)	받지 않음	받지 않음
탈북 조력자	친구	선교단체	자발적 탈북	선교사	선교사	자발적 탈북	어머니

3. 한국에서 가장 스트레스를 받는 것은 무엇입니까?
4. 지금 현재 그 스트레스를 어떻게 극복하고 있습니까?
5. 본인의 심리적 상태를 표현한다면 어떻게 설명하겠습니까?
6. 우울한 느낌을 가졌거나 죽고 싶다는 생각을 해 본 적이 있습니까?
7. 혹시 정신 신체적 자각증상(신경과민, 불안감정, 수면장애, 의욕감퇴, 위장장애 등) 을 가지고 있지는 않습니까?
8. 한국에서 경험하는 가치관의 갈등 중 가장 큰 갈등은 무엇인가요? 남북한의 문화 적 갈등이 있지만 그래도 유사하거나 공통된 가치관이 있다면 무엇입니까?
9. 소외감을 느껴 보신 적이 있습니까? 어떻게 극복하셨습니까?
10. 남한 사람들이 나에게 가지는 편견은 무엇입니까?
11. 탈북자들이 남한 사회에 잘 적응하려면 무엇이 필요하다고 생각하십니까?

〈신앙 적응〉
1. 신앙을 가지게 된 동기는 무엇입니까?
2. 신앙을 가지게 된 후와 전을 비교하여 자신에게 어떤 변화가 있습니까?
3-1. 자신의 삶의 목적은 무엇입니까?(삶의 의미와 목적)
3-2. 신비감, 초월감, 경외심이나 혹은 축복의 경험이 있습니까? 언제, 어떤 상황에서 그런 경험을 했습니까?(거룩함에 대한 인식)
3-3. 나를 향한 하나님의 의도는 무엇입니까?(섭리)
3-4. 세상이 나를 환영합니까? 아니면 적대적입니까?(신앙)

3. 탈북자들의 스트레스와 일반 적응

1) 탈북 동기

(1) 경제적 이유

1990년대만 하더라도 체제에 대한 반발로 인해 자유를 찾은 탈북자들이 있었지만 점점 북한의 경제 상황이 나빠져서 생존형 탈북자들이 증가하였다. 지금은 점차 자립형 탈북자, 즉 스스로 길을 개척하는 탈북자들이 늘어나고 있다. 현재는 경제적인 이유 때문에 중국으로 건너와서 남한에 대한 소식을 듣거나 인터넷을 통해 남한의 자유로운 사정과 경제적 성장에 대한 소식을 접하고 탈북하여 대한민국에 정착하는 경우가 많아졌다.

> "중국에서 돈 좀 벌어서 북한에서 잘살자고 나왔는데, 중국에 있다 보니까 너무 좋은 거예요."   (심수지)

3-5. 나의 상황에 대하여 감사함을 어느 정도 느낍니까? (은혜 또는 감사함)

3-6. 후회나 죄책감을 가지고 있지 않습니까? (회개)

3-7. 자신이 속한 공동체나 교회에 소속감을 느낍니까? (친교)

3-8. 내가 하고 있는 일에 충분히 헌신하고 열정을 바치고 있습니까? (소명)

4. 한국에서 경험하는 스트레스를 극복하는 데 신앙생활이 어떻게 도움을 주었습니까?

5. 현재 출석하는 교회에서 어떤 도움을 받으셨습니까? 그 도움이 적절한 도움이었습니까?

6. 탈북자로서 교회에게 하고 싶은 말이 있다면 무엇입니까?

7. 탈북자로서 받는 스트레스에 대처하기 위해 교회에서 도움을 받는다면 어떤 도움을 받고 싶습니까?

"저는 한 번 태어나서 잘살아 봤으면 하는 생각으로 왔어요."

(독고민)

"진작 중국에서 돈을 번다고 살아 보니깐 한국에 대해 몰랐던 것을 많이 알고, 이렇게 저렇게 세상을 알다 보니깐 아⋯⋯ 이 길이 아니구나. 내가 발전하고 사람답게 살려면 한국에 가는 것이 최선이겠다."

(지영철)

(2) 특별한 이유가 없는 경우

통행증이 있어서 중국에 나왔다가 북한으로 돌아가지 않고 중국의 친척이나 남한의 친척을 통해 엉겁결에 오는 경우도 있다.

"할머니, 친척이 있어서요. 원래는 아무것도 모르고 있다가 한국으로 해 주길래 따라왔어요. 편하게⋯⋯."

(심수지)

"네. 어떻게 하다 보니 왔어요. 솔직히 북조선에서 중국에 가는 것도 저는 깊게 생각을 안 한 편이에요. 단순하다기보다는 성격이 급해서 이리저리 생각 안 해요⋯⋯. 제가 다혈질이에요. 그래서 됐다, 그러면 나혼자서 간다고⋯⋯ 그래서 나왔어요."

(이화선)

2) 문화적 차이

(1) 집단주의 vs 개인주의

북한은 체제와 조직에서 정해 주는 것만을 따라가면 되는 사회였고 그 체제에 순종하지 않으면 안 되는 사회였기 때문에 대한민국의 개인 중심적이며 폐쇄적인 환경에 대해서 이질감을 느낀다.

"저희는 선생님 하면 말을 가르쳐 주고, 무엇을 배울 수 있는 선생님에 대해서 의지를 한다고 해야 한다고 할까요? 모든 것을 그 선생님한테 맡겨요. 선생님한테. 자기가 존경하는 사람한테는 자신의 모든 것을 보여 주면서 존경을 해요. 여기서 보면, 자기 자신을 보여 주지 않고, 자기가 필요할 때 보여 줘요. 사람들이 다 이중 성격이라서…… 차이가 너무 커요."

(심수지)

그리고 이런 집단주의적 성향은 남한 사람들의 국가에 대한 낮은 충성도를 보면서 국가에 대한 태도를 이질적으로 느끼게 한다.

"나라를 지켜야 한다는…… 그런 것 같아요. 솔직히 전쟁이 일어나도 내 나라를 지키기 위해 나가서 싸운다는 생각을 가진 사람은 별로 없는 것 같아요."

(김태용)

탈북자들은 북한에서의 대인관계가 더 쉬웠다고 한다. 이들은 대한민국 사람들이 이기적이고 물질 지향적이며 성공 지향적이라고 생각한다. 소지만 씨는 "북한에서는 성공한다는 것이 중요하지 않아요. 그냥 주어지는 대로 살면 돼요. 내가 뭐가 하고 싶다는 것이 거의 없어요."라고 말하고 있다. 탈북자들은 이기적으로 남을 눌러야 하고 투쟁적으로 경쟁하는 대한민국 사람들의 모습을 공통적으로 이질적으로 느끼고 있었다.

(2) 이성에 대한 접근

탈북자들은 대한민국에서 여성에 대한 표현이 너무 노골적이라고 말하고 서로 사랑한다는 표현이 너무 경박하게 의미 없이 사용된다고 생각한다.

> "북한에서는 보지도 못한 야한 것 있잖아요. 성적인 표현도 하고, 그것을 보면서 너무 쑥스러울 때가 있어요. 차이로 뭘 느꼈냐 하면은 북한에서는 이성에 대한 개념을 다루어도 두루뭉술하게, 여기에서는 막~ 표현이 다양하잖아요." (독고민)

탈북자들은 대한민국에서는 사람들 간의 관계가 너무 얕다고보고 쉽게 만났다 헤어지는 것에 대해 의아한 생각을 품는다.

> "부모님이 소개해 준 사람이랑 꼭 살아야 된다. 이래서 알지 못하는, 성격을 알지도 못하는 사람을 만나는 사람이 대부분이에요. 살다 보면나쁘게 되는 경우도 많지만 그냥 살아요. 그런 부분에서 차이가 많이 나는 것 같아요……. 그리고 문화적 차이라는 것이 저는 뭐…… 북한 여자랑 북한 남자도 똑같이, 남한에서도 똑같잖아요. 가정을 이루면 서로 도와줘야 하고 싸움도 안 해야 하고, 남자는 바람피우면 안 되고, 여자도바람피우면 안 되고. …… 북한에서 바람을 피우면 그 동네에서 야~ 저사람, 인간으로서 바람쟁이, 바람쟁이라고 해요. 그, 저질이라고 해서,한 여자한테 복종하지 않으면 생활을 못 해요." (독고민)

(3) 문화적 유사점

남북한의 문화적인 갈등이 있지만, 그래도 유사하거나 공통적인 것으로 언어를 들고 있다.

> "언어요. 일단은 말이 통하잖아요. 지금 말하는 것도, 선생님이 들을 수 있고, 선생님이 묻는 것도 제가 질문할 수 있고…….."   (심수지)

탈북자와 남한 사람들이 한 민족이기 때문에 서로 말을 하지 않아도 민족에게 위협이 되는 일에 대해서 같은 감정을 공유하는 듯 보인다.

> "서로에게 위로가 되고 외국인하고는 안 통하는데 한국인하고 같이 있으면 편하고, 좀 위로가 되고 그런 것이 있는 것 같아요."   (소지만)

3) 탈북자에 대한 편견

(1) 부정적 이미지

탈북자들은 대한민국에 적응하지 못한 비적응적 행동만 언론이 비추고 그것에 기반하여 모든 탈북자들이 잠재적인 범죄자로 취급받는다고 느낀다.

> "아~ 그러니깐 제가 제일 싫어하는 거예요. 북한 사람 하면은 북한 사람은 신문에서 잘못 나온 거 있잖아요. 살인하고, 도둑질하고…… 그것을 보면서 북한 사람은 다 똑같다고 생각을 하는 거예요. 그것이 아니라

도 도둑질하고 사기 치고 하는데 그것을 이렇게 묶어 놔요."   (심수지)

탈북자들은 자신도 북한에 있을 때 탈북자에게 좋지 않은 인상을 가지고 있었고, 자기 혼자 살려고 부모, 형제, 자식 버리고 도망쳐 나왔다는 것에 대해 안 좋은 생각을 가졌는데 대한민국 사람들도 그런 생각을 가지고 있다고 말한다.

"말을 하지 않아도 속으로는 생각할 수 있잖아요. 겉으로 표현은 하지 않아요. 말은 안 해요. 그래도 혹시…… 제가 생각하기에는 그렇게 생각하지 않을까? …… 가족은 어디에 있어요? 혼자 왔어요? 이런 것을 물어볼 때마다 속으로 찔려요."   (지영철)

이들은 국민들이 탈북자를 부담스러운 존재, 정착 못하고 놀기만 하고, 말썽만 부리고, 계속 도와주어야 하는 영세민 같은 존재로 취급하며 문제 계층으로 보는 시각을 느끼고 있다.

(2) 무시감

탈북자들은 자신들이 원시인 취급당하고 자신의 능력을 보일 기회가 조기에 박탈되는 경험을 호소한다. 단지 북한에서 왔다는 이유로 한 등급 아래로 취급당하고 우습게 보는 시선을 경험하고 있다.

"편견 같은 것이…… 문화 차이라는 것보다는 내가 만약 미국에서 왔다고 하면은 나를 좋겠다고 하고 북한에서 왔다고 하니깐 깔보는 것이

있어요. 그것을 드러내지는 않아도 그런 것 같아요. 무시하는 면이 있는
것 같아요."   (이화선)

4) 한국에서의 스트레스

(1) 정서적 차이

북한에서의 문화와 대한민국의 문화의 차이로 인해 감정적 교
류가 잘 안 되는 것을 호소한다. 즉, 사물과 현상에 대한 정서가 다
르기 때문에 서로 이해하려고 하나 이해되지 않는 답답함을 이야
기한다. 대체로 남한 사람들은 감수성이 뛰어나고 예민하며 조그
만 것에도 감동받고 웃고 울고 하는 정서적 풍요로움이 있는 데
이런 모습을 이해하지 못한다.

> "그래서 저는 애들 앞에서, 웃고 있는 애들한테 저게 뭐가 재미있냐고
> 유치한 장난에 대학생들이, 그랬더니 애들이 막 얼굴이 웃다가 굳어지고
> 있더라고요. 그래서 아직도 내가 문화에 적응을 못하겠더라. 그래서 아
> 직도 애들이랑 공감하는 부분이 없어요."   (심수지)

표면적으로는 서로 문화적 차이가 있어서 이해되지 않고 보이
지 않는 벽을 느끼는 것으로 보인다. 하지만 심층적으로 분석해
보면 극도의 스트레스 상황을 경험한 뒤에 상흔(trauma)이 생겨 감
정을 느끼지 못 하고 표현도 못 하는 감정의 고립을 보이는 것이
다. 이러한 현상은 독일 통일 과정에서 관찰된 것과 같은 것이
다.[5] 탈북자들도 탈북하는 과정에서 생사를 넘나드는 어려운 과

정을 겪은 사람일수록 다른 사람의 감정과 자기 자신의 감정을 느끼지 못하는 감정의 고립을 보인다. 특히 탈북 과정 중 잡혀서 수용소에서 심문을 당하며 갖은 고생을 겪은 탈북자에게 이러한 감정의 고립 현상이 두드러진다.

(2) 학업에 대한 스트레스

탈북자들은 대한민국에서 학업에 대하여 커다란 부담감을 가지고 있다. 우선 학습 방법에 대하여 자신감이 없고, 특히 영어에 대한 콤플렉스 정도가 심하다. 수업 시간에 영어단어가 나올 때 동료에게 물어보기는 하나 한두 번도 아니고 나중에는 그냥 모르는 상태로 넘어가다가 막상 시험이나 평가 기간에 극심한 불안을 보인다. 그리고 고립감과 소외감을 호소하는 탈북 학생들은 정보부족으로 인해 학업부진에 이르는 것을 볼 수 있다.

> "뭐…… 시험을 꼭 잘 봐야 한다는 생각은 하지 않지만 제가 공부한 만큼 성적이 나올 수 있을까? 안 나왔을 때, 주변의 사람들이 나를 어떻게 볼 것인지에 대한 불안감이요."   (소지만)

(3) 열등감

탈북자들 중에는 탈북자들에 대한 편견을 무시하고 나름대로 자신감을 가지고 적응하는 사람들도 있지만 그렇게 못 하고 열등

5) H. Maaz, "독일통일과정에 나타난 사회심리적 난제들: 감정정체로부터 마케팅 지향까지," 『통일연구』, 6(1) (2002), pp. 90-91.

감을 호소하는 사람들도 있다. 대한민국의 다른 사람들보다 늦게 출발해서 지금 뒤처져 있을 수밖에 없다는 합리적 인지를 가지고 있음에도 정서적으로 대한민국 사람들의 보통 수준에도 못 미친다는 열등의식을 가지고 있다.

> "쟤는 잘하고 나는 안 될까? 똑같이 했는데 나는 왜 안 될까?" (소지만)

> "여기 학생들 수준이랑 내가 너무 차이가 나니깐……. 한국에 태어났
> 으면 나도 이런 수준이었을까? 이런 생각도 들고…… 공부하는 것
> 이…… 나는 왜 북한에서 태어났을까?"   (이화선)

이 감정은 자신이 북한 사회에서 가졌던 사회적 지위와 능력을 대한민국에 와서 상실할 것이라는 박탈감과 함께 동반되는 감정이다. "북한에서는 공부 못하는 애를 도저히 이해 못했는데 이곳에 와서 내가 공부 못하는 입장이 되니까 황당하더라고요."라고 말하는 이미자 씨의 말처럼 대한민국에서 자기 자신의 능력 없음에 당황해하고 아울러 분노를 느낀다. 이에 대해 교회에서는 탈북자들이 자신의 능력을 인정받고 통제력을 가질 수 있도록 돕는 프로그램이 필요하다. 즉, 이들의 잠재 능력을 개발하여 무엇인가 할 수 있다는 자신감을 향상시켜 줄 필요가 있다.

(4) 경쟁관계에서 오는 스트레스

북한에서는 체제에 따라 살면 별 문제 없었고 남을 누르고 경쟁하고 성공해야 한다는 강박관념과 스트레스가 없었는데 대한민국

의 문화는 경쟁을 부추기고 또 그 속도가 너무 빠르기 때문에, 그 경쟁에서 도태되면 어떻게 되나 하는 불안감으로 더 스트레스를 받는다.

"제가 봤을 때에는 좀 심한 것 같아요. 북한에서는 김일성 대학을 나온다고 해서 꼭 간부가 된다는 보장이 없고, 그리고 지방 대학을 나온다고 해서 간부가 안 된다는 것도 없어요. 꼭 학벌이나 학력에 차이가 심하지 않는데 한국은 심한 것 같아요. 꼭 서울대를 나와야 하고…… 회사 취직할 때에도 그렇고……."   (김태용)

"내가 이 사회에서 견딜 수 있을까? 내가 아무리 열심히 해도 하위권이고, 뭐…… 입시 경쟁이 너무 심해서 그것도 스트레스이고, 그리고 직장…… 대학을 해도 직장 있는 사람들, 직장을 지금 얻어야 하는 사람들……. 지금 거의 만족하게 직장을 얻었거나 하는 사람이 극히 드물 거예요. 대부분 아직도 갈팡질팡하고, 직장을 못 얻고, 그런 사람들을 보면 속이 편할 리는 없을 거잖아요."   (지영철)

(5) 대인관계

남한의 개인주의와 순종과 집단의 가치를 중시하는 북한의 집단주의 사이의 가치 충돌이 탈북자에게서 나타난다. 집단주의 체제에서 순종과 복종, 관계성을 중요하게 여겼지만 탈북하는 과정 동안에 은둔형 생활을 한 경우가 많기 때문에 타인에 대한 의심이 많고 다른 사람에게 마음을 쉽게 열지 못하는 모습을 보인다.[6]

탈북자들은 같은 또래의 대한민국 사람들과 친해지고자 하는 욕구는 있지만 친해지는 방법을 잘 모르는 경우가 많고 대한민국 사람들이 북한 사람들이라면 꺼린다고 생각하면서 위축감을 느끼는 경우도 있다.

> "한국 사람들 대부분이 그런 것 같아요. 쉽게 친해지기가 어렵고, 마음을 잘 안 주고, 그리고 대부분 자기나 자기 가족밖에 모르거나, 그러니깐 그런 것 같아요. 한계가 있는 것 같아요. 사람으로서 관계를 가지는 것이 그게 좀 힘이 드는 것 같아요."   (소지만)

(6) 가족에 대한 불안

탈북자들의 자책감과도 연결되는 현상으로서 자신만 혼자 대한민국에 와서 편하게 있다는 생각 때문에 북한에 남아 있는 가족들에 대해 미안해하는 마음을 가지고 있다. 혹시 탈북한 자신으로 인해 북한의 가족들이 더욱 어려움을 겪지는 않을지에 대한 두려움이 크다.

> "한 가지는 고향에 대한 걱정이에요. 1년 반 되었는데, 연락이 되어서 돈은 잘 받았다고 그랬는데, 사람의 일이 그렇잖아요. 1년 안에 무슨 일이 있을지…… 어디에 사기당하고 힘들게 사는지……. 그 소식을 모르니깐 되게, 그게 궁금한 거잖아요. 그게 계속 떠오르는 거예요."   (지영철)

---

6) 채정민, 이종한, "북한이탈주민의 개별성-관계성이 남한 내 심리적 적응에 미치는 영향," 『한국심리학회지』, 9(4) (2004), p. 797.

북한에 있는 가족들 생각에 대한민국에서의 적응 과정이 쉽지 않은 경우도 있다. 북한의 가족을 데려오기 위하여 브로커들에게 돈을 주고 사기당하고 그 돈을 갚기 위해 경제적으로 더 힘들어지고 하는 악순환의 굴레 속에 들어가면 적응하는 데 더 힘들어진다.

> "좀 불안했어요. 바빠서 그런지 뭔지 모르고, 그리고 부모님 오시는 일이 쉽게 되지 않았거든요. 그러니깐 1학년 때지, 부모님 오시는 일 그렇지, 집 받는 일도 제대로 되지 않았지, 그래서 1학년 때에는 여러 모로 막 그랬어요. 막 불안하고, 아프기도 했어요."   (이화선)

(7) 자책감

탈북자들은 대한민국에 오기까지 많은 상처를 경험하는데, 특히 탈북하는 과정에서 가족들을 북한에 남겨 두고 자기 혼자만 살아남았다는 의식을 가지게 된다. 이것은 도피외상(escape trauma)[7]으로서 고국에서 도피하고 탈출하는 과정 중에서 생기는 죄책감과 상실감 그리고 열등감을 가지게 된다. 이는 마치 사랑하는 가족이 죽은 후 경험하는 죄책감과 비슷한 감정이다.

> "자책감이 많이 들었어요. 그러니깐 가족이 있거든요. 가족들은 남편이 있고, 처가 있고 해서…… 그 가족들이 생각하지도 않게 제가 나왔거

---

7) 박영희, "북한이탈주민에 대한 임상개입-구술사적 접근과 애도작업을 중심으로," 『그리스도신학대학교 교수논문집』 (2002), p. 179.

3. 탈북자들의 스트레스와 일반 적응

든요. 저 때문에 심리적으로 힘들게 살 것 같아요. 그것 때문에 1년 반 만에 연락을 해서 만나지는 못 했지만 돈을 보내 줬어요. 그 보내 준 돈으로 1년 동안은 잘 먹고 산다고 해요. 내가 그것을 해 주고 나서 아~ 내가 뭔가 해 준 것이 있구나…… 해서 뿌듯한 감을 느껴요."   (지영철)

기독(목회)상담의 과정에서 이러한 상실감과 자책감을 다루어주고 자신에게 모든 책임을 전가하는 비현실적 죄책감을 덜어 줄 필요가 있다. 이에 대해 탈북하는 과정이나 남한에서의 적응 과정을 견딜 수 있었던 힘과 자원은 무엇이었냐고 물어보는 대처질문이 효과적일 때가 많다. 현실 상황에서 탈북하는 과정에서 자기 자신이 할 수 있는 일은 다 했다는 자각을 가지게 되면 자신이 스스로에게 부과한 과도한 자책감을 덜 수 있을 것이다.

(8) 악몽

공통적으로 탈북한 후 2~3년 동안 악몽에 시달리는 경우가 많이 있다. 주로 중국 공안에게 쫓기는 꿈이거나 북한에 다시 끌려가는 꿈으로 탈북하는 과정에서 느낀 두려움과 불안들이 무의식에 잠재해 있다가 꿈을 통해 출현하는 것이다.

"감옥의 고통이 너무 심했기 때문에 한국에 와서 약 1년은 계속 꿈에…… 꿈을 꾸면 감옥에서 생활이에요. 그러다가 악몽에 시달리다가 깨 보면 여기가 어디인가? ……그래서 보면 집이잖아요. 아…… 여기가 서울이지…… 그러면 안도의 숨이 나와요. 그게 1년이 지속이 돼요."

(지영철)

(9) 혼란기의 무절제성

한국에서의 정착 과정에서 나쁜 문화에 먼저 동화하는 것을 볼 수 있고 혼란기 때 보이는 무절제성을 통해 비적응적인 행동을 보이기도 한다.

> "그러니깐 잘못된 부분은 우리가 먼저 보잖아요. 원래는 중국에서도 나쁜 면을 먼저 봤고, 여기 와서도 나쁜 면을 먼저 봤어요. …… 갑자기 한국에 오게 되었잖아요. 나를 터치하는 사람이 없는 거예요. 자제하는 사람도 없고, 내 자신도 나를 자제하지 않고, 성격 나오는 대로 막 싸우고, 때리고 입에서 욕 나가도 개의치 않았는데 하다가 5년 지나고 보니깐 정말 어이없는 행동을 했다!"   (심수지)

대한민국에서는 남녀 사이의 관계도 쉽게 사랑하고 쉽게 헤어지는 줄 알고 이런 행동을 모방하여 따라하기도 하며 무절제한 행동을 스스럼없이 하게 된다. 그러나 시간이 지나감에 따라 대한민국 사회의 부정적인 모습에 대해 합리적으로 생각하게 되고 비적응적 행동을 자제하게 된다.

5) 우울요인

(1) 외로움

이해해 주는 사람, 관심을 보여 주는 사람이 없다고 느껴질 때 외로움을 느끼고 우울을 호소한다.

"순간 옆에 아무도 없는 거예요. 저는 이때까지 많이 사귀었다고 생
각했고, …… 순간 어느 날에 딱 뒤를 돌아보니깐 아무도 없는 거예
요……. 그죠. 예쁜 목걸이를 봤어요. 제가 해야지 그랬던 것은 아니고,
누구를 줘야지 하고 사려고 했는데 줄 사람이 없는 거예요. 진짜 당황했
어요. 세상에 이것을 줄 사람이 없나? 그런 생각이 드는데 슬픈 거예요.
그래서 며칠간 우울증에 빠졌어요. 제가 수많은 아이들을 알고 있고, 전
화기에 전화번호가 있는 애들도 꽤 많은데 이것을 줄 사람이 없는 것인
가? 그래서 며칠간 빠져 있다가 그다음에 회복되었어요."   (심수지)

"혼자 있을 때나 그리고 저는 누구 옆에 있어도 외롭고 우울한 것이
있어요. 제가 느끼기보다는 주변에 있는 사람들이 참 우울해 보인다, 참
외로워 보인다, 슬퍼 보인다는 말을 하거든요."   (소지만)

이들은 옆에 아무도 없다는 생각이 들 때의 외로움과 자신이 실
패할 때 도와주거나 지지해 줄 사람이 없다는 아쉬움을 말한다.
김태용 씨는 이것을 '받쳐 주는 그물'이라고 표현하는데 힘들 때
힘들다고 말할 지지체계(support system)가 부족하다는 것을 말해
준다.

(2) 소외감

혼자 있는 것이 힘들다는 호소를 한다. 왕따를 당하는 경험도
하고 자신을 북한에서 왔기 때문에 한 단계 내려 보고 다가오지
않는 것을 느낀다고 한다.

"다른 것은 모르겠고 제일 부러운 것은 그런 거예요. 허물없이 지낼
수 있는 친구가 없다는 것이…… 이런 것도 소외감인 것 같아요……. 허
물없이 지낼 수 있는 친구들이 없는 것에서 참 소외감을 느껴요."

(김태용)

"한국 애들 위주로 얘기를 할 때가 있어요. 저하고 얘기하지만, 저를
두고 다른 애들하고 계속 얘기를 하는 거예요. 그때는 참…… 그런 것 같
아요. 소외감이 들어요."

(소지만)

(3) 탈북 과정에 대한 회상

탈북하다 중국 공안에 잡혀서 몽골 수비대에 갇혔던 경험, 북한
수용소에 갇혔던 경험을 떠올리고 그 경험이 기억날 때마다 우울
한 감정을 가지게 된다. 특히 감옥에서 다른 사람이 죽어 가는 모
습을 보면서 자신의 죽음을 예상하게 되어 더 심한 고통을 겪었다
고 한다.

"청진에서 감옥생활을 했었을 때에는 정말 험악했어요. 사람들은 들
으면 그렇게 험악하냐고 하는데…… 겪지 않으면 모르거든요. 어제 같
이 일하던 애가 죽어 나가요. 한 달 있는 동안에 한방에서 있었던 애가
5~6명이 죽어 나가요……. 그 고통을 회피하고 싶어서. 이렇게 살아서
뭐할까? ……죽는 것이 저렇게 쉽구나 하는 생각이 드니깐……. 한 달
동안에 5~6명이 죽었어요. 그것을 보면서 나도 멀지 않았구나……. 이
렇게 죽는구나. 그때는 우울한 정도가 아니었죠."

(지영철)

심지어는 이런 고통을 덜기 위해 핀을 종이로 싸서 삼켜서 죽고
자 하는 등 온갖 수단을 사용하여 그 당시의 고통을 탈피하려고
노력한 탈북자도 있었다. 이렇게 생사를 넘나들었던 탈북 과정을
회상하고 기억하면 그때의 고통을 느끼고 다시 우울에 빠져 든다.

(4) 진로에 대한 고민

대한민국에서 무엇을 할 수 있을까에 대한 고민이 남한 사회에
서 살아가는 데 스트레스를 주고 있다. 북한에서는 무엇을 할 수
있을지에 대한 고민을 해 본 적이 없다고 말한다. 체제에 따라 살
면 되었고, 신경을 써 봤자 별 소용이 없다는 체념적인 상태에 있
다가 대한민국에서 자기 자신의 삶을 개척해야 하는 상황에 처하
게 되니까 이런 스트레스로 인해 우울하게 된다.

> "음…… 그 나름대로 거기에서 친구들도 있고, 희망보다는 그 뭐라고
> 해야 하나…… 거기에서 앞으로의 목표가 있었잖아요. 계획이 쭉 있었
> 는데, 갑자기 여기 와서 처음부터 다시 시작해야 하고…… 과연 내가 무
> 엇을 먼저 시작해야 할까? 내가 여기서 할 수 있는 것이 과연 무엇일까?
> 이런 것들이 힘들었어요……. 내가 하나님께 기도한 제목 중에 하나예
> 요. 나에게 비전을 달라고……. 과연 내가 할 수 있는 일이 무엇이고, 잘
> 할 수 있는 일이 무엇인지……."   (김태용)

탈북자들은 대한민국 사람들이 자신들을 인정해 주지 않고 좋
지 않은 면들만 드러내어 평가하는 편견들로 인해 스트레스를 받
고 있다. 그리고 예전에 가졌던 가치관이 더 이상 적용되지 않는

혼란과 자신의 미래에 대한 불안감 그리고 욕구좌절로 인한 감정
정체, 새로운 문화 적응 속에서 나오는 가치관의 부재 등이 탈북
자들이 경험하는 중요한 스트레스의 현상으로 볼 수 있다.

이러한 스트레스는 희망하고자 했던 일들이 성취되지 않고 뜻
한 바대로 일들이 진행되지 않을 때 보이는 현상인데 이러한 좌절
감은 나중에 우울로 발전될 가능성이 높다. 탈북자들은 대한민국
에서 지위의 변화에 따른 불안과 좌절을 겪고 북한에서의 전문지
식이 소용없게 되었다는 무력감을 호소한다.[8] 탈북자들에게는 이
러한 좌절감으로 인한 비적응적 행동이 많은데, 여기에서 탈북자
들에게 좌절로 인한 우울증이 많다는 가설을 세울 수 있다. 탈북
자들에게 우울증이 대한민국 일반 국민보다 더 많을 수 있다는 가
설에 대한 연구와 기독교 신앙을 가진 탈북자들이 우울증에 걸릴
확률을 조사하는 연구도 가치가 있다.

6) 스트레스 극복 방법

(1) 적극적 변화

앞에서 살펴본 스트레스를 받을 때 대처하는 방법들로서 적극
적으로 그 스트레스에 대응하고 극복하는 방법이 있다. 그중 자신
의 성격을 변화시켜 문화에 맞게 조정하는 유형을 들 수 있다.

"스트레스를 덜 받는 것은 사실인데요, 성격이 개방적인 것은 아니에

---

8) 오수성, "통일한국과 심리적 화합," 『심리과학』 10(1) (2001), p. 11.

요. 내성적인데, 중국에서 성격이 개조되었어요. 개조되었다고 하나? 개
조되었어요. 내성적으로 살면 중국에서 쉽게, 당하기 쉽게 되더라고요.
그래서 붙임성 있게 살면서 눈치 빠르게……."   (심수지)

소외감이나 정서적 고립감이 느껴질 때는 적극적으로 동료들과
의 대화를 시도하고, 유치하다고 생각하는 대화나 장면에도 같이
웃고 같이 동감하려는 노력들을 한다. 즉, 이런 노력을 통해서 자
신이 가지고 있는 이질감을 없애려고 한다.

(2) 자신감 증진

자기효능감과도 연결되는 부분으로, 자신의 주변 상황 통제를
하지 못한다는 무력감 그리고 좌절감으로부터 빠져나와 이제는
자신이 할 수 있고 잘하는 것에 초점을 두어서 나름대로 자신감을
형성해 나가는 것이다.

"나름대로 자신감 같아요. 예전에 고생하면서 살았고, 못 먹고 살았
고, 그런 것…… 저도 그런 것이 남들이 모르는 그런 경험들이, 큰 재산
을 경험했다는 자신감을 가지고, 내가 저 사람을 사귀는 데 있어서 저 사
람과 약간 차이가 있어야 하는가? 다 똑같은 사람들이다……. 그래서 쫄
지 않고 담대하게 자신감을 가지고, 똑같은 사람인데, 그런 생각으로 나
가요."   (소지만)

7) 적응 요소

적응이라는 단어를 썼을 때 부정적인 반응을 보이는 면담 대상자도 있었다. 이화선 씨는 적응에 대한 부정적 시각을 다음과 같이 말한다.

> "우리가 적응이라고 하는 게 어디까지가 적응인지를 모르겠어요. 저번에 교회를 갔었는데 너는 아직도 사투리를 쓰고 있니?라고 하더라고요. 이거 뭐…… 내가 사투리 쓴다고 해서…… 지장이 없는데……. 뭐…… 괜찮은 것 같은데…… 적응이라고 하는 게…… 저는 시간이 지나면 이제 금방 온 사람들한테 적응하라고 하면…… 모든 사람이 다른 환경에 가면 적응하려면 시간이 걸리고 하는데 그걸 북한 사람들이 어떻다라고 하니깐……. 그리고 잘사는 사람을 내세워 주는 것도 아니고…… 북한 사람……. 한국 사람들도 다 잘사는 것도 아니잖아요. 살인도 하고…… 북한 사람도 똑같은데 따로 분리를 하니깐…… 적응 못한다고 그래요. 적응을 굳이 해야 하는 것인가?"   (이화선)

이들에게 적응이라는 단어가 부정적으로 느껴지고 마치 남한 사회의 기준에 맞춰야 한다고 강요하는 것으로 받아들여진 것을 볼 수 있다.

탈북자들이 대한민국에서 겪는 스트레스를 극복하고 사회에 적응하는 데 필요한 첫 번째 요소로는 시간을 들 수 있다. 탈북한 뒤 처음에는 어리둥절하고 혼란스럽고 주변인으로서 여러 유형의 스트레스와 부정적인 감정을 가지지만 시간이 지나면서 부정적인 생각과 감정이 줄어들고 합리적인 생각과 가치관을 가지게 된다.

두 번째로 적응하는 데 필요한 것은 분명한 목적과 가치관의 확립을 들 수 있는데 탈북자들에게 경제적인 풍요로움에 대한 갈망뿐만 아니라 삶의 분명한 목적을 가지도록 하는 것이 필요하다. 이들은 북한에서 주어지는 대로 체제에 순응하면서 살던 습관이 있기 때문에 미래에 대한 뚜렷한 비전과 목적을 생각할 기회가 없었다. 이런 상태로 대한민국에 정착하였기 때문에 이들에게 비전과 목적을 계획하고 실천할 수 있는 기회가 주어져야 한다.

세 번째로 자유와 책임에 대한 균형 감각이다. 탈북자들은 초기 혼란기 동안에 무절제한 행동들을 통해 억압된 체제에서 벗어나 책임을 고려하지 않는 자유를 만끽하려고 한다. 심수지 씨는 "자유라는 개념을 잘못 인식한 거죠. 내가 내키는 대로 하는 것인 줄 알았어요."라고 말한다. 그러나 시간이 지남에 따라 자유에 따른 책임을 알게 되고 통제하고 자제하는 행동을 한다.

네 번째로 탈북자들이 느끼는 소외감을 극복하기 위해 자신들이 소속감을 느낄 수 있는 공동체에 소속되는 것이 중요하다. 동아리에 들어가서 다른 탈북자들과 교제도 나누고 대한민국 학생들과도 자연스럽게 사귀게 되면서 사회성을 기르고 원만한 대인관계를 형성해 나갈 수 있다.

다섯 번째로 정기적인 소득이 있어야 한다. 지영철 씨는 "처음에는 밥만 잘 먹으면 된다고 오지만 사람이라는 게 그렇지가 않잖아요. 여기서 밥 잘 먹고 그러니깐 남들만큼 살고 싶잖아요. 근데 그게…… 이 사람들 보기에는 그게 잘 안 되고 있는 거예요."라고 탈북자들의 경제적 어려움을 호소하고 있다. 정상적인 경제생활을 할 수 있는 여건과 환경이 적응 과정에 필요하다.

4. 탈북자들의 신앙 적응

1) 신앙동기

(1) 절대자에 대한 의존욕구

탈북하는 과정 중에 어려움과 외로움을 극복할 수 있는, 의존할 수 있는 대상자에 대한 욕구가 신앙을 가지게 하였다.

> "부모 대신, 친구 대신, 제 자신과 조화가 된다고 해야 하나요? 그런
> 상대가 필요해요. 그래서 자신을 믿을 수 없을 때에 가끔 추상적인 존재
> 를 생각하면서, 그 존재랑 대화를 한다고 생각하거든요."   (심수지)

(2) 관계에 대한 욕구

교회에 다니면서 다양한 프로그램들을 통해 만나는 사람들을 통해 느끼는 사랑을 통해서 하나님의 사랑을 느끼고 신앙의 경험을 하게 되었다.

> "교회에서 나에게 베풀어 주는 사랑이라고 해야 하나요? 그 교사님들
> 이 나에게 잘해 주는데, 내가 안 나가면 좀 미안하고, 또 안 나가면 미안
> 하고……. 그런 맘에 사실은 다녔어요. 그게 교사들이 하는 그것이 나름
> 대로 하나님의 사랑이잖아요."   (김태용)

(3) 대성공사, 하나원

탈북자가 대한민국에 오면 탈북 경위와 배경을 집중적으로 조사하는 대성공사와 사회에 적응하도록 도와주는 하나원에서 전도를 받고 신앙을 가지게 된다.

> "조사할 때 대성공사에서…… 선생님께서 성경 주면서 읽어 보라고 해서……. 그리고 아침에 일어나면 예배를 드리는데, 저도 모르게 그냥……. 처음에는 그 선생님한테 미안해서 그렇게 했는데…… 나와서 있다 보니."
>
> (이화선)

(4) 절박한 심정에서 나오는 본능적 종교 욕구

탈북하는 과정에서 특히 감옥이나 수용소에 갇혔을 때 살려 달라는 기도를 하고 이번에 생명을 구해 주면 잘해 보겠다는 생존과 관련된 상황에서 종교적 욕구가 생겨났다.

> "제가 이전부터 북한에서 교회를 몰랐을 때부터 제가 그런 경험이 있었던 것 같아요. 그때에는 신의 존재를 믿기보다는 나도 모르게……. 북한에서도 어려운 처지에 있으면 자기도 모르게 기도를 하게 되잖아요. 그때에는 기도라고 하기엔 아…… 제발 하나님 잘 되게 해 주쇼. 신을 믿어서가 아니라 본능적인 거예요. 북한을 넘을 때, 강을 건널 때 잡히면 죽잖아요. 그럴 때, 나도 모르게 했던 것들이 기도였구나. 이런 것을 알게 되었어요."
>
> (지영철)

2) 신앙을 가지기 전과 가진 후의 비교

(1) 화를 덜 내게 됨

신앙을 가진 후 긍정적으로 변하고 집착을 하지 않으니까 화를
내지 않게 된다.

> "그냥, 긍정적으로 모든 것을 그쪽으로, 예전에는 조그만 것에도 화를
> 냈어요. 비관적으로 생각했었는데 하나님께서 사랑하신다고, 그게 좋아
> 진 것 같아요."   (심수지)

(2) 불안극복

공통적으로 하나님이 뒤에서 보호하고 계신다는 느낌을 말하고
집착이 없어지고 두려움이 없어졌다는 이야기를 한다. 불안 속에
있다가 신앙을 가진 뒤 담대해지고 자신감도 생기고 평안함을 가
지게 된다.

> "내일에 대한 기도를 하면서 얘기하는데 맘이 편해요. 누가 지켜 주
> 는 것 같아서, 중국에 있을 때에는 불안했는데 교회에 다니니깐 하나님
> 믿고 하나님을 찾게 되잖아요. 그러니깐 그 대안이 있구나 생각에……
> 위로받아요."   (이화선)

> "네. 뭐…… 나에게 두려운 것이 없다. 하나님이 계시기 때문에 두려
> 운 것이 없다. 그리고…… 나에게 하나님이 함께 있다. 나에게 고난이 있
> 을 때에 하나님이 모든 것을 해결해 주실 것이라고 믿고 있기 때문에 든

든해요. 죽어도 상관없다고 생각해요. 사람들은 우울하고 슬퍼 보인다
고 하는데 나름대로 행복해요. 기쁘고 편안해요."   (소지만)

신앙을 통해 나에 대한 성찰과 자아감이 형성되면서 자신감이
형성된다.

"기독교인으로서 살아야 하지만 살지 못하는 것. 나약한 것이요. 만
약 기독교인이 아니었다면 그런 생각도 안 했을 것 같아요. 그냥 당당하
게 살 것 같은데 하나님을 알고 나니깐 내가 보이는 거죠."   (소지만)

(3) 삶의 목적

탈북자들은 대한민국에서 잘 적응하여 경제적으로 풍요로워져
서 북한의 가족들과 주민들에게 도움을 주기를 원한다. 지금의 행
복을 개인만 가지고 있는 것이 아니라 나라를 위해서 봉사하고자
하며 신앙적으로 북한 선교에 대한 목표도 가지고 있다.

"내가 이제 행복하게 그런 것 있잖아요. 10년이라든지, 50년이라든지
통일은 될 거예요. 내가 행복하게, 내가 행복하다기보다는 내가 열심히
살면서 그 사람들을 만났을 때에 형제들을 만났거나 그랬을 때에 나는
그래도 나만을 위해서가 아니라…… 나라를 위해서라고 하면 광범위하
지만 그렇게 살았다."   (김태용)

"음…… 내가 교회의 목사는 되지 않아도 교회의 활동에 조금이나마
헌신하는 것이요."   (김태용)

"북한을 위해서 뭘 할 수 있을지……. 북한을 위해 할 수 있는 능력을 키워서 북한을 위해 살고 싶어요. 지금까지도 북한이 어떻게 되었으면 좋겠는데……. 내가 북한을 위해 무엇을 해야겠다. 그게 경제적이든, 다른 무엇이든. 북한을 위해 능력과 역할을 해야겠다."   (이화선)

탈북자들은 대한민국에 살고 있지만 항상 북한에 대한 부담감을 안고 살고 있다. 북한 사람들에게 나중에 떳떳하게 보이려는 심리도 보이고 탈북한 사실이 잘 선택한 길이라는 것을 확인하기 위해 성공한 자신의 모습을 북한 가족들에게 보여 주고 싶은 욕구도 보인다.

(4) 신비감, 초월감 경험
간절하게 무엇을 원할 때 그리고 어려운 역경에 처해 있을 때 신비감을 체험한다.

"진짜 간절히 원하면…… 간절히 원하면 제가 도와 달라고, 울면서 애통하게 말하니깐…… 도와주셨어요."   (이화선)

"뭔가 빨려 드는 느낌이에요. 정신이 없어요. 그때에는 분위기가 그래서 그랬는지 모르겠지만 표현할 수 없어요. 미쳐 버린, 하나님한테 미쳐 버린 것 같아요. 이성을 잃은 듯해요."   (소지만)

(5) 세상에 대한 환영감
탈북자들은 대체적으로 일반 사회에서는 자신의 역할과 위치에

대한 불안감으로 인해 소속감을 갖지 못하고 우호적이라는 느낌
도 받지 못한다.

> "남한 사회요? 제가 볼 때에는 제 위치가 없어요. 왠지 모든 게 넓어
> 서 그런지, 제 자리가 없어요. 그래서 자리를 비집고 들어가려고 무단히
> 애쓰고 있는 것 같은데 아직도 못 들어갔어요."   (심수지)

하지만 교회에서는 사람들을 통해 세상이 나를 환영한다고 느
끼는 충만감을 느낀다.

> "사실 보면은 교사(교회)들도 보면…… 일반 지하철을 타고 다니는
> 아저씨나 아줌마들이잖아요. 저 사람들도 나름대로 가정에 들어가면 힘
> 들고. 저 사람들은 하나님을 믿는다고 하지만 저 사람들 나름대로 고민
> 이 있을 거잖아요. 365일 중에 40~50일 정도를 만나면서 항상 밝은 모습
> 으로 대해 주고 그렇게 참…… 해 주는 것 자체가…… 뭐라고 말하지?"
>   (김태용)

(6) 소속감

공통적으로 탈북자에 대한 관심과 따뜻한 말이 탈북자들에게
소속감을 심어 주는 요소다.

> "탈북자들에게 어떤 요구가 있는지 물어보고 기도해 주는 모습 속에
> 탈북자는 교회 공동체에 소속감을 느낄 것이다."   (심수지)

이들은 어떤 프로그램이나 도움보다도 탈북자들의 요구가 무엇인지 물어보고 대화를 많이 하는 기회를 제공하는 것이 탈북자가 교회에 소속감을 느끼는 요소라고 말한다.

(7) 스트레스 극복에서 신앙의 역할

신앙생활이 탈북자들의 일반적인 스트레스를 해소하는 데 많은 도움이 될 것으로 기대했지만 심층면담을 통해서 별로 도움이 안 된다는 반응도 나왔다. 오히려 기도하면 더 스트레스를 받는다는 것이다.

> "이런 고통을 받고 있습니다, 도와주세요, 맘을 편하게 해 주세요, 그러잖아요. 근데 그 말 할 때마다 위축이 돼요. 그래서 아예 그런 기도를 안 해요……. 응답이 제가 원하는 방향대로 안 가고, 꼭 반대로 가요."
>
> (심수지)

하지만 대부분의 면담 대상자들은 신앙생활을 통해 불안을 극복하고 마음의 안정을 찾았다고 이야기한다.

> "저는 나름대로 기도를 하면은 맘이 평화로워요. 대부분이 기도를 하면 극복이 되는 것 같아요."
>
> (소지만)

> "고향에 대한 걱정은 늘 있는데, 제 노력으로 한다고 해서 되는 것은 아니잖아요. 그래서 기도만 하고 있는 거예요. 그렇게 하고 나면…… 좀 안정이 돼요. 그래서 기도밖에 할 것이 없어요."
>
> (지영철)

탈북자들 중 비교적 사회 적응이 성공적인 경우를 보면 종교 활
동 참가 비율이 높은 것으로 나타났다. 종교 활동을 통하여 주변
인으로부터 많은 도움을 받고 있으며, 이들 도움이 단기적이며 일
회적으로 끝나는 것이 아니라, 정기적·지속적으로 연결되어 심
리적 안정에 절대적 영향을 미치기 때문으로 보인다. 종교 활동
속에서 많은 사람들과의 접촉과 그들의 따뜻한 관심은 탈북자들
의 인간관계 형성에 매우 긍정적 영향을 미치고 있는 것으로 보인
다고 보고된다.[9]

5. 기독(목회)상담적 제언

탈북자의 적응 과정에서 정부 차원의 지원만 가지고는 한계가
있다. 이들의 심리적 불안과 소외감, 열등감, 미래에 대한 좌절감
등에 대해서는 심리적·영적 안정을 줄 수 있는 교회의 상담 프로
그램이 절실하게 필요하다. 이러한 절실한 요구에 대해 교회는 그
동안 주먹구구식으로 비전문적 접근을 하였고 그들의 필요가 무
엇인지 모르고 일방적으로 계획하여 실시하였다.

필자는 탈북자들이 대한민국에서 겪는 스트레스와 어려움들에
대해 심층면담을 통하여 살펴본 결과를 토대로 다음과 같은 기독
(목회)상담적 제언을 하고자 한다.

---

9) 길은배, 『북한이탈 청소년의 남한사회 적응실태 및 지원 방안 연구』(서울: 한국청소
   년개발원, 2003), p. 112.

1) 구속하지 않는 신앙

교회에서 탈북자들을 돕고 프로그램을 운영하는데, 그것에 대한 대가로 탈북자들에게 신앙을 강요하는 느낌을 주어서는 안 된다. 한 탈북자는 한 주라도 교회에 오지 않으면 보조금을 안 주는 교회가 있다고 비판한다. 교회에 보이지 않으면 따뜻한 관심을 보여 주면 될 텐데 마치 죄인인 것처럼 죄의식을 조장하는 것은 탈북자들에게 거부감을 준다. 그렇지 않아도 북한에서의 구속이 싫었는데 교회에서 구속을 하면 더 반항적인 태도를 취하는 경향이 있다. 구속하는 것보다는 자발적으로 나올 수 있는 가족적 · 포용적 분위기가 중요하다.

2) 관심과 대화

탈북자에게 교회와 기독교는 전혀 다른 문화이고 언어다. 이들이 교회에 친근감을 가지도록 하려면 따뜻하게 대해 주고 그들의 요구와 필요가 무엇인지를 알아서 탈북자들의 수준과 눈높이에 맞게 필요한 것을 해 주어야 한다. 계속 만나고 진지하게 이야기를 나누면서 어떻게 사는지 물어보는 진솔한 교류가 필요하다. 지영철 씨는 이렇게 말한다. "많은 사람들하고 얘기를 하다 보면 한국인들이 주는 어떤 좋은 것…… 사람들하고 하는 얘기 속에서 좋은 방향을 찾지 않을까? …… 하는 생각을 해요." 탈북자들에게 교회는 사람들이 너무 바쁘게 활동하는 곳으로 인식되어 있다. 형식적인 인사만 하는 그런 교회에는 가고 싶지 않다고 말한다. 이들은 교회가 서로 마음이 통하고 칭찬받고 자신들이 하고 있는 일에 대해 점검도 받는 그런 지지 공동체(support community)가 되기를 원한다.

교회 공동체는 대화를 통해 북한 문화에 대한 이해를 하고 있어야 한다. 탈북자들은 대한민국과 완전히 다른 체제에서 교육받고 수십 년을 산 사람들이다. 대한민국에서는 경쟁하고 성공을 지향하는 것이 많은 사람들의 생활 형태로 자리 잡고 있지만 탈북자들은 자본주의에서 당연시하는 생활태도를 배울 기회가 없었다. 탈북자들의 특수성을 이해하고 시간을 두고 적응하는 기간을 지켜보면서 참아 주고 이해해 주는 태도가 절실하게 요구된다.

3) 일대일 돌봄

탈북자들은 큰 모임이나 거대한 프로젝트가 아니라 대한민국 생활에 적응하도록 실질적으로 도움을 받을 수 있는 일대일 관계를 원하고 있다. "위해서 '기도만' 하지 말고 현실적으로 '기도도' 하면서 이렇게 하면 어떨까."(심수지) 구체적이고 평범한 일상 생활을 함께할 수 있는 그런 관계가 필요하다.

이들에게는 생활 정보를 주고 문화 생활도 같이 할 수 있는 일대일 관계가 필요하다. 경제적인 면에서도 탈북자들은 예금과 이자에 대한 개념조차도 없는 경우가 있다. 이런 경우 일대일로 은행을 어떻게 활용하면 좋은지에 대해서 이야기하고 은행 이용 방법을 시범을 보이며 가르쳐 주는 것도 도움이 될 것이다.

그리고 청소년과 대학생들에게는 무엇보다도 학습에 대한 프로그램이 요구된다. 교회에 있는 여러 인적 자원들을 동원하여 탈북자들의 학습 능력 향상을 위한 멘토링 제도(mentoring system)를 구축해야 한다. 탈북자 학생 모두가 공통적으로 학업 스트레스를 호소하고 있다. 그리고 거시적인 차원에서 탈북자들의 기초학력을 보충해 줄 수 있는 대책도 필요하다. 연세대학교에서는 교육개발센터의 학습지원부를 통해 탈북자 학생들에게 일대일로 부족한 과목을 보충해 주는 '독수리 튜터링 시스템'을 도입하여 탈북자들에게 학습지원을 하고 있는데 이와 같은 프로그램이 더욱 활성화될 필요가 있다.

소외감과 고립감 때문에 스트레스를 받는데, 이런 스트레스를 극복하는 방법으로는 일대일 도움을 주는 것이 가장 효과적이다. 더 나아가서 한국교회가 탈북자들을 통일 과정에 영향력을 행사할 수 있는 지도자로 양육한다는 비전을 가지고, 이들을 지원해 줄 수 있는 후견인 제도를 도입하는 것도 이 시점에서 생각해 보아야 한다.

4) 남한 사회와 탈북자의 통합

탈북자들은 교회생활에서 공통적으로 탈북자 선교회, 북한선교회 등을 통해 탈북자들끼리만 모이는 것을 별로 좋아하지 않는다. 그것보다는 일반 청년부나 대학부와 통합하여 생활하는 것을 선호한다. 왜냐하면 탈북자들 속에서는 자신의 신앙이 별로 성장하지 않는다는 것을 느끼기 때문이다. 탈북자들이 신앙에 대해 더 배우고 느낄 기회를 박탈당한다는 것이다. 또한 탈북자 선교회 안에 성공적으로 적응한 탈북자가 있으면 그를 통하여 배우고 모델링하면서 도움을 받을 텐데 취직 못한 선배와 동료들의 우울한 소리만 듣게 되니까 오히려 나가고 싶지 않다고 한다. 교회에 다니면서 느끼는 신앙적인 문제, 어려움을 물어보거나, 정착하는 데 어떤 직업이 도움이 될지, 대한민국에서 유망한 일들이 무엇인지를 알고 싶은데 이런 문제들에 대해 이야기할 기회가 없다는 것이다.

정부의 탈북자 정책도 마찬가지다. 청소년들 중 적응하지 못하는 아이들만 모아 놓으니까 게임만 하고 생산적인 일을 하지 않게 된다고 본다. 현재 특정 지역에 탈북자들을 모아 놓는데 이것보다는 각 지역에 흩어져서 살게 하여 대한민국에 원활하게 정착할 수 있도록 하는 것이 더 효과적일 것이다.

5) 프로그램의 다양화

탈북자들은 교회의 틀에 박힌 프로그램이 아니라 다양한 프로그램을 원한다. 탈북자를 위한 프로그램을 하면 그 교회가 탈북자를 위해 이런 프로그램을 한다고 선전만 하는 것이지 실질적으로 자신들에게 도움이 되지 않는다는 것이다. "우리 교회에 이런 북한 사람들을 위한 프로그램이 있다고 알리는 것밖에 되지 않으니깐……. 실질적으로 들어가야 하는데…… 그게 아닌 것 같아요." (이화선) 일단 프로그램을 시작하면 지속적인 관심을 보이고 실질적인 효과가 있는지 점검하면서 운영할 필요가 있다. 이를 위해서는 탈북자들의 문제가 무엇인지 파악하여 거기에 맞는 프로그램을 만들고, 프로그램을 실시하고 일방적으로 따라오라는 형태의 프로그램 실시는 지양해야 한다.

일관된 프로그램으로 탈북자의 직업적응 능력을 계발하는 프로그램도 필요하다. 탈북자들의 직업훈련은 그것을 통해 직업 능력을 향상시키는 용도가 아니라 직업학교라도 다녀서 정부의 보조금을 받으려고 하는 목적에서 이루어지는 경향이 많다. 탈북자들이 직장을 가지고 일정한 수입을 가질 수 있도록 실용적이고 합리적인 직업적응 교육을 해야 한다.

6) 신앙교육의 수정

탈북자들이 한국교회에서 신앙교육을 받지만 교회에서 듣고 배우는 신앙적인 이야기가 생소하게 들린다고 한다. 북한에서 배운 이데올로기보다 더 이상하게 들린다는 것이다. 주체사상과 진화론, 유물론을 학교에서 배우고 그 사상에 물들어 있는데 교회에서 들려주는 이야기나 성경공부에서 나오는 용어는 전혀 생소한 단어와 내용으로 들린다는 것이다.

> "생각을 해 봐도 하나님께서 먼지를 모아서 지구를 만들고, 사람도 아담, 하와가 무화과를 따 먹고 그 두 사람이 이 인류를 창조했다는 것인데, 그것이 참, 과학 발전인데 신화 창조잖아요……. 그게 받아들이기가 거북해요."   (독고민)

한국교회가 탈북자에게 행하는 신앙교육은 자유민주주의 안에서 계속 발전되고 다듬어진 것으로, 그 내용을 전달하고 있는 것이 다른 사회 체제에서 살아 온 탈북자가 괴리감을 느끼게 만드는 요인이다. 진화론에서 창조론으로 이끌어 가는 과정이 단계적으로 필요하다.

또한 잘못 형성된 신앙관과 가치관을 교정할 필요가 있다. 탈북자들이 중국에서 신앙을 가지게 되는 경우 기복신앙의 형태를 가질 수 있다. 경제적 문제, 특히 빚을 갚아 달라는 기도를 하고 중국에서 접한 신앙교육의 후진성 때문에 일차적 신앙에 머물러 있을 경우가 많이 있다. 탈북자의 80~90%가 처음에 교회에 다니다 그 중 많은 수가 교회에 나오지 않는데, 그 이유 중에 하나님에게 물질을 구하고, 부를 구하고, 성공을 구했지만 실현되지 않을 경우 거부 반응을 일으키고 실망해서 교회를 떠난 경우가 많다는 것이다. 탈북자들이 가지고 있는 기복신앙의 형태에서 성장하여 하나님과 성숙한 관계를 맺을 수 있도록 돕는 작업과 교육이 필요한 상태다.

7) 교회 간 프로그램의 연계

한국교회의 특징 중에 하나는 서로 연계하지 않고 일을 따로 한다는 것이다. 김동배의 연구에서 민간기관 특히 교회의 탈북자에 대한 사업에서 교회 간 연결 작업이 필요함을 지적하고 있다.[10] 어떤 교회에서는 탈북자에게 얼마씩 보조해 주고, 어떤 교회에서

---

10) 김동배, 이기영, "민간기관의 탈북자 지원 현황과 과제,"『통일연구』, 3(1) (1999), pp. 283-285.

는 아무 보조금도 주지 않는다면 탈북자들 사이에 쓸데없는 고민과 갈등이 생길 가능성이 많다. 만일 보조금을 준다면 최대치와 최소치의 금액을 정하고 교단별로 체계적인 구조를 갖추고 연대하여 탈북자를 도와주어야 한다.

탈북자들에게 재정적 도움을 주는 것도 필요하지만 더 중요한 것은 이들이 자생적으로 직업을 가지고 독립하도록 도와주는 것이다. 이를 위해 적극적 조치(affirmative action)[11]의 실행이 필요하다. 교회에서는 거시적인 측면에서 탈북자에게 일정한 비율의 취업이 보장되는 적극적 조치 법령 제도가 구현되도록 강단을 통한 계몽과 운동에 적극적으로 나설 필요가 있다. 이를 위해 각 교단 총회 차원의 탈북자를 위한 책임전담 부서를 만들고 조직적으로 연계하여 운영할 필요가 있다.

어떤 교회에서는 재정적인 보조를 유혹의 수단으로 삼아 탈북자를 자신의 교회로 유인하는데, 재정적인 보조가 탈북자들을 얽어매는 수단으로 쓰이면 안 된다. 김동배와 이기영의 연구[12]에서도 밝혔듯이 교회가 물질원조를 위주로 한 단기적 지원밖에 하지 못함으로써 심리·사회적 차원 혹은 인간적 차원의 장기적인 도움은 주지 못하고 있다. 탈북자들이 재정적 지원만 바라고 교회에

---

11) 윤인진에 의하면 적극적 조치는 "현실에 대해 특정 집단이나 계층에 대한 과거 차별의 결과를 보상하고 현재와 미래의 평등을 보장하기 위한 강력한 국가 정책이라고 정의한다. 미국에서 소수자 차별에 대한 대책으로 고용평등과 차별조치에 대해 적극적으로 조치를 취하는 정책"이다. 윤인진, 김상학, "적극적 조치(affirmative action)에 대한 인식과 태도," 『경제와 사회』, 58 (2003), p. 223.

12) 김동배, 이기영, "민간기관의 탈북자 지원 현황과 과제," 『통일연구』, 3(1) (1999), pp. 286-287.

나가는 경우도 있지만 심층면담을 통해서 나타난 것을 보면 이들은 재정적인 것도 중요하지만 그보다 소속감을 주고 지속적인 관심을 가져 주기를 바라는 측면이 더 컸다.

8) 기독(목회)상담 프로그램

탈북자들이 겪는 스트레스를 분명히 이해하고 상담에 임해야 한다. 집단주의를 기반으로 자라난 탈북자들에게 자율성이나 독립성을 섣불리 기대해서도 안 될 것이다. 탈북자와의 상담 초기에는 더 적극적으로 개입하고 가르치는 역할이 필요하며 점진적으로 스트레스 수준이 내려감에 따라 촉진자(facilitator)의 역할을 하는 것이 바람직하다.

탈북자들 중에 기독교 선교사나 신앙인을 통해 탈북을 하고 가족들을 탈북시키기 위해 기독교 단체의 도움을 받는데, 그중 사기를 당하거나 배신을 당해서 기독교인에 대한 신뢰를 잃어버리고 신앙을 버리는 경우도 있다. 이들에게는 신뢰감을 증진시킬 수 있는 대상으로 상담자의 역할을 할 필요가 있다.

가족을 두고 왔다는 죄의식을 경감시키는 작업이 상담에 포함되어야 하고, 불안 감정을 공감하고 반영하는 작업을 통해 정서적 안정감을 가지도록 도와주어야 한다. 그리고 자기 삶에 대한 통제력을 키우고 신앙적으로 자신의 삶에 대한 의미 창출 과정(meaning making process)을 돕도록 한다. 이를 통해 탈북자의 자기효능감[13]과 심리적 안녕감을 극대화할 수 있을 것이다.

집단상담을 통하여 자신만이 아니라 다른 탈북자들도 악몽에 시달렸고 대한민국에 적응하는 초창기에 어리숙하고 불안했다는 것을 공유하게 함으로써 그런 고통이 자신만의 문제가 아니라는 인식을 가지게 한다. 이를 통해 자신이 겪는 감정을 객관적으로 보는 작업을 도울 수 있다.

또한 대인관계 능력을 향상할 수 있도록 하고 대화기법을 통해 원만한 의사소통 능력을 키워 주어야 한다. 구체적으로 인간관계 기술을 학습하고 실천할 수 있는 기회를 마련해 주는 것도 탈북자들의 소외감을 해소하는 중요한 방법이 될 것이다. 전반적으로 자신의 인생 계획을 신앙 안에서 재정립할 수 있도록 도와주는 것이 필요하다. 그리고 삶에 대한 전체적 시각을 갖고 하나님의 의도를 충분히 알게 하여 인생의 목적의식을 가지도록 한다.

탈북자들은 외로움을 극복하기 위해 북한의 가족을 데려오려고 한다. 그러기 위해 돈을 빌리고, 사기를 당하는 등 더 힘들어지는 경우를 많이 볼 수 있다. 특히 연고가 없는 탈북자와 외로움을 호소하는 탈북자들에게 소속감을 느낄 수 있도록 공동체, 후견인과 연결을 해 주는 것이 절실히 필요하다.

9) 상담자의 역할

전통적으로 상담자는 객관적인 입장을 취하는 참여적 관찰자 (participant observer)의 역할을 하였지만 탈북자와의 상담 상황에

---

13) 자기효능감 척도를 통한 통일 이후 동독주민들의 심리적 적응에 대한 자료는 김혜은 외, "통일 이후 구 동독지역 주민들의 심리적 적응,"『한국아동학』(1999), pp. 1-62을 참조하시오.

서는 이보다 더 적극적으로 개입하여 탈북자들을 지도하는 방법
이 더 적절하다고 볼 수 있다. 그들의 대변자가 될 필요가 있고 신
앙 공동체와 지역사회를 연결해 주는 화해자의 역할도 감당해야
한다.

탈북자들은 전혀 다른 문화, 즉 공산주의 체제인 북한에서의 문
화를 소유하고 있으며 다른 문화에 적응하는 문화 적응 단계에 있
다. 이들은 대한민국에서 북한의 문화를 가지고 새로운 자유민주주
의 문화에 적응하는 중간 단계(transitional period)에 위치해 있는 것
이다. 즉, 경계인으로서 리미노이드(liminoid) 상태에 있다고 볼 수
있다. 말러의 심리발달 단계에 화해 단계(rapprochement subphase)
가 있는데 이는 독립하려는 욕구와 의존하고자 하는 유아의 욕구
가 공존하는 기간을 말하는 것이다. 이 기간에 떨어지려는 아이에
게 보복하지 않고 동시에 의존하려는 욕구도 만족시켜 주는 어머
니가 있을 경우 이 기간을 잘 넘겨서 성숙한 인간으로 성장한다.
탈북자들은 북한에서 떨어져 나와 대한민국 사회에 적응하는 화
해 단계(rapprochement subphase)에 있다고 할 수 있다. 유아의 발
달 과정에서 독립하려는 욕구에 보복하지 않고 의존하고자 하는
욕구를 동시에 만족시켜 주는 어머니처럼 화해 단계에 있는 탈북
자들에게 이런 어머니 같은 대상이 필요하다. 상담자는 탈북자가
대한민국에서 새로운 자아를 가지도록 돕는 이런 어머니와 같은
역할을 담당해야 할 것이다.

6. 맺는말

탈북자 김형덕 씨가 중국으로 밀항하려다 적발되자 "한국은 천국이 아니었다. 여기서는 도저히 못 살겠다. 이럴 바에야 차라리 다시 북으로 가서 당 간부 한 명이라도 죽이고 말겠다."[14]라고 하였다. 남한에 온 탈북자는 그들이 대한민국에서 경험하는 적응 과정을 통해 앞으로의 통일을 미리 준비하도록 마련된 하나님의 선물이다. 그들을 보살피지 않고 홀대하고 편견을 가지고 대한다면 김형덕 씨처럼 심리적 상처를 입고 통일에 보탬이 되기는커녕 장애물이 되는 존재가 될 것이다. 탈북자들이 남한에서 느끼는 무시감과 서러움은 조선족의 서러움과 함께 중국 땅에 입소문으로 퍼져서 북한 주민들에게 입과 입을 통해 들어갔다. 일부 젊은 북한 엘리트층 중에는 탈북자들의 서러움을 듣고 나중에 남한과 통일하여 차별을 받는 것보다는 오히려 중국에 흡수되는 것이 낫겠다는 생각을 하는 이도 있다고 한다.

북한 선교에 많은 자금을 투자하고 노력도 하고 있지만 그 노력에 비해 성과가 얼마나 있는지 의심스러울 때가 많다. 지금 이곳 대한민국에 정착해 있는 탈북자들을 돌보고 그들에게 사랑과 정신적 위로, 영적 안녕감을 심어 주는 일이 한국교회의 사명으로 부상하고 있다. 통일을 준비하는 것이 아니라 지금을 통일을 하고 있는 과정이라고 보는 생각의 전환이 있어야 한다. 현재 대한민국

---

14) 한국일보(1996. 2. 8.).

에 있는 탈북자들에게 무조건적인 존중(unconditional positive regard)과 사랑을 보여 주는 것이 통일을 앞당기는 것이다.

기독(목회)상담은 앞으로 다양한 영역으로 확장될 필요가 있다. 이 장에서 언급된 탈북자들에 대한 기독(상담)적 접근은 기독(목회)상담의 영역을 확장하려는 시도에서 쓰여졌다. 이와 같은 영역의 확대에는 이혼가족, 재혼가족을 위한 상담, 자살자 유가족을 위한 집단상담, 유형별 외상후 스트레스 장애를 겪고 있는 내담자를 위한 프로그램, 행려자를 위한 찾아가는 상담 등도 포함되어야 할 것이다. 기독(목회)상담은 교회 안에 안주하거나 국한하지 않고 폭 넓은 상담 영역을 적극적으로 확장할 필요가 있다. 많은 영역에서 아직 신음하며 힘들어하는 내담자들을 찾아가서 그 소리를 들어야 한다. 지금까지 보이지 않았던, 아니 보면서도 적극적으로 접근하지 못했던 영역에 뛰어들어 그들의 고통에 반응하는 기독(목회)상담학으로 발전하기를 바란다.

토론할 이슈

1. 필자는 탈북자의 스트레스에 대한 질적 연구 결과를 설명하였다. 필자가 제시한 탈북자의 스트레스 요인을 상담에서 다룬다면 어떻게 다루고 도움을 줄 수 있을지 생각해 보시오.
2. 필자는 탈북자들의 신앙 적응 과정에 대하여 설명하였다. 교회에서 그리고 상담을 통해 이들의 신앙 발달 과정을 도울 수 있다면 어떤 면을

도울 수 있을지 생각해 보시오.

3. 탈북자 상담도 다문화적인 시각을 가지고 상담에 임할 필요가 있다. 탈북자들을 상담할 때 문화적 차이를 고려하면서 유의해야 할 점은 무엇일지 생각해 보시오.

4. 탈북자를 위한 상담자는 거시적인 시각을 가지고 예언자적인 역할을 해야 한다. 이러한 거시적인 역할을 어떻게 담당할 수 있을지 생각해 보시오.

5. 탈북자들뿐만 아니라 상담자가 찾아가서 상담하고 돌보아야 할 계층들을 생각해 보고 어떻게 그들에게 다가가서 찾아가는 상담과 돌봄을 제공할 수 있을지 생각해 보시오.

6. 탈북자를 위한 교회 연계 프로그램이나 상담 프로그램을 설계해 보시오.

참고문헌

길은배, 문성호. 『북한이탈 청소년의 남한사회 적응실태 및 지원방안 연구』. 서울: 한국청소년개발원. 2003.

김남현. "탈북자 선교 단체의 설립과 활동연구," 석사학위 논문, 목원대학교 신학대학원. 2003. 6.

김동배, 이기영. "민간기관의 탈북자 지원 현황과 과제," 『통일연구』, 제3권 제1호. 1999. pp. 253-306.

김명제. "'우열'과 '다름'의 남북 문화," 『통일을 위해 남한도 변해야 한다』, 6(1). 서울: 오름. 1998. pp. 51-75.

김영수. "북한이탈주민의 가족문제," 『서강대 사회과학연구』, 제9권.

2000. 12. pp. 102-117.

김혜은. "독일 통일 후 여성과 청소년의 심리 사회적 적응," 『여성연구』. 1998. pp. 53-68.

김혜은, 서봉연, 이순형. "통일 이후 구 동독지역 주민들의 심리적 적응," 『한국아동학』. 1999. pp. 1-62.

류인균. "Family Environment in Depressed Patients with Borderline Personality Disorder: Differences in Perception between Patients and Parents," 『신경정신의학』. 1995. pp. 1319-1326.

민경환. "심리학적 관점에서 본 한국통일," 『심리과학』, 3(1). 1994. pp. 84-99.

민성길. "통일한국의 미래시대," 『통일연구』, 6(1). 2002. pp. 5-45.

박미석, 이종남. "탈북가족의 남한사회 적응 시 겪는 어려움과 그에 따른 대처방안," 『숙명여대 통일논총』, 제17호. 1999. 12. pp. 3-74.

박영희. "북한 이탈주민에 대한 임상개입: 구술사적 접근과 애도작업을 중심으로," 『그리스도신학대학교 교수논문집』. 2002. pp. 177-197.

박재신. "여성들이 준비하는 평화통일의 텃밭에서," 『여성연구논총』, 16(1). 서울: 서울여자대학교 여성연구소. 2002. pp. 23-56.

송기득. "민족통일에 대한 신학적 과제," 『현대 사상 연구』. 1989. pp. 131-144.

신행우, 이종한, 한성열, 허태균, 채정민. "이문화권 내 적응과 스트레스 대처양식: 북한이탈주민 남한문화 적응의 관점에서," 『한국심리학회지: 사회문제』, 10(1). 2004. pp. 147-163.

양은주, 류인균. "경계선 성격장애의 생물 유전적 기질, 현상적 성격 및 방어 기제적 특성과 정신병리와의 연관성 연구," 『정신병리학』. 2000. pp. 3-15.

오수성. "통일한국과 심리적 화합," 『심리과학』, 10(1). 2001. pp. 1-17.

유영옥. "남북한 이질성 극복을 위한 심리사회적 조망," 『한국정치학회
　　보』. 1997. pp. 173-201.

윤인진, 김상학. "적극적 조치에 대한 인식과 태도: 장애인, 북한이탈주민
　　에 대한 대학생 의식조사," 『경제와 사회』, 제58권. 2003. pp. 241-262.

윤황. "북한의 종교정책과 종교 실태에 관한 특징 분석," 『북한』. 2000.
　　10. pp. 138-155.

이동수. "청소년기 경계선 장애의 치료-정신분석적 입장에서," 『소아 ·
　　청소년정신의학』. 1995. pp. 43-46.

이범웅. "북한이탈주민의 남한 교육 적응실태 연구," 『통일문제와 국제관
　　계』. 2003. pp. 71-91.

장경준, 정제연. "청소년기의 경계선 인격장애," 『소아 · 청소년정신의
　　학』, 제6권. 1995. pp. 34-42.

장원동. "북한이탈 주민의 우리사회적응을 위한 민주시민교육," 『통일연
　　구』, 2(1). 서울: 서경대학교 통일문제연구소. 2000. pp. 222-248.

정일웅. "통일과 평화에 대한 신학적 기초," 『총신』. 1991. pp. 128-142.

조용관. "탈북이주자의 남한사회 적응과 통일교육의 과제," 『인천대 통일
　　문제와 국제관계』, 제11권. 2000. 12. pp. 93-111.

조천현. "탈북현장취재기: 2000년 탈북의 현장, 어떻게 달라졌나," 『북
　　한』. 2000. 10. pp. 113-125.

조한범, 이우영, 이금순, 전효관. 『북한이탈청소년 및 귀국청소년 문제행
　　동 예방과 대책연구』. 서울: 한국청소년개발원, 통일연구원. 2003.

차재호. "남북한 통일에 대한 심리학적 조망," 『통일한국』, 제115호.
　　1993. pp. 80-83.

채정민, 김종남. "북한이탈주민의 상대적 박탈감과 심리적 적응: 개인적
　　정체감과 사회적 정체감의 영향을 중심으로," 『한국심리학회지: 사
　　회 및 성격』, 18(1). 2004. pp. 41-63.

채정민, 이종한. "북한이탈주민의 개별성—관계성이 남한 내 심리적 적응
　　에 미치는 영향,"『한국심리학회지: 건강』, 9(4). 2004. pp. 793-814.

채정민. "심리학적 관점에서의 남북한 문화이질성: 북한이탈주민의 심리
　　적 적응을 중심으로,"『한국심리학회지: 사회문제』, 10(2). 2004. pp.
　　79-101.

채정민, 한성열. "북한이탈주민의 자기고양 편파가 남한 내 심리적 적응에
　　미치는 영향,"『한국심리학회지: 사회문제』, 9(2). 2003. pp. 101-126.

최승주. "북한이탈주민의 종교활동과 우울 정도에 관한 연구," 연세대학
　　교 보건대학원. 2004. 12.

홍강의, 전성일, 신민섭. "청소년 경계선 상태의 임상적 분류,"『소아 · 청
　　소년정신의학』. 1995. pp. 18-33.

한국일보. 1996. 2. 8.

통일부 홈페이지. www.unikorea.go.kr.

Maaz, H. "독일통일과정에 나타난 사회심리적 난제들: 감정정체로부터
　　마케팅지향까지,"『통일연구』, 6(1). 2002. pp. 87-98.

찾아보기

인 명

내 용

저자 소개

유영권

연세대학교 신과대학 B. A.

Pacific School of Religion, M. A./M. Div.

Vanderbilt University, Ph. D.(기독(목회)상담학)

전) 연세대학교상담센터 소장

    한국기독교상담심리치료학회 창립 및 초대사무총장

현) 연세대학교 연합신학대학원 상담학과 정교수

    한국자살예방협회 이사, 한국상담심리학회 부회장

〈저서〉

자살의 이해와 예방(공저, 학지사, 2007)

행복한 부부여행(주는나무, 2007)

한국사회와 공동체(공저, 다산출판사, 2008)

행복을 찾아 떠나는 어머니 여행(주는나무, 2008)

전문적 상담 현장의 윤리(공저, 학지사, 2010)

상담수퍼비전의 이론과 실제(공저, 학지사, 2013)

〈역서〉

목회적 돌봄의 개론(은성출판사, 1999)

현대정신분석과 종교(한국심리치료연구소, 1999)

영적진단의 지침(한국장로교출판사, 2001)

상담심리치료 수퍼비전(학지사, 2005)

상담수퍼비전의 기초(공역, 시그마프레스, 2008)

〈논문〉

한국목회상담 수퍼비전 모델

집단수퍼비전의 이해와 활용에 관하여

대학상담센터 상담자의 역량과 자질에 관한 연구

Shame and Guilt Mechanism in East Asian Culture

Seeking for Authentic Self in Community

Korean Family and Its Struggle for New Identity 외 다수

2판

기독(목회)상담학
• 영역 및 증상별 접근 •

2008년 9월 30일 1판 1쇄 발행
2012년 9월 20일 1판 2쇄 발행

2014년 3월 10일 2판 1쇄 발행
2024년 1월 25일 2판 5쇄 발행

지은이 • 유 영 권
펴낸이 • 김 진 환
펴낸곳 • (주) **학지사**

　　　04031 서울특별시 마포구 양화로 15길 20 마인드월드빌딩 5층

대표전화 • 02) 330-5114　　팩스 • 02) 324-2345

등록번호 • 제313-2006-000265호

홈페이지 • http://www.hakjisa.co.kr
인스타그램 • https://www.instagram.com/hakjisabook

ISBN 978-89-997-0303-4 93180

정가 **16,000원**

출판미디어기업 **학지사**

간호보건의학출판 **학지사메디컬** www.hakjisamd.co.kr
심리검사연구소 **인싸이트** www.inpsyt.co.kr
학술논문서비스 **뉴논문** www.newnonmun.com
원격교육연수원 **카운피아** www.counpia.com